不忘初心 牢记使命

以党内法规扎紧制度笼子

秦 强 编著

人民日报出版社

图书在版编目（CIP）数据

以党内法规扎紧制度笼子 / 秦强编著. -- 北京：人民日报出版社, 2018.10
ISBN 978-7-5115-5437-6

Ⅰ.①以… Ⅱ.①秦… Ⅲ.①中国共产党—纪律检查—法规—学习参考资料 Ⅳ.①D262.6

中国版本图书馆CIP数据核字(2018)第088398号

书　　名：	以党内法规扎紧制度笼子
作　　者：	秦　强
出 版 人：	董　伟
责任编辑：	程文静　吴立平
装帧设计：	阮全勇
出版发行：	人民日报出版社
社　　址：	北京金台西路2号
邮政编码：	100733
发行热线：	（010）65369527　65369512　65369509　65369510
邮购热线：	（010）65369530
编辑热线：	（010）65363530
网　　址：	www.peopledailypress.com
经　　销：	新华书店
印　　刷：	大厂回族自治县彩虹印刷有限公司
开　　本：	787×1092mm　1/16
字　　数：	285千字
印　　张：	16
印　　次：	2019年5月第1版　2019年5月第1次印刷
书　　号：	ISBN 978-7-5115-5437-6
定　　价：	48.00元

目 录

前言　开启新时代党内法规建设新征程……………………01
　　一、正确认识党内法规的地位作用 …………………………01
　　二、全面理解党内法规的性质特点及其研究方法 …………03
　　三、深入推进新时代党内法规制度建设 ……………………05

第一章　党内法规是管党治党的基本依据
　第一节　党内法规的界定 …………………………………003
　　一、党内法规的定义 ………………………………………003
　　二、党内法规的特征 ………………………………………005
　　三、党内法规与相关概念的区别 …………………………012
　第二节　党内法规的历史 …………………………………015
　　一、萌芽生长阶段（1921—1949 年）……………………016
　　二、曲折前进阶段（1949—1978 年）……………………020
　　三、全面奠基阶段（1978—2012 年）……………………022
　　四、快速发展阶段（2012 年至今）………………………024
　第三节　党内法规的原则 …………………………………027
　　一、党内法规原则概论 ……………………………………027
　　二、党内法规制度建设的基本原则 ………………………030
　　三、党内法规的制定原则 …………………………………034

第二章 党的十八大以来的党内法规建设

第一节 习近平关于党内法规的重要论述 …… 041
一、法规制度带有根本性、全局性、稳定性、长期性 …… 041
二、全面从严治党首先要尊崇党章 …… 043
三、完善党内法规制度，不断扎紧制度笼子 …… 044
四、形成系统完备的党内法规制度体系 …… 045

第二节 党的十八大以来党中央关于党内法规建设的决策部署 … 047
一、党的全会关于党内法规建设的重大决策部署 …… 047
二、党中央关于党内法规建设的重要文件规定 …… 063
三、党中央关于党内法规的工作机制 …… 067

第三节 新时代党内法规建设的实践逻辑 …… 072
一、坚持依法治国与制度治党、依规治党相结合 …… 072
二、坚持思想建党与依规治党相结合 …… 074
三、坚持依规治党与以德治党相结合 …… 080
四、坚持全面从严治党与依规治党相结合 …… 083

第三章 党内法规的规范效力

第一节 党内法规的效力来源 …… 090
一、党内法规中的特别权力关系理论 …… 090
二、党内法规是党员与党组织达成的政治契约 …… 091

第二节 党内法规的效力范围 …… 093
一、党内法规的时间效力 …… 094
二、党内法规的空间效力 …… 095
三、党内法规的对事效力 …… 095
四、党内法规的对人效力 …… 096

第三节 党内法规的效力规则 …… 099
一、上位法规优于下位法规 …… 100
二、特别规定优于一般规定 …… 101
三、新规定优于旧规定 …… 101

第四节　党内法规的责任机制 …………………………… 102
　　一、新时代全面从严治党三大主体责任 …………… 102
　　二、党内法规的责任类型 …………………………… 108
第五节　党内法规执行力建设 …………………………… 113
　　一、法规制度的生命力在执行 ……………………… 113
　　二、提高党内法规执行力 …………………………… 114

第四章　形成完善的党内法规制度体系

第一节　党内法规体系是中国特色社会主义法治体系的
　　　　重要组成部分 …………………………………… 119
　　一、从中国特色社会主义法律体系到中国特色社会主义
　　　　法治体系 ………………………………………… 119
　　二、新时代中国特色社会主义法治建设的新特点 … 121
　　三、将党内法规体系纳入中国特色社会主义法治体系之中 … 126
第二节　完善党内法规制定体制机制 …………………… 129
　　一、提高党内法规制定质量 ………………………… 130
　　二、加大党内法规备案审查和解释力度 …………… 136
　　三、开展党内法规和规范性文件集中清理 ………… 140
第三节　建立党内法规同国家法律的衔接和协调机制 … 146
　　一、党内法规与国家法律的关系 …………………… 146
　　二、党内法规同国家法律的衔接和协调 …………… 149
第四节　加快形成覆盖党的领导和党的建设各方面的党内
　　　　法规制度体系 …………………………………… 151
　　一、党的十八大以来党内法规制度体系建设的重要部署 … 151
　　二、党内法规体系的分类标准 ……………………… 155
　　三、党内法规体系的结构框架 ……………………… 165
　　四、党内法规制度体系的发展完善 ………………… 174

第五章　党章是党内法规制度建设的根本遵循

第一节　党章的性质地位和历次修订情况 ······ 179
一、党章是党的根本大法 ······ 179
二、党章是党的历史的辉煌见证 ······ 179

第二节　新时代党章修改的背景内容 ······ 185
一、新时代党章的修改背景 ······ 185
二、新时代党章的修改内容 ······ 186

第三节　新时代党章修改的重大意义 ······ 190
一、党章是党的创新理论成果的集中体现 ······ 191
二、党章是新时代党和国家事业的顶层设计 ······ 192

第六章　把党内法规制度建设落实到制约和监督权力各个方面

第一节　以法治思维和法治方式反腐败 ······ 197
一、腐败的本质是权力出轨、越轨 ······ 197
二、限制权力是法治的本质要求 ······ 200
三、法治反腐的价值目标 ······ 204

第二节　把权力关进党内法规制度笼子里 ······ 209
一、建立科学合理的权力结构与运行机制 ······ 209
二、完善权力运行制约和监督机制 ······ 211
三、构建以党内法规制度建设为主导的反腐败监督体系 ··· 217

第三节　以党内法规扎紧全面从严治党的制度笼子 ······ 224
一、积极推进党的建设制度改革 ······ 224
二、把党内法规作为全面从严治党的制度支撑 ······ 228
三、全面从严治党法规体系的内在逻辑 ······ 230

参考文献 ······ 233

后　记 ······ 237

前言　开启新时代党内法规建设新征程

党的十八大以来，以习近平同志为核心的党中央高度重视党内法规在管党治党、治国执政中的根本作用，坚持党要管党、全面从严治党原则，坚持思想建党和制度治党同向发力，坚持全面从严治党与依规治党紧密结合，严肃党内政治生态，严格党内监督，严厉惩治腐败，有效地遏制住了腐败多发高发势头，为开创治国理政新局面提供了坚实基础和重要保证，为全面从严治党提供了根本遵循和重要保障。

一、正确认识党内法规的地位作用

全面依法治国，一方面要依靠国家的法律法规来治国理政，另一方面要依靠党内法规来管党治党。中国特色社会主义法治建设是党内法规制度建设和国家法律法规建设并行推进的双轨模式，最终要形成国家法律法规和党内法规制度相辅相成、相互促进、相互保障的二元格局，实现依法治国与制度治党、依规治党统筹推进、一体建设的目标。"一手抓依法治国，一手抓依规治党"，两者并行不悖、紧密结合。依法治国是实现国家治理体系和治理能力现代化的必然要求，依法执政是依法治国的核心关键。国家治理主要依靠国家法律规范体系，而要实现依法执政，不仅要依靠国家法律规范体系，同时还要依靠党内法规制度体系，坚持依法治国、依法执政、依法行政共同推进，坚持法治国家、法治政府、法治社会一体建设，坚持依法治国和以德治国相结合，坚持依法治国和依规治党有机统一，实现国家法律与党内法规的良性互动。因此，在中国特色社会主义进入新时代以后，从全面依法治国战略布局的政治高度来看待当前的党内法规建设，不仅有利于依法治国、依法执政的实施开展，同时还有利于中国特色社会主义法治建设的推动推进。

作为中国特色社会主义法治体系的重要组成部分，党内法规制度体系关乎管党治党、治国执政的成败与否，因此，必须高度重视、认真对待。对于学习党内法规的作用意义可以从以下三方面来加以认识。

首先，学习党内法规是"两学一做"学习教育的直接要求。2016年2月，中共中央办公厅印发了《关于在全体党员中开展"学党章党规、学系列讲话，做合格党员"学习教育方案》，并发出通知，要求各地区各部门认真贯彻执行。开展"两学一做"学习教育，是坚持理论强党、思想建党、制度治党紧密结合的有力抓手，是不断加强党的思想政治建设的有效途径，为新形势下落实全面从严治党要求积累了成功经验。因此，学习党章党规是党中央提出的重要要求，也是每一个党员的重要义务。

其次，学习党内法规是依法治国、依规治党的必然要求。党的十八大以来，以习近平同志为核心的党中央高度重视法治建设，反复强调要依法治国、依规治党。党的十八届四中全会将"形成完善的党内法规体系"纳入中国特色社会主义法治体系之中，党内法规建设成为法治建设的重要组成部分，发挥着重要而积极的作用。十八届四中全会是我国法治建设史上的一个里程碑，其最大贡献是将党内法规体系纳入了中国特色社会主义法治体系之中，从此之后，党内法规制度建设本身就是中国特色社会主义法治建设的重要组成部分。

第三，学习党内法规是提升党员干部决策水平和工作能力的根本要求。学习党内法规有助于提升党员干部法治思维和依法办事的能力。党员干部是全面推进依法治国的重要组织者、推动者和实践者，要自觉提高运用法治思维和法治方式来深化改革、推动发展、化解矛盾、维护稳定的能力，尤其是高级干部，要以身作则、以上率下。因此，党中央明确提出，要把法治建设成效纳入各级领导班子和领导干部政绩考核的指标体系，作为衡量其工作能力的重要指标，要把"能不能遵守法律法规、能不能依法办事"作为考察干部的重要内容，在相同的条件下，优先提拔使用法治素养好、依法办事能力强的干部。

因此，全体党员都要自觉尊崇党章、遵守党规党纪，充分认清制度治党、依规治党的重大意义。治国必先治党，治党务必从严，从严必依法度。

从推进全面从严治党的要求来看，加强党内法规制度建设是长远之策、根本之策。从推进国家治理体系和治理能力现代化来看，加强党内法规制度建设既是重要内容，也是重要保障。所以新时代全面从严治党要紧紧抓住党内法规制度建设这个根本，用健全完善的法规制度体系，全面规范各级党组织的工作、活动和全体党员的行为，使党组织更加坚强有力、党员干部更加担当有为。

二、全面理解党内法规的性质特点及其研究方法

党内法规的性质特点是党内法规地位作用的理论呈现。与国家法律体系相比，党内法规在中国特色社会主义法治建设中具有独特的政治地位和实践作用，也具有独特的性质定位和规范特点，这些性质特点集中体现在党内法规的双重属性上。

1. 理论性与实践性。党内法规不仅仅是一个理论问题，同时还是一个实践问题。党内法规首先是一个理论问题，需要在理论上对党内法规的概念特征、性质定位、原则作用、内容体系、效力保障等进行系统而深入的研究，这种理论研究既可以是形而上的，也可以是规范的，既可以是思辨的，也可以是实证的。在对党内法规进行理论建构的同时，还要注意党内法规鲜明的实践品格。党内法规来源于我们党执政兴国实践，是我们党管党治党经验的总结，是我们党治国理政智慧的结晶，是我们党理论实践创新的提升。因此，在党内法规研究中，要紧紧追随党内法规的实践面向，注重研究党内法规制定、实施、执行过程中的具体问题和鲜活经验，而不能闭门造车、面壁空想、自说自话、自言自语。因此，在党内法规研究中，形而上学的哲学思辨方法固然可以帮助我们加深对党内法规本质的认识，但党内法规的实践本性决定了实证研究方法，如调查研究法、实地研究法、统计分析法，对于党内法规理论和实践的发展更具有积极意义。

2. 法律性与政治性。党内法规不仅仅是一个法律问题，同时还是一个政治问题。顾名思义，党内法规是用来规范党组织和党员行为的制度规范的总称，因而党内法规的落脚点要落到"法规"上，要体现出当然的法律属性。实际上，党内法规体系是中国特色社会主义法治体系的重要组成部

分，党内法规也是广义法律规范的一种特殊表现形式，自然可以运用规范分析等一般法律原理、法律方法来对党内法规问题进行研究和解释。在关注党内法规的法律属性的同时，还要注意到党内法规的政治属性。从本质上看，党内法规以坚持和加强党的全面领导为目标，以强烈的政治色彩和鲜明的政治取向为特征，以反映和实现党的政治主张和政治目的为要求，体现出了党内法规鲜明的政治属性。"党规姓党"，必须要保证党内法规的正确政治方向。党内法规本质上是政治立法，必须要旗帜鲜明讲政治。因此，在党内法规研究中，除了要学会运用传统法学的规范分析方法，还应该注重运用功能分析方法，来研究党内法规作为社会结构的一个重要构成要素，是如何与其他的社会结构构成要素（如国家法律、民间规范、道德习惯）相互作用和影响的，进而如何对社会现实产生影响。

3. 历史性与现实性。党内法规不仅仅是一个历史问题，同时还是一个现实问题。党内法规具有源远流长的发展历史，早在1922年7月，中国共产党第二次全国代表大会通过了《中国共产党章程》，首次提出反帝反封建的民主革命纲领，对党组织的设置、党的会议制度、党的纪律等作了规定。这是中国共产党历史上第一个党章，也是第一个正式党内法规。在1938年的时候，毛泽东同志就明确提出过"党内法规"的概念。在对党内法规的历史进行回顾梳理的同时，我们要更加关注党内法规的现实性。学习历史、研究历史是为了把握今天、开创明天。因此，在党内法规研究问题上，一个更重要的时代命题是研究在中国特色社会主义进入新时代后，如何在习近平新时代中国特色社会主义思想的指导下，深入推进新时代党内法规制度建设，如期保质完成党中央提出的"到建党100周年时形成以党章为根本、以准则条例为主干，覆盖党的领导和党的建设各方面的党内法规制度体系"的任务目标。因此，在对党内法规进行研究的时候，要注重运用历史分析的方法，运用发展、变化的观点来总结党内法规历史、分析党内法规现状、规划党内法规未来。

4. 事实性与价值性。党内法规不仅仅是一个事实判断问题，同时还是一个价值判断问题。在哲学界最早区分事实判断与价值判断的是英国经验主义大师休谟。他首先提出了事实判断与价值判断的"是—应当"之间的逻辑鸿沟，开启了事实与价值二元分立的先河。在党内法规领域同样也存在着事实判断与价值判断的巨大鸿沟。党内法规首先是一种社会存在，是对社会现实中党组织活动和党员行为的一种抽象、概括和提炼。在党内法规的制定过程中，党内法规虽然来源于社会现实，但它并不是简单的对社会现实的直接描述与原初记载，而是凝聚着制定主体的价值选择和价值判断。所以，作为党组织和党员行为规范的党内法规，表象是各类条文规定，但其背后是反映立法者的价值取向，实际上是价值判断的结果。因此，在表述形式上，党内法规通常以"应当""可以""必须""不得"等词语为主，而这些词语无一例外都是价值判断意义上的用语。因此，在对党内法规条文进行解释应用时，要运用价值分析的方法，溯清条文背后的价值因素，探究条文背后的价值取向。

5. 本土性与国际性。党内法规不仅仅是一个本土性问题，同时还是一个国际性问题。党内法规是我们党管党治党的重要依据，必须要坚持从我国基本国情出发，以中国特色社会主义道路、理论体系、制度、文化为根本遵循，同改革开放不断深化相适应，总结和运用我们党管党治党、治国执政的成功经验，发展符合中国实际、具有中国特色、体现政党发展规律的党内法规，为全面从严治党提供理论指导和学理支撑。党内法规制度建设离不开对于国外政党法规的合理借鉴。2017年11月30日至12月3日举行的"中国共产党与世界政党高层对话会"的一个重要目的就是希望与各国政党相互借鉴治党治国经验，共同提高执政和参政能力。开展党内法规制度建设，应当积极借鉴国外法治有益经验，但决不照搬外国法治制度和模式。因此，在党内法规研究中，应该积极运用比较分析方法，既立足本土又着眼世界，在坚持本土性的同时，积极研究总结国外政党法规制度建设的发展历程，总结经验，吸取教训，加以合理借鉴吸收。

三、深入推进新时代党内法规制度建设

在党中央的高度重视和有力领导之下，党内法规制度建设适应了革命时期、建设时期、改革时期等不同历史时期的环境和使命，从无到有，从简到繁，从自发到自觉，从单项制定到统筹推进，取得了显著成绩。

第一，党内法规统筹机制不断发展。党内法规建设是一个系统工程，

必须有计划、有步骤地推进，确保党内法规制度体系的系统性、统一性、协调性。为了确保党内法规制度建设的统筹性，强化顶层设计，突出规划指导，党中央分别于2013年11月、2018年2月颁布了《中央党内法规制定工作五年规划纲要（2013—2017年）》和《中央党内法规制定工作第二个五年规划（2018—2022年）》，对未来一段时间的党内法规制度建设进行部署安排，极大地加快了党内法规建设进程，有力地推动了党内法规制度体系建设步伐。

第二，党内法规制度体系逐步完善。在党内法规发展过程中，党内法规制度体系逐步趋向科学化、制度化、规范化，逐渐形成了以党章为根本、若干配套党内法规为支撑的党内法规制度体系，党内工作和党内生活等党内主要方面基本实现了有规可依、有章可循。下一步要继续增强依法执政本领，加快形成覆盖党的领导和党的建设各方面的党内法规制度体系，确保到建党100周年时全面建成内容科学、程序严密、配套完备、运行有效的党内法规制度体系。

第三，党内法规执行力度不断加大。法律的生命在于实施。习近平同志在参加河南省兰考县委常委班子专题民主生活会时指出，再好的制度如果不抓落实，只是写在纸上、贴在墙上、锁在抽屉里，制度就会成为稻草人、纸老虎，所以要增强制度执行力，制度执行到人到事，做到用制度管权管事管人，做到制度面前人人平等、执行制度没有例外，坚决维护制度的严肃性和权威性，坚决纠正有令不行、有禁不止的行为，使制度成为硬约束而不是橡皮筋。在党内法规执行力建设上，党中央通过严格落实、严厉督促、严肃问责等一系列手段措施，建立了一整套行之有效的党内法规执行机制，确保党内法规的贯彻执行、落地生根，党内法规执行力建设取得了令人瞩目的成效。

第四，党内法规工作机制不断健全。在中央层面成立了专门的党内法规工作机构——中办法规局，在各地各部门也在不断推动建立党内法规工作机构。为了完善党内法规制度工作体制机制，统筹推进中央党内法规制度体系建设，2015年8月，党中央还专门建立了中央党内法规工作联席会议制度，由中办法规局、中央纪委、中组部、中宣部等14个部门参加，对推动党内法规制度建设起到了较好的统筹和协调作用。

党的十九大正式提出，中国特色社会主义进入了新时代。进入新时代后，党内法规制度建设也面临着新要求新任务新目标。新时代党内法规制度建设是一项系统工程，要牢牢把握正确政治方向，坚持目标导向和问题导向，坚持整体推进和重点突破结合，坚持制定和实施并重，扎实推进党内法规制度建设各项工作。新时代党内法规制度建设应该着重解决以下几个突出问题：首先，制度是前提。党内法规建设的前提是有规可依、有章可循，这就要求要加大党内法规制定力度，尽快完善党内法规制度体系。现在，虽然党内法规的数量相对已经不少了，但是从全面从严治党法规体系来说，这些党内法规的数量还是远远不够的，距离形成完善的党内法规体系还有较大差距。因此，需要继续加强党内法规制度建设，大力推进党内法规体系化进程。其次，执行是关键。党内法规制度制定出来之后，必须确保能够行之有效。"一分部署，九分执行"，制度规范再多，如果发挥不了应有的制度约束力、执行力，就是毫无意义的空气震动，因而需要进一步加大党内法规执行力建设。第三，人才是基础。党内法规相对于国家法律法规体系来说，毕竟还是一个新鲜事物。相对于国家法律方面的研究，从事党内法规研究的人还不是太多，因此，要大力加强党内法规队伍建设，加大对党内法规研究力度，为党内法规建设提供源源不断的人才保障。最后，组织是保证。党内法规建设作为管党治党的制度依据，主要是靠各级党委、党组的重视。有了党的坚强领导，党内法规建设才能取得更大的进展，因此，必须坚持和加强党对党内法规工作的全面领导。

新时代催生新思想，新时代当有新作为。在新时代党内法规制度建设中，我们要以习近平新时代中国特色社会主义思想为指导，深入学习贯彻习近平总书记关于党内法规制度建设的重要指示精神，牢牢把握党内法规制度建设的正确方向，以党章为根本依据，切实反映党的意志主张，体现全面从严治党要求，坚持依法治国与制度治党、依规治党统筹推进、一体建设，依靠党内法规管党治党，依靠国家法律治国理政，全面落实党内法规制度建设各项任务，努力开创新时代党内法规事业新局面。

第一章

党内法规是管党治党的基本依据

第一节 党内法规的界定

一、党内法规的定义

在学理上,根据不同的立场可以对党内法规给出不同的定义。但在实践中,党中央对党内法规却有着明确的界定。党中央对党内法规的界定最早始于1990年7月31日印发的《中国共产党党内法规制定程序暂行条例》第二条,该条对党内法规给出了一个较为权威的规定:"党内法规是党的中央组织、中央各部门、中央军委总政治部和各省、自治区、直辖市党委制定的用以规范党组织的工作、活动和党员的行为的党内各类规章制度的总称。"该定义给出后,在相当长的时间内成为党内法规的标准界定。在该界定中,党内法规的制定主体限定为党的中央组织、中央各部门、中央军委总政治部和各省、自治区、直辖市党委,党内法规的调整对象明确为党组织的工作、活动和党员的行为,党内法规的性质确定为党内各类规章制度的总称。这是党中央第一次对党内法规的内涵和外延给出明确的界定,对于厘清和规范党内法规的定义具有积极的促进作用。

进入新时代以后,党内法规成为党的制度建设的重要主题,党内法规在管党治党、治国执政的作用越发凸显出来。2013年5月27日,经党中央批准,《中国共产党党内法规制定条例》《中国共产党党内法规和规范性文件备案规定》公开发布。这两部党内法规的制定和发布,对于推进党的建设制度化、规范化、程序化,提高党科学执政、民主执政、依法执政水平,具有十分重要的意义。在公布这两个党内法规的同时,党中央对党内法规的作用意义、任务目标、贯彻落实也提出了明确要求,强调党内法规是党的各级组织和全体党员开展工作、从事活动的基本遵循,必须要从全局和战略的高度充分认识做好党内法规工作的重要意义,切实把党内法规工作摆在更加突出的位置抓紧抓好;强调要加强统筹规划,提高制定质量,加快构建内容协调、程序严密、配套完备、有效管用的党内法规制度体系；强调要强化宣传教育，加大执行力度，切实维护党内法规的权威性和严肃性，努力在全党形成重视、学习、遵守党内法规的浓厚氛围；强调要加强组织领导，健全工作机构，充实工作力量，为做好党内法规工作提供坚实保证。由此可见，《中国共产党党内法规制定条例》《中国共产党党内法规和规范性文件备案规定》这两部党内法规的发布，不仅为党内法规的性质定位进行了明确规定，而且也为党内法规的制定实施提出了明确要求，成为新时代党内法规制度建设的先声，标志着党内法规建设进入了新的历史发展时期。

因此，《中国共产党党内法规制定条例》一个非常重要的作用是对党内法规的概念进行了明确的界定，现阶段任何对党内法规的界定，都应当依据《中国共产党党内法规制定条例》来进行展开，否则，不管是理论上多么精致的概念也会因为缺乏制度依据和实践权威性而沦为文字游戏。

《中国共产党党内法规制定条例》第二条第一款规定："党内法规是党的中央组织以及中央纪律检查委员会、中央各部门和省、自治区、直辖市党委制定的规范党组织的工作、活动和党员行为的党内规章制度的总称。"与1990年7月31日党中央印发的《中国共产党党内法规制定程序暂行条例》相比，《中国共产党党内法规制定条例》对党内法规制定主体的规定有两点不同：第一，明确将中央纪律检查委员会作为党内法规的重要制定主体。中央纪律检查委员会，通常简称为中共中央纪委、中央纪委或中纪委，为中国共产党中央委员会的检查监督机关，主要职责是：维护党的章程和其他党内法规，协助党的委员会加强党风建设，检查党的路线方针政策和决议的执行情况；对党员进行遵守纪律的教育，作出关于维护党纪的决定；检查和处理党的组织和党员违反党章和其他党内法规的比较重要或复杂的案件，决定或取消对这些案件中党员的处分；受理党员的控告和申诉等。因此，明确将中央纪律检查委员会作为党内法规的重要制定主体，有利于推动党内法规制度建设、加快党内法规体系的发展完善。第二，基于军事领域立法立规的特殊性，在正文中取消了中央军委总政治部的党内法规制定权限，将军事领域党内法规制定问题规定在《中国共产党党内法规制定条例》附则部分的第三十四条中："中央军事委员会及其总政治部依照本条例的基本精神制定军队党内法规。"因此，军事领域的党内法规建设问题，这里将不再涉及。

二、党内法规的特征

党内法规作为一种特殊的规范形态，与国家法律和其他规范相比，具有自己独特的规范特征。2013年5月27日施行的《中国共产党党内法规制定条例》第十五条规定："党内法规应当方向正确，内容明确，逻辑严密，表述准确、规范、简洁，具有可操作性。"这实际上规定的是党内法规的特征。一般来看，党内法规的特征主要体现为实质上的内容特征和形式上的语言特征两方面。

（一）党内法规的内容特征

1. 在制定主体上，党内法规制定主体严格限定为三大类：第一类为党的中央组织以及中央纪律检查委员会，其中，党的中央组织主要包括党的全国代表大会、中央委员会、中央政治局、中央政治局常务委员会及其办事机构和职能部门；第二类为中央各部门，主要为中共中央纪律检查委员会机关、中共中央办公厅、中共中央组织部、中共中央宣传部、中共中央统战部、中共中央对外联络部、中共中央政法委员会机关、中央和国家机关工作委员会等；第三类为省、自治区、直辖市党委。除了这三大类党组织之外，其他的党组织皆无制定党内法规的主体资格，不过，这不影响其他的党组织在其权限范围内制定具有一定规范效力的党内规范性文件。

需要注意的是，2016年底印发的《中共中央关于加强党内法规制度建设的意见》提出，探索赋予副省级城市和省会城市党委在基层党建、作风建设等方面的党内法规制定权。据此，2017年5月，党中央决定在沈阳、福州、青岛、武汉、深圳、南宁、兰州7个副省级城市和省会城市开展党内法规制定试点，为期一年。各试点城市将围绕基层党建、作风建设，率先探索制定出台符合地方实际、操作性强、务实管用的党内法规，为推动全面从严治党向基层延伸提供制度支撑，为全国提供可复制可推广的经验。据此可以预料，将来党内法规的制定主体有可能会进一步扩大到副省级城市和省会城市党委,从而增列为第四类党内法规制定主体。

2. 在调整对象上,党内法规的调整对象为两大类:一是规范党组织的工作、活动,这里的党组织主要包括党的中央组织、地方组织和基层组织三个层级党组织的工作、活动,其中,党的中央组织主要包括党的全国代表大会、中央委员会、中央政治局、中央政治局常务委员会及其办事机构和职能部门;党的地方组织主要是指省级党的委员会、地市级党的委员会、县级党的委员会;党的基层组织主要是党在企业、农村、机关、学校、科研院所、街道社区、社会团体、社会中介组织、人民解放军连队和其他基层单位设立的组织。党章规定,凡是有正式党员3人以上的基层单位,都应当成立党的基层组织。截至2017年12月31日,中国共产党现有基层组织457.2万个。其中,基层党委22.8万个,总支部29.1万个,支部405.2万个。二是规范党员行为,主要是党章中确定的党员的权利义务行为。截至2017年12月31日,中国共产党党员总数为8956.4万名。党内法规规范党组织的工作、活动和党员行为,主要是规范和聚焦于党内生活,主要调整党组织之间、党员个人和党组织之间、党员个人之间的党内关系,对那些可以通过国家法律、社会道德规范调整的经济社会发展工作中的关系,则不是党内法规的调整对象。

3. 在适用范围上,党内法规在党内具有普遍适用性,对其调整和规范的党组织和党员具有普遍约束力。所谓党内法规的普遍适用性,是指党内法规在党内具有普遍性和反复适用性。这意味着,党内人事任免、表彰决定、内部机构设置、机关内部工作制度和工作方案等个别适用的文件,工作要点、会议活动通知等较短时间段适用的文件,因不具有普遍性和反复适用性,不能称作党内法规。在党内法规体系中,党的中央组织制定的党内法规,适用于各级党组织和广大党员;中央纪委、中央各部门制定的党内法规,一般适用于各级党组织和广大党员,有的适用于本系统、本部门;省区市党委制定的党内法规,适用于本行政区域内的党组织和党员。

4. 在效力性质上,党内法规的性质是党内规章制度的总称,具有规范性特征。党内法规本质上还是法规,是中国特色社会主义法治体系的重要组成部分,因此必须具有法规的规范性、强制性、普遍性特点。作为法规的一种特殊表现形式,党内法规以党的纪律作保障,对党组织的工作、活动和党员行为进行规范，任何违反党内法规的行为都要受到党的纪律处分。根据党内法规制定主体的不同，党内法规也具有不同的名称。根据《中国共产党党内法规制定条例》规定，党内法规的名称为党章、准则、条例、规则、规定、办法、细则。不同名称的党内法规具有不同的效力层级，也具有不同的调整范围。党内法规作为党内规章制度的总称，包含了各种形式、各个层级的党内规则制度。

5. 在规范形态上，党内法规往往表现为严格规范的结构形态。党内法规作为中国特色社会主义法治体系重要组成部分和特殊表现形式，不仅具有法规的规范性、强制性、普遍性等实质性特征，同时也具有法规的形式性特征，即在表现形态上，党内法规往往采取法律法规常用的"章、节、条、款、项、目"等结构形式，而不是采用普通文件所采用的段落结构形式。对此，《中国共产党党内法规制定条例》第五条明确规定："党内法规的内容应当用条款形式表述，不同于一般不用条款形式表述的决议、决定、意见、通知等规范性文件。"除了党内法规常用的"章、节、条、款、项、目"等表现形态外，还有一种特殊的党内法规形式是"编"。编是党内法规层次较高的结构单位，一般仅用于内容重大、结构复杂、层次较多、篇幅较长的党内法规中，一般的党内法规很少使用"编"这种结构形式。例如，2018年8月新修订的《中国共产党纪律处分条例》是一部使用"编"的表述形式的重要党内法规，它坚持依规治党与以德治党相结合，围绕党纪戒尺要求，明确违反政治纪律、组织纪律、廉洁纪律、群众纪律、工作纪律和生活纪律六类违纪行为，开列负面清单，重在立规，将党的十八大以来严明政治纪律和政治规矩、组织纪律、落实八项规定、反对"四风"等从严治党的实践成果制度化、常态化，划出了党组织和党员不可触碰的底线。由于《中国共产党纪律处分条例》的内容较多、篇幅较长，因此，在结构上就使用了"编"的形式，分为总则、分则、附则3编，共11章、142条。

需要特别指出的是，在现行的党内法规体系中，除了1980年2月29日中国共产党第十一届中央委员会第五次全体会议通过的《关于党内政治生活的若干准则》和2016年10月27日中国共产党第十八届中央委员会第六次全体会议通过的《关于新形势下党内政治生活的若干准则》没有采取这种条款表述形式外，大多采取条款表述的体例。这两部准则没有采取条款体例主要是因为，准则在党内法规体系中位阶比较高，仅次于党章。在内容上，准则尤其是《关于新形势下党内政治生活的若干准则》是思想性、政治性、综合性很强的文件，总结我们党长期以来在开展党内政治生活方面形成的宝贵经验和基本规范，阐明党关于开展严肃认真的党内政治生活的原则和立场，有很多问题需要讲讲道理。这用条例那样的体例是难以容纳的。因此，这两部准则采取的是文件段落式的表述形式。

（二）党内法规的形式特点

1. 政言政语。政治属性是党的建设的首要属性，政治方向是党的建设的首要问题，事关党的前途命运和事业兴衰成败。党内法规本质上是政治立法，必须要旗帜鲜明讲政治，体现新时代党的政治建设要求，以反映和实现党的政治主张和政治目的为直接要求，以坚持和加强党的全面领导为根本目标，以强烈的政治色彩和鲜明的政治取向为基本特征，体现党内法规的政治属性和政治功能。2018年2月颁布的《中央党内法规制定工作第二个五年规划（2018—2022年）》专门强调，做好党内法规制定工作，要坚持正确政治方向，以习近平新时代中国特色社会主义思想为指引，紧紧围绕坚持和加强党的全面领导、紧紧围绕以党的政治建设为统领全面推进党的各项建设，确保全党坚定维护以习近平同志为核心的党中央权威和集中统一领导，确保党的领导更加坚强、党的执政地位更加巩固。2018年6月29日，习近平同志在十九届中央政治局就加强党的政治建设举行第六次集体学习时强调，马克思主义政党具有崇高政治理想、高尚政治追求、纯洁政治品质、严明政治纪律。党的政治建设要把准政治方向，坚持党的政治领导，夯实政治根基，涵养政治生态，防范政治风险，永葆政治本色，提高政治能力，为我们党不断发展壮大、从胜利走向胜利提供重要保证。基于党内法规的政治本性，所以在党内法规的语言表述中，大量的语言是政治性语言。例如，2017年12月20日起施行的《中国共产党党务公开条例（试行）》第四条规定：坚持维护以习近平同志为核心的党中央权威和集中统一领导，认真贯彻落实习近平新时代中国特色社会主义思想，牢固树立"四个意识"，坚定"四个自信"，把党务公开放到新时代中国特色社会主义的伟大实践中来谋划和推进，把坚持和完善党的领导要求贯彻到党务公开的全过程和各方面。

2. 党言党语。顾名思义，党内法规是规范党组织活动工作和党员行为的制度规范的总称，因此，党内法规必然具有鲜明的政党性。"党规姓党"是党内法规的最鲜明特色，也是党内法规的最本质特征。从作用上看，党内法规是管党治党的基本方式和重要抓手，规定的大多是党的政治建设、思想建设、组织建设、作风建设、纪律建设等具体业务内容，在本质上以加强和完善党的全面统一领导为根本旨归。党的十九大报告指出："党政军民学，东西南北中，党是领导一切的。"在这种语境下，政治和业务就具有十分密切的关系，没有离开业务的政治，也没有离开政治的业务。所有业务都是党领导下的具体工作，都是党的理论和路线方针政策的体现，这本身就是政治。在当代中国，讲政治的首个要义，就是坚持党的全面领导，必须把加强党的全面领导贯穿于讲政治的全过程。因此，党内法规的政治性与党内法规的政党性在本质上是相通的，所谓政治意识是指党员干部在政治信仰、政治方向、政治立场、政治观点上表现出的对党的正确认知，其实质不过是党的意识在思想认识上的反映。正如习近平同志在第十八届中央纪律检查委员会第三次全体会议上的讲话中指出的那样："全党同志要强化党的意识，始终把党放在心中最高位置，牢记自己的第一身份是共产党员，第一职责是为党工作，做到忠诚于组织，任何时候都与党同心同德。"2018年7月，习近平同志对中央和国家机关推进党的政治建设作出重要指示强调，中央和国家机关首先是政治机关，必须旗帜鲜明讲政治，坚定不移加强党的全面领导，坚持不懈推进党的政治建设。[①]因此，党内法规的政党属性决定了党内法规必须以加强和完善党的全面统一领导，维护党中央权威核心，加强党的长期执政能力建设、先进性和纯洁性建设为出发点和根本归宿。

3. 法言法语。党内法规虽然具有鲜明的政治性和政党性，但党内法规毕竟还是"法规"，是中国特色社会主义法治体系的重要组成部分，是法律规范的一种特殊表现形式。因此，党内法规必然也要符合法律规范的表

[①]《习近平对推进中央和国家机关党的政治建设作出重要指示》，《人民日报》2018年7月12日。

述形式。基于条款的表现形式，党内法规的规范结构、构成要素也与其他的规范性文件有着明显不同。党内法规是法律规范的一种特殊形态，具有严格规范的逻辑结构。一般认为，法律规范是一种特殊的、在逻辑上周全的规范。一个完整的法律规范在结构上由三个要素组成，即行为条件、行为模式、法律后果。行为条件是指法律规范中规定适用该规范的条件的部分，它把规范的作用与一定事实状态联系起来，指出在发生何种情况或具备何种条件时，法律规范中规定的行为模式便生效。行为模式是指法律规范中为主体规定的具体行为模式，即权利和义务、权力和责任，它指明人们可以做什么，应该做什么，不能做什么，以此指导和衡量主体行为，包括作为和不作为。法律后果是法律规范中规定主体的行为违反法律要求时应当承担何种法律责任或引起何种国家强制措施的部分。因此，党内法规作为法律规范的特殊表现形式，其基本逻辑结构应当是"行为条件、行为模式、法律后果"。在党内法规的条款中，要规定适用情形和违反后果，具有刚性约束。也正因此，党内法规的语言结构一般都是表述为"应当""可以""必须""不得"等，而普通党内文件一般都是口号式、倡导式的，大多表述为"要怎么做""大力加强""积极推进""深入开展"等，主语不清、对象不明，要求也不具有刚性。条款化是党内法规的鲜明特征，也是党内法规与普通党内文件的最显著区别。因此，党内法规通常以条款方式表述，具有特定的体例格式和结构要求，一般由调整规范、适用范围、主管机关、行为规则、制裁措施等构成，便于理解、援引、执行。

4. 规言规语。党内法规的目的是为全党建制度、立规矩，帮助全体党员树立和强化规矩意识，因此，党内法规实际上就是党内规矩。所谓党内规矩是党的各级党组织和全体党员必须遵守的行为规范和规则。党的规矩总的包括：第一，党章是全党必须遵循的总章程，也是总规矩；第二，党的纪律是刚性约束，政治纪律更是全党在政治方向、政治立场、政治言论、政治行动方面必须遵守的刚性约束；第三，国家法律是党员、干部必须遵守的规矩，法律是党领导人民制定的，全党必须模范执行；第四，党在长期实践中形成的优良传统和工作惯例。在所有的党内规矩中，政治纪律和政治规矩是最根本、最重要的纪律，遵守政治纪律和政治规矩是遵守党的全部纪律的基础。2012年12月，习近平总书记在政治局关于改进工作作风、密切联系群众的会议上指出,"新一届中央领导集体要定规矩,这是很重要的规矩。没有规矩,不成方圆。制定这方面的规矩,指导思想就是从严要求,体现党要管党、从严治党"。因此,各级党组织和广大党员要自觉遵守政治纪律和政治规矩,不断增强政治意识、大局意识、核心意识、看齐意识,做到坚守政治信仰、站稳政治立场、把准政治方向。规矩之所以重要,是因为领导干部违纪往往是从破坏规矩开始的。在这个意义上,讲规矩是对党员、干部党性政治性的重要考验,是对党员、干部对党忠诚程度的重要检验。所以,党内法规作为管党治党的重要依据,必然强调党员、干部对政治规矩的服从和维护,必然带有明显的定制度、立规矩色彩。

5.纪言纪语。党纪具有广义狭义两种含义:狭义的党纪专指《中国共产党纪律处分条例》这部党内法规,广义的党纪是泛指党内法规体系中关于党的纪律的规定,例如常用的"党章党规党纪"就是广义上的党纪。在概念上,党的纪律是党的各级组织和全体党员必须遵守的行为规则,是维护党的团结统一、完成党的任务的保证。在党内法规的构成中,有相当一部分党内法规是关于党的纪律规定。这部分党内法规往往由党的纪律检查部门制定,以党的纪律处分为后盾,具有鲜明的纪律色彩。治国必先治党、治党务必从严。党的先锋队性质和执政地位,决定了党的纪律必然严于国法,而不能等于国法。国家法律是公民的底线,党的纪律是党员的底线,两者不可混同。如果纪法不分,把公民都不能破的法律底线写到执政党的纪律里,党的各级组织、党员都退守到法律底线上,就降低了党员的行为标准,弱化了党作为政治组织的先进性。在实践中,也会导致法在纪前,把违纪当成"小节",党员不违法就没人管、不追究,造成"要么是好同志、要么是阶下囚"。2015年10月颁布的《中国共产党纪律处分条例》坚持纪严于法、纪在法前,实现纪法分开,与全面从严治党、把纪律挺在前面的要求完全吻合,是思想认识的一次飞跃,是管党治党的重大创新。《中国共产党纪律处分条例》将党的纪律分为政治纪律、组织纪律、廉洁纪律、群众纪律、工作纪律、生活纪律六类,为广大党员开列了一份"负面清单",体现了对党员的高标准、严要求。因此,党内法规也要体现把纪律挺在前面的要求,坚持纪严于法、纪在法前、纪法分开,体现新时代党的纪律建设新要求。

三、党内法规与相关概念的区别

（一）党内法规与党内制度的区别

党内制度是党的各级组织制定的用以规范党组织的工作、活动和党员的行为的党内各类规章制度的总称。党内法规仅仅包括中央、中央各部门和省级党委制定的党内规章制度。党内制度是一个范围较广的概念，不仅包括党内法规，还包括各级党组织制定的规范性文件，以及党长期实践中形成的政治规则、组织约束、优良传统和工作习惯。党内法规是党内制度的成文表现形式，多数党内制度是以党内法规的方式明文规定的。党内法规体系和党内制度体系都是党的制度建设的重要组成部分。党内法规与党内制度的区别主要是：

1. 从产生时间看，先有党内制度后有党内法规。从二者产生的时间来看，党内制度问题随着列宁明确提出"民主集中制"这一概念就已经出现了。我们党在创建之初就奉行民主集中制原则，并在党的"一大"党纲中明确提出"本党采用苏维埃的形式"，规定了各级党组织的机构和制度，在以后的历次党代表大会中，党内制度趋于完善。而"党内法规"这一概念则产生较晚。1938年，毛泽东提出"为使党内关系走上正轨，除了上述四项最重要的纪律外，还须制定一种较详细的党内法规"，这可以算是"党内法规"概念的第一次提出。

2. 从制定主体看，党内法规只能由省级以上党组织制定，而党内制度的制定主体可以是党的各级组织。从制定主体的范围来看，党内法规的制定主体包括党的中央组织以及中央纪律检查委员会、中央各部门和省、自治区、直辖市党委，而党的制度的制定主体是党的各级组织，也就是说，由于在党内生活中存在大量尚没有法规规范或者暂不需要以法规形式进行规范的领域和问题，对此则通过建章立制来实现规范化，上至党中央，下至党支部都可以制定工作制度。

3. 从概念外延看，党内制度的外延明显大于党内法规，党内制度不仅包含党内法规，还包括党内规范性文件、党内惯例等。尽管多数党内制度是由党内法规明文加以规定，但也有不少党内制度并不是由党内法规建构而成，有些党内制度是自发形成的。

4. 从内在体系来看，党内法规包括党章、准则、条例、规则、规定、办法和细则。而党内制度的体系则包括三个层面：一是以民主集中制为核心的党的根本制度；二是表现为党的组织体制和活动机制的基本制度，如党的领导体制、党的代表大会制度、党内选举制度、干部制度、党内监督制度等；三是党的各项具体制度，如党员发展制度、基层党组织"三会一课"制度、干部考察制度、公示制度等。

（二）党内法规与党内规范性文件的区别

根据 2013 年 5 月 27 日公布的《中国共产党党内法规和规范性文件备案规定》第二条规定，所谓党内规范性文件，是指中央纪律检查委员会、中央各部门和省、自治区、直辖市党委在履行职责过程中形成的具有普遍约束力、可以反复适用的决议、决定、意见、通知等文件，包括贯彻执行中央决策部署、指导推动经济社会发展、涉及人民群众切身利益、加强和改进党的建设等方面的重要文件。党内法规与党内规范性文件的区别主要是：

1. 从制定主体看，党内法规的制定主体有三类：第一类是党的中央组织；第二类是党的中央部门如中央组织部、中央宣传部；第三类是省、自治区、直辖市党委。而党内规范性文件的制定主体除了这三类之外还有很多，如地市级党委可以制定规范性文件，县级党委也可以制定规范性文件。因此，党内法规和党内规范性文件在制定主体上是不一样的，党内法规的制定主体只能是省级以上党组织，规范性文件的制定主体更为广泛，既包括党内法规的制定主体，还包括党的其他组织。

2. 从制定程序看，党内法规有严格的制定程序，通常要经过立项、征求意见、备案等一系列严格的程序。而党内规范性文件的制定就没有如此严格的程序，某一级党委组织作出决议就可以形成文件，程序要求比较低。在实践中，从审核批准程序看，党内法规更为严格，一般要求采用会议审议批准方式，而党内规范性文件多采用领导传批方式。

3. 从文件名称看，党内法规的名称是特定的，分别是党章、准则、条例、规则、规定、办法、细则，而党内规范性文件的名称一般为决议、决定、意见、通知等。

4. 从表述形式看，党内法规的内容应当用条款形式表述，而党内规范性文件一般不用条款形式表述。

5. 从效力位阶看，党内法规属于管党治党的重要依据，具有较强的刚性约束，党内规范性文件虽然也具有一定的普遍适用性，但在效力上同党内法规还是有不小的距离。一般来讲，同一主体制定的党内法规与规范性文件，前者的效力往往高于后者。

6. 从责任机制看。违反党内法规承担的是党纪责任，一般有警告、严重警告、撤销党内职务、留党察看、开除党籍五种党内纪律处分形式。但是违反了党内规范性文件，承担的不一定是党纪责任，有可能是其他责任，如组织调整或者组织处理，包括停职检查、调整职务、责令辞职、降职、免职等措施。党内法规通常要对违规责任及其追究作出明确规定，规范性文件则不一定要作出这方面的规定。

7. 从公开要求看，党内法规是党组织和党员的行为依据，因此，党内法规一般都应当面向全体党员公开，因为特殊情况不予公开的党内法规在数量上较少。规范性文件很多情况下都是加密、涉密的，有的发到地师级，有的发到县团级，往往都是限定在一定的群体内。

（三）党内法规与国家法律的区别

国家法律是由享有立法权的立法机关行使国家立法权，依照法定程序制定、修改并颁布，并由国家强制力保证实施的基本法律和普通法律的总称。党内法规和国家法律之间又存在密切联系，从根本上说，党内法规和国家法律都是党的意志的具体体现，都反映最广大人民的根本利益；从形式上看，党内法规与国家法律都是通过严格程序制定、具有规范性和约束力的行为规范。作为一种特殊的行为规范，党内法规与国家法律的区别主要是：

1. 制定主体不同。党内法规由党的中央组织以及中央纪委、中央各部门和省区市党委制定，国家法律由国家立法机关——主要是全国人民代表大会和全国人民代表大会常务委员会制定。

2. 制定程序不同。党内法规是由省级以上党组织按照《中国共产党党内法规制定条例》规定的程序制定的,而国家法律法规是由全国人大及其常委会、国务院等根据《立法法》规定的程序制定的。

3. 调整对象不同。宪法和法律规范的是国家和社会领域的事项,不对政党内部事务作出规定,党内法规规范的是宪法和法律不宜规范的党内生活和党内关系。

4. 适用范围不同。党内法规适用于党组织和党员,国家法律适用于公民、法人和其他组织。

5. 实施方式不同。党内法规依靠党的纪律约束实施,国家法律以国家强制力为保障。

6. 行为要求不同。国家法律是对全体公民的要求,党内法规制度是对全体党员的要求,而且党内法规制度比国家法律体系要求更严格。因为我们党是先锋队,党员是先进分子,所以党内法规对党员的要求,通常比法律对公民和国家机关工作人员的要求更高、更严格。

第二节　党内法规的历史

历史是最好的教科书。2013年6月25日,在十八届中央政治局就中国特色社会主义理论和实践进行第七次集体学习的主持讲话中,习近平总书记指出:"学习党史、国史,是坚持和发展中国特色社会主义、把党和国家各项事业继续推向前进的必修课。这门功课不仅必修,而且必须修好。要继续加强对党史、国史的学习,在对历史的深入思考中做好现实工作、更好走向未来,不断交出坚持和发展中国特色社会主义的合格答卷。"史鉴使人明智,学习历史是为了更好地面对现实,更好地走向未来。同时,学习历史也是"两学一做"学习教育的直接要求。"两学一做"学习教育活动明确提出,全体党员要认真学习《中国共产党廉洁自律准则》《中国共产党纪律处分条例》等党内法规,学习党的历史,学习革命前辈和先进典型,从一些违纪、违法典型案件中吸取教训,肃清恶劣影响,发挥正面典型的激励作用和反面典型的警示作用,引导党员牢记党规党纪,牢记党的优良传统和作风，树立崇高道德追求，养成纪律自觉，守住为人做事的基准和底线。通过学习党的历史能看到党内法规在党的事业发展中起的积极作用，同时学习党的历史上那些负面案例，对我们也是一种警示，提醒我们不要重蹈覆辙。因此，在学习党内法规时，一定要学习其发展史，从历史的流变中认识党内法规的重要性，认清楚当下的任务，担负起今后的使命，这是学习党内法规发展历史的现实作用及其积极价值之所在。从发展阶段看，党内法规的发展历史主要经历了四个阶段。

一、萌芽生长阶段（1921—1949 年）

中国共产党成立于 1921 年，在中国共产党第一次全国代表大会召开前，我国早期的共产主义者普遍认识到建设党组织首先要有一个章程。1921 年 7 月，中国共产党第一次全国代表大会通过了《中国共产党第一个纲领》。这是中国共产党历史上第一个具有党章性质的党内法规，它确定了党的名称，规定了入党的条件、党的组织等内容，宣告了中国共产党的诞生。但它还不是完整意义上的党章，只是仅仅具有党章的性质。

1922 年 7 月，中国共产党第二次全国代表大会通过了《中国共产党章程》，共六章，二十九条，近 4000 字。《中国共产党章程》首次提出反帝反封建的民主革命纲领，对党组织的设置、党的会议制度、党的纪律等作了规定。这是中国共产党历史上第一个党章，也是第一个正式党内法规。从那时起，党内法规建设就对党的建设和中国历史进程产生了重大影响。通过党内法规来推动党的革命、进行党的建设，就成为中国共产党成立以来一直坚持不变的传统。

1923 年 6 月，中国共产党第三次全国代表大会对党章进行了第一次修正，通过了《中国共产党中央执行委员会组织法》，这是中国共产党的第一个组织法规。1923 年 10 月，中共中央颁布了《教育宣传委员会组织法》，这是第一部规范党的工作部门的党内法规，也是中国共产党第一个宣传领域的党内法规。1924 年 5 月，通过了《中共中央文件选集》，这是第一部有关共产党和共青团关系的党内法规。1925 年 1 月，党的第四次全国代表大会对党章进行了第二次修正。党的四大设置了监察委员会，这是中国共产党历史上的第一个纪检监察机构。

1927年4月27日—5月9日，中国共产党第五次全国代表大会在武汉召开。1927年4月12日，蒋介石掀起了"四·一二"反革命政变，革命进入低潮，面对席卷全国的白色恐怖，由于情况紧急、形势紧迫，这次会议没有专门讨论修改党章的问题，而是在五大通过的《组织问题决议案》中提出"根据本党自第四次大会以来党员数量激增这一事实并根据本党目前的任务，第五次大会认定必须改正并补充旧时的党章"。

"五大"闭幕后不久，根据《组织问题决议案》，中共中央政治局于2017年6月1日通过了《中国共产党第三次修正章程决案》，这是中共党史上唯一一部没有由党的全国代表大会制定和通过的党章。按照惯例，党章都是由党的全国代表大会制定并通过，"五大"党章是唯一一部由中共中央政治局通过的党章。在内容上，第一次在组织原则和组织制度方面，明确规定党的"指导原则为民主集中制"，这是从党的根本法规的高度第一次出现民主集中制的提法。"五大"党章第一次将党的组织系统划分为"全国代表大会——中央委员会，省代表大会——省委员会，市或县代表大会——市或县委员会，区代表大会——区委员会，支部党员全体大会——支部干事会"五个组织层级。五大党章在党的建设上具有重大的突破：一是明确各级党组织职责，规定各级党部设立组织、宣传、妇女等部；二是增设监察委员会，明确规定监察委员会的职权，这是党的历史上首次在党章中规定建立监察委员会；三是增设党团部分，首次规定在非党组织中设立党团，并要求所有一切非党的群众会议、执行机关中，有党员3人以上，均须组织党团，从而"在各方面加紧党的影响，而实行党的政策于非党的群众中"；四是增设与青年团的关系，第一次把党与青年团的关系列入党章，并规定"青年团中央应派代表出席党的中央政治局会议，各级团部亦应派代表参加各级党部机关之常务委员会议，此等团部之出席代表应有表决权"，从而在制度上确保了党对青年团的领导，密切了党团关系；五是在"党的中央机关"一章中，明文规定中央委员会除选举正式中央委员一人为总书记外，还要选举"中央正式委员若干人组织中央政治局指导全国一切政治工作"，体现了加强集体领导的精神。

与"三大""四大"党章仅是进行局部修改不同，"五大"党章是建党以来对党章进行的第一次全面修改，充实了内容，调整了结构，确立了党章的基本框架，是党章发展史上的里程碑，对之后各部党章产生了深远影响。同时，它比较正确地反映了中国革命迅速发展和党的建设的实际需要，及时对党的建设的新鲜经验加以总结，对以后党的建设提出新的论断和要求，对加强和改进党的建设也起到了重要作用。在性质上，"五大"党章是中国共产党成立以来对党章进行的第一次全面修改，这次修改在我们党内法规发展史上具有里程碑意义，树立了党章修改的典范，成为以后党章修改的蓝本。

1928 年中国共产党第六次全国代表大会召开，通过了《中国共产党党章》第四次修正。这次党的代表大会也比较特殊，它是唯一一次不在中国国内召开的。大革命失败后，国内陷入了白色恐怖之中，召开党的全国代表大会在形势上是非常危险的。为了革命的需要，党中央决定在莫斯科召开党的第六次全国代表大会。1931 年 5 月，中共中央通过了《中央巡视条例》，这是党的历史上第一个巡视方面的党内法规。

1938 年 9 月 29 日至 11 月 6 日，中国共产党六届六中全会在延安桥儿沟召开。鉴于张国焘不遵守党的纪律，在长征途中另立"中央"、分裂党和红军造成的严重后果，鉴于王明在长江局工作期间闹独立性、不执行党的决定，犯下右倾错误而给党的工作带来重大损失的教训，毛泽东在中共六届六中全会政治报告（《抗日民族战争与抗日民族统一战线发展的新阶段》）中指出："必须重申党的纪律：个人服从组织；少数服从多数；下级服从上级；全党服从中央。谁破坏了这些纪律，谁就破坏了党的统一。经验证明：有些破坏纪律的人，是由于他们不懂得什么是党的纪律；有些明知故犯的人，例如张国焘，则利用许多党员的无知以售其奸。因此，必须对党员进行有关党的纪律的教育，既使一般党员能遵守纪律，又使一般党员能监督党的领袖人物也一起遵守纪律，避免再发生张国焘事件。为使党内关系走上正轨，除了上述四项最重要的纪律外，还须制定一种较详细的党内法规，以统一各级领导机关的行动。"这是党内第一次正式使用"党内法规"这个概念。

根据毛泽东的建议，中共六届六中全会通过了《关于中央委员会工作规则与纪律的决定》和《关于各级党部工作规则与纪律的决定》等一系列关于党内政治纪律的规定，强调要把纪律教育作为"党的建设的一课"，对于促进党的团结统一发挥了重要作用。《关于中央委员会工作规则与纪律的决定》和《关于各级党部工作规则与纪律的决定》，对各级党委权力的形成与行使，以及领导成员与领导集体、领导成员之间、上下级之间的关系如何处置，作出了明确和具体的规定，对于全党树立纪律和规矩意识，做到按程序和规矩办事起到了极为重要的作用。《关于各级党部工作规则与纪律的决定》第十九条规定："个人服从组织，少数服从多数，下级服从上级，全党服从中央，党的一切工作由中央集中领导，是党在组织上民主集中制的基本原则，各级党的委员会的委员必须无条件的执行，成为一切党员与干部的模范。"中共六届六中全会以后，"四个服从"成为中国共产党民主集中制领导制度形成的显著标志。"四个服从"既反映了民主，又体现了集中，是正确处理党内各种关系的基本准则。同时，在这次会上，刘少奇同志作了关于党规党法的报告，这是党的领导人第一次在讲话使用"党规党法"的名称。1945年，刘少奇同志在《论党》这篇文章中进一步提出"党章，党的法规，不仅是要规定党的基本原则，而且要根据这些原则规定党的组织之实际行动的方法，规定党的组织形式与党的内部生活的规则"，把党章、党内法规的内涵作用进行了进一步的界定和完善。

1945年4月，中国共产党第七次全国代表大会通过了新党章，这个党章是党在民主革命时期独立自主制定的第一部党章。原来的党章受其他因素的影响比较多，"七大"的党章是我们党独立自主制定的，是党发展成熟的一个标志，在党内法规发展史上也具有里程碑意义。"七大"的党章第一次增加了总纲部分，第一次把毛泽东思想作为党的指导思想写入党章。

总的来看，在萌芽生长阶段，党内法规的发展具有如下特点。

1. 这一时期比较重视党的制度建设，不断健全党的民主集中制，规范党的集体领导制度、工作制度和党的纪律，保证了党的团结统一，保证了解放战争的胜利。

2. 由于所处的外部环境条件和制定技术等原因，党内法规主要是把党的纪律以规范形式表现出来，政治性较强，规范性较缺。

3. 这一时期的党内法规强调的是保密性、时效性和灵活性，稳定性不足。这一时期党内法规数量较多，但往往是针对同一内容或同一法规的反复修改，主要基于现实需要，因形势变化而不断修正规范，强调党内法规与社会现实的适应性。

建党之后到新中国成立之前这段时间，我们称之为革命时期，革命往往伴随的是战争。西方有句法谚叫"枪炮隆隆，法律无声"，说的是在战争、突发事件等特殊情况下，法律的作用是微乎其微甚至趋于消解的。通过这一阶段的党内法规发展历史也可以看出，党内法规的发展受到革命形势、战争形势的影响比较大，作用的发挥也受到一定限制。但，即使在革命时期、在白色恐怖的特殊时期，我们党仍然注重党内法规建设，没有放松制度建设，这种从一开始就注重依规治党的优良传统，就为后来尤其是改革开放后的党内法规建设奠定了良好的历史基础。

二、曲折前进阶段（1949—1978 年）

从 1949 年新中国成立到 1978 年改革开放，这个时期我们称之为党内法规的曲折前进阶段。1949 年 1 月 1 日，蒋介石面对节节败退，提出了国民党接受中共和谈的最低条件："只要和谈无害于国家的独立完整，而有助于人民休养生息，只要神圣的宪法不由我而违反，民主宪政不因此而破坏，中华民国的国体能够确保，中华民国的法统不致中断，军队有确实的保障，人民能够维持其自由的生活方式与目前最低的生活水准，则我个人更无复他求。"针对蒋介石的这个和谈声明，1949 年 1 月 14 日，中共中央发表了《中共中央毛泽东主席关于时局的声明》，其中提出和谈的八点主张：惩办战争罪犯；废除伪宪法；废除伪法统；依据民主原则改编一切反动军队；没收官僚资本；改革土地制度；废除卖国条约；召开没有反动分子参加的政治协商会议，成立民主联合政府，接收南京国民党反动政府及其所属各级政府的一切权力。

1949 年 2 月 22 日，中共中央发布了由中央法律委员会主任王明代写的《关于废除国民党六法全书与确定解放区司法原则的指示》，明确指出："法律是统治阶级以武装强制执行的所谓国家意识形态，法律和国家一样，只是保护一定统治阶级利益的工具。国民党的《六法全书》和一般资产阶级法律一样，以掩盖阶级本质的形式出现。国民党的全部法律只能是保护地主与买办官僚资产阶级反动统治的工具，镇压与束缚广大人民群众的武器。"这个指示直接决定了党内法规建设的指导方向，明确确定了不论是法律还是党内法规，当时都认为是维护统治阶级的一个工具。

1949年10月发布的《关于中央人民政府成立后宣传工作中应注意事项的指示》提出："在中央人民政府成立后，凡属政府职权范围者应由中央人民政府讨论决定，由政府明令颁布实施。其属于全国范围者应由中央政府颁布，其属于地方范围者由地方政府颁布，不要再如过去那样有时以中国共产党名义向人民发布行政性质的决定、决议或通知。"由此可见，新中国成立之后，我们党已经意识到了党和政府的区分，并为此制定了好几个党内法规。1956年9月，党的第八次全国代表大会通过的党章是第一部执政党章，第一次规定了全国、省、县三级实行党的代表大会常任制。1963年颁布了三个条例：《中国共产党农村基层组织工作条例试行草案》《中国共产党国营工业企业基层组织工作条例试行草案》和《中国共产党商业企业基层组织工作条例试行草案》，都是我们党内法规建设的成果。但由于受到当时的政治大形势影响，尤其是受到"以阶级斗争为纲"的影响，这些党内法规并没有严格地执行下去。

新中国成立后，中共中央原本并没有制定新宪法的意图，而是打算以既有的《共同纲领》作为国家的根本大法。新中国成立前后斯大林曾经先后三次向中共建议制定宪法，斯大林的建议主要有三个：第一个建议是通过选举和制宪来解决自身的合法性问题；第二个建议是改组联合政府，改变多个党派的联合执政问题，防止政治泄密；第三个建议是通过选举实现向一党政府的转变问题。最终，中共中央接纳了斯大林的建议，决定提前召开人民代表大会和制定宪法，带领国家提前进入了社会主义建设阶段。

新中国成立初期，没有严格区分党内文件和党内法规，更没有严格区分党内文件、党内规范性文件和国家法律之间的区别。在这种思维的主导之下，1969年中国共产党第九次全国代表大会修订了党章，确定了以阶级斗争为纲，取消了党内民主集体领导、党员的权利和义务等条文，取消了党的监察机关。

1973年8月，中国共产党第十次全国代表大会召开，党章整体上是第九次全国代表大会党章的继续。1977年，中国共产党第十一次全国代表大会又修改了党章,这一时期的党章带有两面性,一方面坚持了阶级斗争为纲的一些观点,另一方面进行了某种程度的拨乱反正。

这一时期的党内法规经历了比较曲折的发展历程,具有以下几个特点。

1.这一时期的党内法规注重规范党与国家的关系,注重解决如何执政,如何处理好党与国家、政府的关系问题,通过党内法规主动设定执政规范,逐步形成了有中国特色的党委领导下的分工负责制。

2.这一时期党章的指导思想和组织原则出现混乱,党内法规体系的基石不稳,严重影响了党内各种关系的稳定和发展。

3.这一时期党内法规的规范体系仍然没有建立,具体名称种类繁多,效力等级不定,更多地被看作是党中央对全党的指示命令,体系化建设明显滞后。

4.这一时期党内法规体系建设受到各种"运动"影响,缺乏稳定性,运动治理带有浓厚的人治色彩,冲击了法制,破坏了法规体系。

三、全面奠基阶段(1978—2012年)

改革开放以后,以邓小平同志为核心的党的第二代中央领导集体重视党的制度建设,确立了制度建党思想,标志着党内法规建设由自发阶段走向自觉阶段。

1978年12月13日,邓小平在中央工作会议闭幕会上强调,国要有国法,党要有党规党法。党章是最根本的党规党法。"没有党规党法,国法就很难保障。"这是第一次把党规党法与国家法律放在同等重要的位置,深刻揭示了党内法规的地位和作用,阐述了党规党法与国家法律的关系。1978年12月18日至22日,党的十一届三中全会召开,提出了"健全党规党法,严肃党纪"的要求。随后,中央接连发布了《关于党内政治生活的若干准则》《关于高级干部生活待遇的若干规定》等一批重要党内法规,总结了历史上党内政治生活的经验教训,把党章的有关规定和民主集中制的原则具体化,成为从法规制度上加强党的建设的重要举措,为实现党风根本好转发挥重大历史作用,产生深远影响。在1980年中央颁布(《关于党内政治生活的若干准则》中,明确提出"必须认真维护党规党法",

这是中央文件中首次使用党规党法这一概念。

1982年9月,中国共产党第十二次全国代表大会修改了党章。这次党章第一次规定了改革开放,第一次确立了社会主义初级阶段理论,第一次提出了中国特色社会主义理论体系,第一次规定党必须在宪法和法律的范围内进行活动。

1987年,中国共产党第十三次全国代表大会通过了党章,第一次规定了党委讨论重大问题必须进行表决,第一次规定了实行差额选举。

1990年7月,党中央颁布了《中国共产党党内法规制定程序暂行条例》,这是党的历史上首次以党内法规的形式界定"党内法规",对党内法规的名称、适用范围、制定主体、制定程序等作了规定,极大地推进了党内法规制定工作制度化、规范化。《中国共产党党内法规制定程序暂行条例》是关于党内法规制定方面的一个专门法规,因此它被称为党内的第一个"立法法"。1990年11月,党中央发布《中共中央办公厅关于党内法规备案工作有关问题的通知》。1991年2月,党中央印发《关于加强党对国家立法工作领导的若干意见》,凸显了党对党内法规制定工作的重要性。

1992年10月,中国共产党第十四次全国代表大会修改的党章明确提出党的各级纪委的主要任务是"维护党的章程和其他的党内法规",这标志着"党内法规"这个概念首次得到党的根本大法——党章的正式确认,这在党内法规建设史上具有里程碑意义。1997年9月,中国共产党第十五次全国代表大会通过《中国共产党章程修正案》,把邓小平理论确立为全党指导思想。

2001年,在庆祝中国共产党成立80周年大会上的讲话中,江泽民同志全面阐述了"从严治党"的方针。他指出:"从严治党,必须全面贯彻于党的思想、政治、组织、作风建设,切实体现到对各级党组织、广大党员和干部进行教育、管理、监督的各个环节中去。各级党组织和每个党员都要严格按照党的章程和党内法规行事,严格遵守党的纪律。各级领导干部都要自重、自省、自警、自励,始终注意讲学习、讲政治、讲正气。要经常运用批评和自我批评的武器,开展积极的思想斗争,坚持真理,修正错误。各级党组织都要努力增强解决自身矛盾的能力,勇于正视和解决存在的问题,决不回避和粉饰。"

2002年，中国共产党第十六次全国代表大会进一步修改党章，这次修改党章主要是增加了依法治国、建设社会主义法治国家的内容。这标志着我们党对法治建设内容的进一步深化。2007年10月，中国共产党第十七次全国代表大会通过的党章，第一次规定党的各级组织按规定实行党务公开、党的各级代表大会实行任期制、党的中央和省区市委员会实行巡视制度。

党的十六大以来，我们党坚持科学执政、民主执政、依法执政，把党内法规建设放在更加突出的位置上。2006年1月，胡锦涛同志在中央纪委第六次全体会议上提出"加强以党章为核心的党内法规制度体系建设"。这是党的历史上第一次提出建设党内法规制度体系这一重大任务，标志着党内法规建设进入了体系化建设的新阶段。早在1991年4月，为了加强党内法规建设，党中央批准成立中共中央办公厅法规室，承担党中央制定党内法规和党中央领导国家立法的具体服务工作。2011年7月，中办法规室更名为中办法规局，负责党内法规制定、规划计划草案拟订和组织协调党内法规起草、审核、备案、解释、清理等工作，标志着党内法规建设进一步提升和加强。

从改革开放到十八大之前，这一时期的党内法规建设全面推进，确立了党内法规建设的目标任务，制定了一大批组织建设、廉政建设、制度建设等领域的基础性骨干法规，出台了一系列配套法规制度，为实现党科学执政、民主执政、依法执政提供了坚实的制度基础。

四、快速发展阶段（2012年至今）

党的十八大以来，以习近平同志为核心的党中央高度重视党内法规建设，明确要求将党内法规建设作为事关党长期执政和国家长治久安的重大战略任务，摆到更加突出的位置上来切实抓紧、抓好，引领党内法规建设进入了新时代。

习近平同志对做好党内法规工作高度重视，明确要求举全党之力，推动形成内容协调、程序严密、配套完备、有效管用的党内法规制度体系。习近平同志在2013年召开的十八届中央纪委二次全会上强调，要"加强反腐倡廉党内法规制度建设""把权力关进制度的笼子里,形成不敢腐的惩戒机制、不能腐的防范机制、不易腐的保障机制"。2015年6月26日,十八届中央政治局就加强反腐倡廉法规制度建设进行第二十四次集体学习,习近平同志在主持学习时强调,我们党长期执政,既具有巨大政治优势,也面临严峻挑战,必须依靠党的各级组织和人民的力量,不断加强和改进党的建设、管理、监督。铲除不良作风和腐败现象滋生蔓延的土壤,根本上要靠法规制度。要加强反腐倡廉法规制度建设,把法规制度建设贯穿到反腐倡廉各个领域,落实到制约和监督权力各个方面,发挥法规制度的激励约束作用,推动形成不敢腐不能腐不想腐的有效机制。2014年10月,党的十八届四中全会历史性地将"形成完善的党内法规体系"确立为全面依法治国总目标的重要内容,对加强党内法规制度建设作出了全面部署。全面依法治国的总目标是建设中国特色社会主义法治体系,建设社会主义法治国家。中国特色社会主义法治体系包含的内容是:在中国共产党的领导之下,坚持中国特色社会主义制度,贯彻中国特色社会主义法治理论,形成完备的法律规范体系,形成高效的法治实施体系,形成严密的法治监督体系,形成有力的法治保障体系,形成完善的党内法规体系。

习近平同志明确提出要坚持制度治党,要求各级党委(党组)从事关党长期执政和国家长治久安的战略高度,把党内法规制度建设摆到更加突出的位置,并对加强党内法规制度建设提出了一系列的重要思想,为新形势下开展党内法规工作指明了前进的方向,注入了强大的动力。全面从严治党是当前我们党管党治党方面的顶层设计,全面从严治党最根本的就是要使全党各级组织和全体党员、干部都按照党内政治生活准则和党的各项规定办事。为了做好党内法规工作,按照党中央的部署,党内法规的规划、制定、清理、备案、宣传等各项工作都在全面推进,党内法规工作的格局已经基本形成,党内法规制定工作步伐加快,制定出台了一大批重要党内法规,建立了党内法规备案工作体系。2014年10月,中共中央发布《中共中央关于再废止和宣布失效一批党内法规和规范性文件的决定》,标志着我们党历史上第一次中央党内法规和规范性文件清理任务完成。

党的十八大以来的党内法规建设主要有以下几方面的工作。

第一,修改完善党章。2012年11月,中国共产党第十八次全国代表大会通过《中国共产党章程（修正案）》，进一步完善了党章；2017年10月，中国共产党第十九次全国代表大会审议并一致通过十八届中央委员会提出的《中国共产党章程（修正案）》，决定这一修正案自通过之日起生效。

第二，加强顶层设计。2013年11月，中共中央颁布《中央党内法规制定工作五年规划纲要（2013—2017年）》。这是党的历史上第一个党内法规制定工作五年规划纲要，明确提出到建党100周年时要全面建成内容科学、程序严密、配套完备、运行有效的党内法规制度体系；2018年2月23日，中共中央公布了《中央党内法规制定工作第二个五年规划（2018—2022年）》。《规划》深入贯彻落实习近平新时代中国特色社会主义思想和党的十九大精神，着眼于到建党100周年时形成比较完善的党内法规制度体系，对今后5年党内法规制度建设进行顶层设计，提出了指导思想、目标要求、重点项目和落实要求，是推进新时代党内法规制度建设的重要指导性文件。

第三，构建党规体系。这段时期党的领导和党的工作的规范化日益明显，最主要的体现就是制定了一系列重要的党内法规。2013年制定了《党政机关厉行节约反对浪费条例》《中国共产党党内法规制定条例》和《中国共产党党内法规和规范性文件备案规定》；2015年制定通过了《中国共产党统一战线工作条例（试行）》《中国共产党党组工作条例（试行）》《中国共产党巡视工作条例》《中国共产党廉洁自律准则》《中国共产党纪律处分条例》《中国共产党地方委员会工作条例》和《党政领导干部选拔任用工作条例》；2016年制定通过了《关于新形势下党内政治生活的若干准则》和《中国共产党党内监督条例》《中国共产党问责条例》等重要党内法规；2017年制定了《中国共产党党务公开条例（试行）》《中国共产党工作机关条例（试行）》《中国共产党党委（党组）理论学习中心组学习规则》；2018年修订、制定了《中国共产党纪律处分条例》《中国共产党支部工作条例（试行）》等多部重要党内法规。通过制定、修订这些重要的党内法规，党内法规的"四梁八柱"逐步建立起来，党内法规制度体系也逐渐趋于完善。

一言以蔽之，党的十八大以来，党内法规建设更加强调全面从严治党要求，更加强调党内法规的体系性和规范性，不断健全党内法规制度体系，完善党内法规工作体制机制，标志着党内法规建设日趋成熟和定型，党内法规这一概念也逐渐深入人心，得到了广大党员、干部的普遍认可，日益成为全面依法治国的重要内容和中国特色社会主义法治建设的重要组成部分。

第三节　党内法规的原则

一、党内法规原则概论

在国家法理论中，法律原则是指集中反映法的一定内容的法律活动的指导原理和准则，贯穿于具体法律规范之中。法律原则较之法律规范，更直接地反映出法的内容、法的本质，以及社会生活的趋势、要求和规律性。法律原则以其在法的体系结构中所处的不同地位和所起的不同作用，可以分为法的基本原则和法的一般原则。法的基本原则在法的体系结构中居于核心地位，起到最根本的指导作用；法的一般原则是法的基本原则的派生，是基本原则在法的体系各部分中的相对具体化。对法的一般原则还可进一步划分为立法原则和法律适用原则，或者划分为各部门法原则。在国家体系中，法律原则具有重要的作用，直接决定了法律制度的基本性质、内容和价值取向，是法律精神最集中的体现，构成了整个法律制度的理论基础。法律原则对法律制度内部和谐统一具有重要保障作用，对法治建设与法制改革也具有价值引导作用。从法律实施上看，法律原则也具有重要作用，法律原则可以指导法律解释和法律推理，补充法律漏洞，强化法律的调控能力。同时，法律原则还是确定行使自由裁量权合理范围的依据，可以防止由于适用不合理的规则而带来的不良后果。

与法律原则在法治建设中发挥着极为重要的作用一样，党内法规原则在中国特色社会主义法治建设中同样发挥着极为重要的作用。在党内法规的文本中，党内法规原则几乎是每一个党内法规都必不可少的重要内容之一。

2018年10月1日施行的《中国共产党纪律处分条例》第四条规定：

党的纪律处分工作应当坚持以下原则：（一）坚持党要管党、全面从严治党。加强对党的各级组织和全体党员的教育、管理和监督，把纪律挺在前面，注重抓早抓小、防微杜渐。（二）党纪面前一律平等。对违犯党纪的党组织和党员必须严肃、公正执行纪律，党内不允许有任何不受纪律约束的党组织和党员。（三）实事求是。对党组织和党员违犯党纪的行为，应当以事实为依据，以党章、其他党内法规和国家法律法规为准绳，准确认定违纪性质，区别不同情况，恰当予以处理。（四）民主集中制。实施党纪处分，应当按照规定程序经党组织集体讨论决定，不允许任何个人或者少数人擅自决定和批准。上级党组织对违犯党纪的党组织和党员作出的处理决定，下级党组织必须执行。（五）惩前毖后、治病救人。处理违犯党纪的党组织和党员，应当实行惩戒与教育相结合，做到宽严相济。

2017年12月20日施行的《中国共产党党务公开条例（试行）》第四条规定：党务公开应当遵循以下原则：（一）坚持正确方向。坚持维护以习近平同志为核心的党中央权威和集中统一领导，认真贯彻落实习近平新时代中国特色社会主义思想，牢固树立"四个意识"，坚定"四个自信"，把党务公开放到新时代中国特色社会主义的伟大实践中来谋划和推进，把坚持和完善党的领导要求贯彻到党务公开的全过程和各方面。（二）坚持发扬民主。保障党员民主权利，落实党员知情权、参与权、选举权、监督权，更好调动全党积极性、主动性、创造性，及时回应党员和群众关切，以公开促落实、促监督、促改进。（三）坚持积极稳妥。注重党务公开与政务公开等的衔接联动，统筹各层级、各领域党务公开工作，一般先党内后党外，分类实施，务求实效。（四）坚持依规依法。尊崇党章，依规治党，依法办事，科学规范党务公开的内容、范围、程序和方式，增强严肃性、公信度，不断提升党务公开工作制度化、规范化水平。

2017年7月1日修改的《中国共产党巡视工作条例》第四条规定：巡视工作坚持中央统一领导、分级负责；坚持实事求是、依法依规；坚持群众路线、发扬民主。

2017年3月1日施行的《中国共产党工作机关条例（试行）》第四条规定：党的工作机关开展工作应当遵循以下原则：（一）坚持加强党的领导，坚决维护党中央权威；（二）坚持党的政治路线、思想路线、组织路线、群众路线；（三）坚持贯彻民主集中制，增强党的团结统一和机关工作活力；（四）坚持各司其职、相互配合，确保党的各项工作协调一致、协同推进；（五）坚持全面从严治党、依规治党，依照党章党规履行职责；（六）坚持在宪法法律范围内活动，支持同级国家机关和其他组织依法依章程开展工作。

2016年7月8日施行的《中国共产党问责条例》第三条规定：党的问责工作应当坚持的原则：依规依纪、实事求是，失责必问、问责必严，惩前毖后、治病救人，分级负责、层层落实责任。

2015年12月25日施行的《中国共产党地方委员会工作条例》第四条规定：党的地方委员会工作必须遵循以下原则：（一）坚持高举中国特色社会主义伟大旗帜，坚决贯彻党的理论和路线方针政策。（二）坚持立党为公、执政为民，认真践行党的宗旨和群众路线。（三）坚持解放思想、实事求是、与时俱进、求真务实，结合本地区实际创造性开展工作。（四）坚持民主集中制，增强党的地方委员会领导集体活力和党的团结统一。（五）坚持党要管党、从严治党，始终保持党的先进性和纯洁性。（六）坚持在宪法和法律范围内活动，依据党章和其他党内法规履职尽责。

2013年5月27日施行的《中国共产党党内法规制定条例》第七条规定：制定党内法规应当遵循下列原则：（一）从党的事业发展需要和党的建设实际出发；（二）以党章为根本依据，贯彻党的理论和路线、方针、政策；（三）遵守党必须在宪法和法律范围内活动的规定；（四）符合科学执政、民主执政、依法执政的要求；（五）有利于推进党的建设制度化、规范化、程序化；（六）坚持民主集中制，充分发扬党内民主，维护党的集中统一；（七）维护党内法规制度体系的统一性和权威性；（八）注重简明实用，防止烦琐重复。

由此可见，在具有基础性、核心性、骨干性作用的条例一级的重要党内法规中，原则部分几乎是每一部重要条例都不可或缺的重要内容，对该党内法规的指导方针、价值取向、制度体系、实践操作都有着重要的规范作用。

根据分类标准的不同，党内法规原则可以分为以下几类。

1. 按照党内法规原则对人的行为及其条件之覆盖面的宽窄和适用范围

大小，可以把党内法规原则分为基本原则和具体原则。基本原则是整个党内法规体系所适用的、体现党内法规基本价值的原则，如党章所规定的民主集中制原则、从严管党治党原则、党必须在宪法和法律的范围内活动等原则。具体原则是在基本原则指导下适用于党内法规某一领域或党的某一工作部门特定情形的原则，如《中国共产党党内法规制定条例》第七条规定的党内法规制定原则、《中国共产党问责条例》第三条规定的问责原则。

2. 按照党内法规原则产生的基础不同，可以把党内法规原则分为公理性原则和政策性原则。公理性原则，即由党内法规一般原理构成的原则，是由党内法规建设实践本身推导出来的原则，如围绕中心、服务大局，宪法为上、党章为本，整体推进、突出重点、发扬民主、科学制定，改革创新、与时俱进，严谨规范、有效管用，这些原则在整个党内法规领域都具有较强的普适性，对每一部党内法规来说都是必不可少的基本原则。政策性原则是在推进党的某项具体工作时，出于一定的政策考量而制定的一些原则，如坚持惩前毖后、治病救人，坚持各司其职、相互配合，确保党的各项工作协调一致、协同推进等。政策性原则具有针对性、阶段性和限定性，往往适用于特定时期、特定对象的特定工作，而不是放之四海而皆准。

3. 按照党内法规原则涉及的内容和问题不同，可以把法律原则分为实体性原则和程序性原则。实体性原则是直接指涉及实体性权利和义务等的原则，党章中所规定的多数原则属于此类。程序性原则是直接指涉及程序法、救济法问题的原则，如《党政领导干部选拔任用工作条例》中的民主、公开、竞争、择优原则，《中国共产党问责条例》中的分级负责、层层落实责任等。

二、党内法规制度建设的基本原则

党内法规的基本原则是整个党内法规体系所适用的、体现党内法规基本价值的原则。从不同的研究视角，党内法规有不同的价值取向和目标追求，会有不同的基本原则体系。从党内法规实践角度看，新时代党内法规制度建设应该遵守以下几个基本原则。

（一）坚持正确的政治方向。党规姓党，深入推进新时代党内法规制度建设必须坚持正确的政治方向。党的十九大报告指出,"党政军民学,东西南北中,党是领导一切的"。党是最高的政治领导力量,党的领导是做好党和国家各项工作的根本保证。我们每一个党组织、每一名党员干部,无论处在哪个领域、哪个层级、哪个部门和单位,都要把"维护习近平总书记党中央和全党核心地位、维护党中央的权威和集中统一领导"作为根本政治准则和政治要求,坚决在思想上高度认同、政治上坚决维护、组织上自觉服从、行动上紧紧跟从。每一名党员干部都要做到党中央提倡的坚决响应,党中央决定的坚决照办,党中央禁止的坚决杜绝,决不允许上有政策、下有对策,决不允许有令不行、有禁不止,决不允许在贯彻执行中央决策部署上打折扣、搞变通、做选择。因此,新时代党内法规制度建设,必须始终坚持党的领导,推动和引导全体党员把学懂弄通做实习近平新时代中国特色社会主义思想作为首要政治任务,不断学习、不断体悟,更好用党的创新理论成果武装头脑、指导实践、推动工作,树牢"四个意识",坚定"四个自信",做到"两个维护",更加自觉地在思想上政治上行动上同以习近平同志为核心的党中央保持高度一致。

(二)坚持根本的价值取向。党的十九大报告明确提出:"为什么人的问题,是检验一个政党、一个政权性质的试金石。带领人民创造美好生活,是我们党始终不渝的奋斗目标。""我是谁、为了谁、依靠谁"是每个共产党员都要弄清楚的首要问题,党内法规建设同样也面临着"为什么人"的问题。党的十九大新修改的《中国共产党章程》对此作了明确规定,党除了工人阶级和最广大人民群众的利益,没有自己特殊的利益。党在任何时候都把群众利益放在第一位,同群众同甘共苦,保持最密切的联系,坚持权为民所用、情为民所系、利为民所谋,不允许任何党员脱离群众,凌驾于群众之上。因此,党的一切工作包括党内法规建设工作,必须以最广大人民根本利益为最高标准,要把人民放在心中最高位置,实现好、维护好、发展好最广大人民根本利益,把人民拥护不拥护、赞成不赞成、高兴不高兴、答应不答应作为衡量一切工作得失的根本标准,在任何时候任何情况下,与人民同呼吸共命运的立场不能变,全心全意为人民服务的宗旨不能忘,群众是真正英雄的历史唯物主义观点不能丢,始终坚持立党为公、执政为民。因此,新时代党内法规制度建设必须要明确价值取向,始终坚持以人民为中心，推进国家治理体系和治理能力现代化建设，提高国家治理能力和治理水平，改革不适应实践发展的体制机制、制度规范，不断构建新的体制机制、制度规范，使各方面制度更加科学、更加完善，实现党、国家、社会各项事务治理制度化、规范化、程序化。

（三）坚持强烈的实践面向。党内法规是实践之学，是长期以来管党治党经验智慧的结晶。党内法规制度建设并不是一个参照国家法律体系，分门别类建立起相关制度规范的简单过程，而是一个重构治理方式、重建规范秩序、重塑法治文化的复杂过程。只有意识到这一点，我们才能真正认识和解决党内法规所面临的实践面向及其与国家法律体系的复杂关系。因此，新时代党内法规制度建设，除了要参照一般性法学原理对党内法规理论进行必要的理论建构外，一个更为重要的任务是：必须面向我们党管党治党的长期实践，尤其是面向党的十八大以来全面从严治党取得的历史性成就和发生的历史性变革，从我们激荡变革的社会现实出发，使得我们的党内法规制度建设和理论学说发轫于中国的社会实践之上，具有坚实的实践基础和文化根基。只有从中国实践出发研究党内法规的制度运行和文化语境，提升党内法规的理论素养和价值品格，才能从根本上摆脱对西方法学理论和传统国家法律体系的路径依赖，才能在激荡变革的社会转型中解释社会现实，指导社会实践，提升理论水准，树立学术自信，最终形成具有中国特色、中国风格、中国气派的党内法规学。

（四）坚持鲜明的问题导向。党内法规来源于管党治党的实践，是实践经验的总结，是治理智慧的结晶。增强问题意识，强化问题导向，进而形成解决问题的新体制新机制，是党内法规建设的重要方法和基本思路。党的十八大以来，从反"四风"、应对"四大考验"、化解"四种危险"到正风肃纪、反腐惩恶、全面从严治党永远在路上，再到深入推进新时代党的建设新的伟大工程，都贯穿着鲜明的问题意识和问题导向，都着力在解决问题中完善新体制新机制。这些新体制新机制，使我国治国理政、执政兴国水平迈上了一个新台阶。加强党内法规制度建设必须要坚持党的全面领导、加强党的全面建设，必须坚持鲜明的问题导向。因此，党内法规建设必须坚持目标导向，明确需要达到什么目标；必须坚持问题导向，明确需要解决什么问题；必须坚持结果导向，明确制定后能否取得预想结果，在实践中这个立法结果需要结合立法后评估机制进行评估。因此，党内法规制度建设必须稳妥推进，以问题为导向，以管用为目的，兼顾必要和可行。党内法规是用来用的，不是用来看的，不必过分追求体系完整，不用刻意强调逻辑证成，不要苛求内容面面俱到。在制定党内法规时，那些虽表述精当、语言精美但不具可行性的文字和条款宁可不写，写上了就要务实管用，能够产生规范效力和实践效力。经验表明，判断党内法规制度建设是不是成功，关键看制度的有效性、可执行性，而不是看体系的庞大性、语言的精美性，更不是看理论的深刻性、内容的广泛性。

（五）坚持明确的工作指向。习近平总书记在2015年2月举行的省部级主要领导干部学习贯彻十八届四中全会精神全面推进依法治国专题研讨班上强调，各级领导干部在推进依法治国方面肩负着重要责任，全面依法治国必须抓住领导干部这个"关键少数"。领导干部要做尊法学法守法用法的模范，带动全党全国一起努力，在建设中国特色社会主义法治体系、建设社会主义法治国家上不断见到新成效。在我国，党内监督是对全体党员尤其是对党员干部实行的监督，国家监察是对所有行使公权力的公职人员实行的监督。在监督对象上，党的机关、人大机关、行政机关、政协机关、监察机关、审判机关、检察机关等，都在党中央统一领导下行使公权力，为人民用权，对人民负责，受人民监督。我国80%的公务员和超过95%的领导干部是共产党员，这就决定了党内法规监督在我国反腐败监督体系中的主导地位和突出作用，也为新时代党内法规制度建设确立的目标对象提出了明确要求。"关键少数"对全面依法治国具有重要意义，同样对加强党内法规制度建设也具有重要意义。新时代党内法规制度建设必须坚持明确的工作指向，紧紧抓住领导干部这个"关键少数"，将权力关进党内法规制度笼子里。孔子说："君子之德风，小人之德草，草上之风必偃。"俗语也讲："上行下效。"领导干部作为社会主义事业的建设者和带头人，也是全面依法治国、遵守党内法规制度的带头人。人民群众的一言一行深受领导干部的影响。领导干部是否信仰国法、遵守党规影响着普通群众是否信仰国法、遵守党规，领导干部推进全面依法治国的决心影响着广大群众推进全面依法治国的决心。全面依法治国必须牢牢抓住领导干部这个"关键少数"，深入推进党内法规制度建设也必须牢牢抓住领导干部这个"关键少数"。

三、党内法规的制定原则

为更好地把住党内法规的质量关,党内法规制定必须要遵循一定的原则,要求党内法规方向正确,逻辑严密,表述准确、规范、简洁,具有可操作性。党的十八大以来,党中央多次对推进党的制度建设、全面提高党的建设科学化水平作出战略部署,习近平同志也多次强调,加强党内法规制度建设,要按照于法周延、于事简便的原则提高制度制定质量,要立体式、全方位推进制度体系建设,把权力关进制度的笼子里。2013年2月23日,习近平同志在十八届中央政治局第四次集体学习时指出,对立法的要求"已经不是有没有,而是好不好、管用不管用、能不能解决实际问题;不是什么法都能治国,不是什么法都能治好国;越是强调法治,越是要提高立法质量"。2014年6月30日,习近平同志在十八届中央政治局第十六次集体学习时进一步指出:"要本着于法周延、于事简便的原则,体现改革精神和法治思维,把中央要求、群众期盼、实际需要、新鲜经验结合起来,努力形成系统完备的制度体系。"所谓于法周延,是指注重制度的系统性,使各项制度相互衔接、系统配套;所谓于事简便,是指注重制度的可操作性,明确具体、实在管用。十八大以后的党内法规建设言简意赅,简明扼要,深得全体党员的认可,实际上就是贯彻落实了习近平同志"于法周延、于事简便"的工作思想,在制定党内法规时,在标准上严格起来,在内容上系统起来,在措施上完善起来,在环节上衔接起来,做到不漏人、不缺项、不掉链,使存在的问题能及时发现,发现的问题能及时解决。

2013年5月27日公布的《中国共产党党内法规制定条例》第七条专门对党内法规制定原则进行了规定:"制定党内法规应当遵循下列原则:(一)从党的事业发展需要和党的建设实际出发;(二)以党章为根本依据,贯彻党的理论和路线、方针、政策;(三)遵守党必须在宪法和法律范围内活动的规定;(四)符合科学执政、民主执政、依法执政的要求;(五)有利于推进党的建设制度化、规范化、程序化;(六)坚持民主集中制,充分发扬党内民主,维护党的集中统一;(七)维护党内法规制度体系的统一性和权威性;(八)注重简明实用,防止繁琐重复。"根据这条规定,可以将党内法规制定原则概括为八个原则,其内涵分别如下。①

(一)从党的事业发展需要和党的建设实际出发。党内法规制定工作是党的一项重要工作,必须要从党的事业发展需要和党的建设实际出发,使得党内法规制定工作与党的事业发展需要和党的建设实际紧密结合。从党的事业发展需要出发,就是要把党内法规制定工作与党的中心工作紧密结合起来,把党内法规建设融入中国特色社会主义事业总体布局,始终紧扣全党全国工作大局,充分发挥党内法规在推进全局工作中的重要作用。从党的建设实际出发,就是要把党内法规建设融入党的建设新的伟大工程,准确把握党情的深刻变化,注重总结党的建设的生动实践,着眼于解决实际问题,及时将实践证明行之有效的成功经验和有效做法上升为党内法规,使党内法规建设始终随着实践和时代的发展而发展,切实提高党内法规的针对性、可行性和实效性。

(二)以党章为根本依据,贯彻党的理论和路线、方针、政策。党章是党内根本大法,是制定党内法规的根本依据,党的理论路线方针政策是制定党内法规的重要依据。一方面,制定党内法规必须与党章规定的党的性质和宗旨相一致,严格按照党章规定的权限和范围,体现党章确立的原则和精神。在制定规范党章未涉及事项的党内法规时,必须严格遵循上位党内法规,确保所制定的党内法规与上位党内法规高度一致。另一方面,制定党内法规必须不折不扣地贯彻、体现党的理论和路线方针政策,及时将党的理论创新成果和实践创新成果上升为党内法规。

(三)遵守党必须在宪法和法律范围内活动的规定。宪法是国家的根本法,是治国安邦的总章程,是党和人民意志的集中体现。"宪法至上、党章为本"一直是党内法规建设的基本原则。党的十八大以来,习近平总书记多次强调,坚持依法治国首先要坚持依宪治国,坚持依法执政首先要坚持依宪执政。修订后的宪法序言规定:"本宪法以法律的形式确认了中国各族人民奋斗的成果,规定了国家的根本制度和根本任务,是国家的根本法,具有最高的法律效力。全国各族人民、一切国家机关和武装力量、各

---

① 中共中央办公厅法规局编写:《〈中国共产党党内法规制定条例〉〈中国共产党党内法规和规范性文件备案规定〉释义》(内部资料),第36-40页。

政党和各社会团体、各企业事业组织，都必须以宪法为根本的活动准则，并且负有维护宪法尊严、保证宪法实施的职责。"党章也规定："党必须在宪法和法律的范围内活动。"制定党内法规作为党的一项重要活动，同样也要遵守党必须在宪法和法律范围内活动的规定，不得与宪法和法律相抵触，这是党内法规建设必须要遵循的合宪性、合法性原则。

（四）符合科学执政、民主执政、依法执政的要求。坚持科学执政、民主执政、依法执政，是我们党执政实践经验的总结，是加强党执政能力建设的重要指导原则。只有坚持科学执政、民主执政、依法执政，不断提高执政能力和执政水平，才能赢得人民群众的拥护和支持，不断巩固执政地位，顺利开启新时代中国特色社会主义伟大事业，实现中华民族伟大复兴的中国梦。制定党内法规的一个重要目标就是推进和保障科学执政、民主执政、依法执政，使党的领导方式和执政方式更加制度化、规范化、程序化，不断增强党的执政能力，提高党的执政水平。

（五）有利于推进党的建设制度化、规范化、程序化。党的十九大报告提出，新时代党的建设总要求是：坚持和加强党的全面领导，坚持党要管党、全面从严治党，以加强党的长期执政能力建设、先进性和纯洁性建设为主线，以党的政治建设为统领，以坚定理想信念宗旨为根基，以调动全党积极性、主动性、创造性为着力点，全面推进党的政治建设、思想建设、组织建设、作风建设、纪律建设，把制度建设贯穿其中，深入推进反腐败斗争，不断提高党的建设质量，把党建设成为始终走在时代前列、人民衷心拥护、勇于自我革命、经得起各种风浪考验、朝气蓬勃的马克思主义执政党。坚持和加强党的全面领导，提高党的建设质量，需要走制度化、规范化、程序化的路子。党内法规是党的制度的高级形态。制定党内法规必须着眼于切实推进和保障党的建设制度化、规范化、程序化，充分发挥党内法规的作用，为深入推进新时代党的建设新的伟大工程作出贡献。

（六）坚持民主集中制，充分发扬党内民主，维护党的集中统一。民主集中制是党的根本组织原则，也是制定党内法规的基本遵循。党内法规制定工作要坚持民主集中制，有两层含义：一是内容上要符合民主集中制要求，党内法规的制度安排要适应充分发扬党内民主和维护党的集中统一要求，着力完善以民主集中制为核心的党内法规制度体系。二是制定过程要坚持民主集中制，充分发扬民主，广泛征求意见，凝聚各方共识，保证制定过程的开放性和民主性，同时要实行正确的集中，保证制定的效率和质量。

（七）维护党内法规制度体系的统一性和权威性。维护党内法规制度体系的统一性和权威性，是维护党的集中统一、确保中央决策部署贯彻落实的重要保证。做好党内法规制定工作，必须注重加强统筹规划，搞好顶层设计，力求实现实体性规定与程序性规定衔接、综合性规定与专门性规定协调、下位党内法规与上位党内法规配套。必须健全监督实施制度，通过备案、清理、评估等制度，纠正党内法规存在的不适应、不协调、不衔接、不一致问题。

（八）注重简明实用，防止烦琐重复。简明实用是党内法规易于得到理解、执行、遵守的重要条件。《中国共产党党内法规制定条例》第十五条规定："党内法规应当方向正确，内容明确，逻辑严密，表述准确、规范、简洁，具有可操作性。"这是对党内法规文风上的要求。因此，制定党内法规必须遵守简明实用原则，主题要鲜明、要求要明确、措施要具体、结构要简单、用语要简练，坚决反对空话套话虚话，反对叠床架屋、烦琐重复，反对照抄照搬，切实增强党内法规的针对性、操作性、实效性，确保党内法规简便易行、有效管用。

第二章

党的十八大以来的党内法规建设

第一节　习近平关于党内法规的重要论述

党的十八大以来，以习近平同志为核心的党中央高度重视党内法规制度建设，强调法规制度带有根本性、全局性、稳定性、长期性，是事关党长期执政和国家长治久安的重大战略任务，要加快构建以党章为根本、若干配套党内法规为支撑的党内法规制度体系，扎紧扎牢制度的笼子。习近平总书记多次强调要依法治国和依规治党紧密结合，党的依法执政既包括党依据国家法律法规治国理政，也包括党依据党内法规管党治党，深刻阐明了用法治思维和法治方式管党治党、治国执政的重要性，为新时代党内法规制度建设提供根本遵循，进一步夯实了全面从严治党的制度基石。

一、法规制度带有根本性、全局性、稳定性、长期性

2015年6月26日，十八届中央政治局就加强反腐倡廉法规制度建设进行第二十四次集体学习。习近平同志在主持学习时强调：我们党长期执政，既具有巨大政治优势，也面临严峻挑战，必须依靠党的各级组织和人民的力量，不断加强和改进党的建设、管理、监督。铲除不良作风和腐败现象滋生蔓延的土壤，根本上要靠法规制度。要加强反腐倡廉法规制度建设，把法规制度建设贯穿到反腐倡廉各个领域、落实到制约和监督权力各个方面，发挥法规制度的激励约束作用，推动形成不敢腐不能腐不想腐的有效机制。

习近平强调，党风廉政建设和反腐败斗争是全面从严治党的重要方面，是新形势下进行具有许多新的历史特点的伟大斗争的重要内容，是协调推进"四个全面"战略布局的重要保证。党的十八大以来，我们党顺应党心民意，坚持党要管党、从严治党，以猛药去疴、重典治乱的决心，以刮骨疗毒、壮士断腕的勇气，深入推进党风廉政建设和反腐败斗争，党风廉政建设和反腐败斗争取得了新的重大成效，党风政风为之一新，党心民心为之一振。同时，我们也要看到，当前党风廉政建设和反腐败斗争形势依然严峻复杂。开弓没有回头箭，反腐没有休止符。我们必须保持政治定力，以强烈的历史责任感、深沉的使命忧思感、顽强的意志品质，以抓铁有痕、踏石留印的劲头持续抓下去。

习近平强调，法规制度带有根本性、全局性、稳定性、长期性。要贯彻全面深化改革、全面依法治国的要求，加大反腐倡廉法规制度建设力度，把中央要求、群众期盼、实际需要、新鲜经验结合起来，本着于法周延、于事有效的原则制定新的法规制度、完善已有的法规制度、废止不适应的法规制度，努力形成系统完备的反腐倡廉法规制度体系。反腐倡廉法规制度建设系统性强，要坚持问题导向、突出重点，充分体现科学性、针对性、可操作性。要坚持宏观思考、总体规划，既要注意体现党章的基本原则和精神，符合国家法律法规，也要同其他方面法规制度相衔接，提升法规制度整体效应。要系统完备、衔接配套，立治有体、施治有序，把反腐倡廉法规制度的笼子扎细扎密扎牢，做到前后衔接、左右联动、上下配套、系统集成。要务实管用、简便易行。要责任明确、奖惩严明，明确责任主体，确保可执行、可监督、可检查、可问责。

习近平强调，法规制度的生命力在于执行。贯彻执行法规制度关键在真抓，靠的是严管。加强反腐倡廉法规制度建设，必须一手抓制定完善，一手抓贯彻执行。要强化法规制度意识，在全党开展法规制度宣传教育，引导广大党员、干部牢固树立法治意识、制度意识、纪律意识，形成尊崇制度、遵守制度、捍卫制度的良好氛围，坚持法规制度面前人人平等、遵守法规制度没有特权、执行法规制度没有例外。要加大贯彻执行力度，让铁规发力、让禁令生威，确保各项法规制度落地生根。要加强监督检查，落实监督制度，用监督传递压力，用压力推动落实。对违规违纪、破坏法规制度踩"红线"、越"底线"、闯"雷区"的，要坚决严肃查处，不以权势大而破规，不以问题小而姑息，不以违者众而放任，不留"暗门"、不开"天窗"，坚决防止"破窗效应"。要健全问责机制，坚持有责必问、问责必严，把监督检查、目标考核、责任追究有机结合起来，形成法规制度执行强大推动力。问责的内容、对象、事项、主体、程序、方式都要制度化、程序化。要把法规制度执行情况纳入党风廉政建设责任制检查考核和党政领导干部述职述廉范围,通过严肃追究主体责任、监督责任、领导责任,让法规制度的力量在反腐倡廉建设中得到充分释放。纪律检查机关要加大监督检查力度,对有令不行、有禁不止的,不仅要严肃查处直接责任人,而且要严肃追究相关领导人员的责任。①

二、全面从严治党首先要尊崇党章

2012年11月16日,习近平在十八届中共中央政治局召开的会议上发表重要讲话强调党章的重要性。讲话后来以《认真学习党章 严格遵守党章》为题发表在人民日报上。文章指出,党章是党的总章程,集中体现了党的性质和宗旨、党的理论和路线方针政策、党的重要主张,规定了党的重要制度和体制机制,是全党必须共同遵守的根本行为规范。没有规矩,不成方圆。党章就是党的根本大法,是全党必须遵循的总规矩。在各级党组织的全部活动中,都要坚持引导广大党员、干部特别是领导干部自觉学习党章、遵守党章、贯彻党章、维护党章,自觉加强党性修养,增强党的意识、宗旨意识、执政意识、大局意识、责任意识,切实做到为党分忧、为国尽责、为民奉献。认真学习党章、严格遵守党章,是加强党的建设的一项基础性经常性工作,也是全党同志的应尽义务和庄严责任,对强化全党党章意识,增强党的创造力、凝聚力、战斗力具有极为重要的作用。②2016年1月12日,习近平同志在中国共产党第十八届中央纪律检查委员会第六次全体会议上发表重要讲话强调,要尊崇党章,严格执行准则和条例。全面从严治党首先要尊崇党章。各级党委和纪委要首先加强对维护党章、执行党的路线方针政策和决议情况的监督检查,确保党的集中统一,保证党中央政令畅通。

基于党章在全面从严治党中的突出作用,习近平强调全面从严治党首先要尊崇党章。各级党组织和全体党员都要在学习党章、遵守党章、贯彻党章、维护党章上做表率,切实把党章学习教育作为经常性工作来抓,通过日常学习、专题培训等形式,组织党员学习党章,把学习党章作为各级

---

① 《加强反腐倡廉法规制度建设 让法规制度的力量充分释放》,《人民日报》2015年6月28日。
② 习近平:《认真学习党章 严格遵守党章》,《人民日报》,2012年11月20日。

党校、干校培训党员领导干部的必备课程,把检查学习和遵守党章情况作为组织生活会、民主生活会的重要内容。通过学习教育,使全党同志对党章内化于心、外化于行。全党要牢固树立党章意识,真正把党章作为加强党性修养的根本标准,作为指导党的工作、党内活动、党的建设的根本依据,把党章各项规定落实到行动上、落实到各项事业中。建立健全党内制度体系,要以党章为根本依据;判断各级党组织和党员、干部的表现,要以党章为基本标准;解决党内矛盾,要以党章为根本规则。要加强对遵守党章、执行党章情况的督促检查,对党章意识不强、不按党章规定办事的要及时提醒,对严重违反党章规定的行为要坚决纠正,全党共同来维护党章的权威性和严肃性。党员领导干部要做学习党章、遵守党章的模范。各级领导干部要把学习党章作为必修课,走上新的领导岗位的同志要把学习党章作为第一课,带头遵守党章各项规定。凡是党章规定党员必须做到的,领导干部要首先做到;凡是党章规定党员不能做的,领导干部要带头不做。①

三、完善党内法规制度,不断扎紧制度笼子

2016年1月12日,习近平同志在中国共产党第十八届中央纪律检查委员会第六次全体会议上发表重要讲话强调,保持坚强政治定力,坚持全面从严治党、依规治党,聚焦监督执纪问责,深化标本兼治,创新体制机制,健全法规制度,强化党内监督,把纪律挺在前面,持之以恒落实中央八项规定精神,着力解决群众身边的不正之风和腐败问题,坚决遏制腐败蔓延势头,不断取得党风廉政建设和反腐败斗争新成效。全面从严治党永远在路上。各级党组织要担负起全面从严治党主体责任。全面从严治党,核心是加强党的领导,基础在全面,关键在严,要害在治。要把纪律建设摆在更加突出位置,坚持纪严于法、纪在法前,健全完善制度,深入开展纪律教育,狠抓执纪监督,养成纪律自觉,用纪律管住全体党员。要增强领导干部政治警觉性和政治鉴别力,各级干部特别是领导干部要善于从政

---

① 习近平:《认真学习党章 严格遵守党章》,《人民日报》,2012年11月20日。

治上看问题，站稳立场、把准方向，始终忠诚于党，始终牢记政治责任。要坚持高标准和守底线相结合，既要注重规范惩戒、严明纪律底线，更要引导人向善向上，坚守共产党人精神追求，筑牢拒腐防变思想道德防线。[①]

2016年6月28日，十八届中央政治局就严肃党内政治生活、净化党内政治生态进行第三十三次集体学习，习近平同志在主持学习时强调，党的十八大以来，党中央把严肃党内政治生活、净化党内政治生态摆在更加突出的位置来抓，坚持全面从严治党，大力整治形式主义、官僚主义、享乐主义和奢靡之风，严肃查处党员、干部违纪违法问题，坚定不移惩治腐败，完善党内法规制度，不断扎紧制度笼子。经过这几年持续用力，党内政治生活出现了许多新气象。在肯定成绩的同时，我们也要清醒认识到，解决党内政治生活、政治生态中出现的问题决非一朝一夕之功，我们要锲而不舍把这项党的建设基础工程抓紧抓实抓好。[②]

四、形成系统完备的党内法规制度体系

2012年11月17日，十八届中共中央政治局就深入学习贯彻党的十八大精神进行第一次集体学习。习近平同志在主持学习时强调，中国特色社会主义事业不断发展，中国特色社会主义制度也需要不断完善。党的十八大强调，要把制度建设摆在突出位置，充分发挥我国社会主义政治制度优越性。我们要坚持以实践基础上的理论创新推动制度创新，坚持和完善现有制度，从实际出发，及时制定一些新的制度，构建系统完备、科学规范、运行有效的制度体系，使各方面制度更加成熟更加定型，为夺取中国特色社会主义新胜利提供更加有效的制度保障。形势的发展、事业的开拓、人民的期待，都要求我们以改革创新精神全面推进党的建设新的伟大工程，全面提高党的建设科学化水平。[③]

2013年2月23日，十八届中央政治局就全面推进依法治国进行第四

---

① 《中国共产党第十八届中央委员会第六次全体会议公报》，《人民日报》2016年10月28日。
② 《严肃党内政治生活净化党内政治生态 为全面从严治党打下重要政治基础》，《人民日报》2016年6月30日。
③ 《紧紧围绕坚持和发展中国特色社会主义 深入学习宣传贯彻党的十八大精神》，《人民日报》2012年11月19日。

次集体学习。习近平同志在主持学习时强调,我们党是执政党,坚持依法执政,对全面推进依法治国具有重大作用。要坚持党的领导、人民当家作主、依法治国有机统一,把党的领导贯彻到依法治国全过程。各级党组织必须坚持在宪法和法律范围内活动。各级领导干部要带头依法办事,带头遵守法律。各级组织部门要把能不能依法办事、遵守法律作为考察识别干部的重要条件。①

2014年6月30日,十八届中央政治局就加强改进作风制度建设进行第十六次集体学习。习近平同志在主持学习时强调,贯彻执行党的群众路线是一项长期任务,解决作风问题是一项经常性工作,必须在抓常、抓细、抓长上下功夫。要体现改革精神和法治思维,把中央要求、群众期盼、实际需要、新鲜经验结合起来,努力形成系统完备的制度体系,以刚性的制度规定和严格的制度执行,确保改进作风规范化、常态化、长效化,切实防止"四风"问题反弹。②

在2016年12月24日召开的全国党内法规工作会议上,习近平同志作出重要指示强调,党的十八大以来,党中央高度重视党内法规制度建设,推动这项工作取得重要进展和成效。加强党内法规制度建设是全面从严治党的长远之策、根本之策。我们党要履行好执政兴国的重大历史使命、赢得具有许多新的历史特点的伟大斗争胜利、实现党和国家的长治久安,必须坚持依法治国与制度治党、依规治党统筹推进、一体建设。要按照十八大和十八届三中、四中、五中、六中全会部署,认真贯彻落实《中共中央关于加强党内法规制度建设的意见》,以改革创新精神加快补齐党建方面的法规制度短板,力争到建党100周年时形成比较完善的党内法规制度体系,为提高党的执政能力和领导水平、推进国家治理体系和治理能力现代化、实现中华民族伟大复兴的中国梦提供有力的制度保障。③

---

① 《依法治国依法执政依法行政共同推进 法治国家法治政府法治社会一体建设》,《人民日报》2013年2月25日。
② 《坚持从严治党落实管党治党责任 把作风建设要求融入党的制度建设》,《人民日报》2014年7月1日。
③ 《坚持依法治国与制度治党、依规治党统筹推进、一体建设》,《人民日报》2016年12月25日。

第二节　党的十八大以来党中央关于党内法规建设的决策部署

办好中国的事情，关键在党，关键在党要管党、全面从严治党。坚持和完善党的领导，是党和国家的根本所在、命脉所在。作为执政党，党不仅要捍卫维护国家法律的尊严权威，同时还要以更高标准的党规党纪来管党治党、治国执政。在这个意义上，党内法规既是管党治党的重要依据，也是建设社会主义法治国家的有力保障。因此，必须把党的领导贯彻落实到依法治国全过程和各方面，坚定不移走中国特色社会主义法治道路，完善以宪法为核心的中国特色社会主义法律体系，建设中国特色社会主义法治体系，建设社会主义法治国家，发展中国特色社会主义法治理论，坚持依法治国、依法执政、依法行政共同推进。党的十八大以来，以习近平同志为核心的党中央高度重视思想建党、制度治党，提出了一系列重要思想和论述，作出了一系列重大决策和部署，为新形势下党内法规制度建设提供根本遵循，进一步夯实了全面从严治党的制度基石。习近平总书记在主持中共中央政治局第二十四次集体学习时等场合多次强调，法规制度带有根本性、全局性、稳定性、长期性，事关党长期执政和国家长治久安的重大战略任务，要加快构建以党章为根本、若干配套党内法规为支撑的党内法规制度体系，扎紧扎牢制度的笼子。

一、党的全会关于党内法规建设的重大决策部署

（一）党的十八大：把制度建设摆在突出位置

2012 年 11 月 8 日，胡锦涛同志代表十七届中央委员会向中国共产党第十八次代表大会作了题为《坚定不移沿着中国特色社会主义道路前进　为全面建成小康社会而奋斗》的报告。报告提出，政治体制改革是我国全面改革的重要组成部分，必须继续积极稳妥推进政治体制改革，发展更加广泛、更加充分、更加健全的人民民主，必须坚持党的领导、人民当家作主、依法治国有机统一，以保证人民当家作主为根本，以增强党和国家活力、

调动人民积极性为目标，扩大社会主义民主，加快建设社会主义法治国家，发展社会主义政治文明。对此，要更加注重改进党的领导方式和执政方式，保证党领导人民有效治理国家，更加注重健全民主制度、丰富民主形式，保证人民依法实行民主选举、民主决策、民主管理、民主监督，更加注重发挥法治在国家治理和社会管理中的重要作用，维护国家法制统一、尊严、权威，保证人民依法享有广泛权利和自由。在推进政治体制改革中，要把制度建设摆在突出位置，充分发挥我国社会主义政治制度优越性，积极借鉴人类政治文明有益成果，绝不照搬西方政治制度模式。党的十八大报告强调，全党要增强紧迫感和责任感，牢牢把握加强党的执政能力建设、先进性和纯洁性建设这条主线，坚持解放思想、改革创新，坚持党要管党、从严治党，全面加强党的思想建设、组织建设、作风建设、反腐倡廉建设、制度建设，增强自我净化、自我完善、自我革新、自我提高能力，建设学习型、服务型、创新型的马克思主义执政党，确保党始终成为中国特色社会主义事业的坚强领导核心。①

党的十八大报告提出的"把制度建设摆在突出位置"，为随后几年来的党的制度建设尤其是大力开展党内法规制度建设确定了主基调。在党的制度建设中，党内法规制度建设是最基本、最核心的制度，所以在党的十八大报告的"全面提高党的建设科学化水平"部分，专门强调"坚持党要管党、从严治党，全面加强党的思想建设、组织建设、作风建设、反腐倡廉建设、制度建设"，把党的制度建设作为党的建设五大重要内容之一，充分显示了党中央对党的制度建设的高度重视。

（二）十八届三中全会：把深化党的建设制度改革作为推进国家治理体系和治理能力现代化的重要方面

2013年11月12日，中国共产党第十八届中央委员会第三次全体会议通过了《中共中央关于全面深化改革若干重大问题的决定》。《决定》提出，全面深化改革的总目标是完善和发展中国特色社会主义制度，推进国家治理体系和治理能力现代化，必须更加注重改革的系统性、整体性、协同性，

---

① 胡锦涛：《坚定不移沿着中国特色社会主义道路前进 为全面建成小康社会而奋斗》，《人民日报》2012年11月8日。

加快发展社会主义市场经济、民主政治、先进文化、和谐社会、生态文明，让一切劳动、知识、技术、管理、资本的活力竞相迸发，让一切创造社会财富的源泉充分涌流，让发展成果更多更公平惠及全体人民。

十八届三中全会把深化党的建设制度改革作为推进国家治理体系和治理能力现代化的重要方面。国家治理体系和治理能力现代化有很多表现形式，其中，党的建设的制度化就是国家治理体系和治理能力现代化的一个重要体现。要实现这个目标，一要强化权力运行制约和监督体系，坚持用制度管权管事管人，让人民监督权力，让权力在阳光下运行，是把权力关进制度笼子的根本之策。这就需要构建决策科学、执行坚决、监督有力的权力运行体系，健全惩治和预防腐败体系，建设廉洁政治，努力实现干部清正、政府清廉、政治清明；二要形成科学有效的权力制约和协调机制，完善党和国家领导体制，坚持民主集中制，充分发挥党的领导核心作用。这就需要规范各级党政主要领导干部职责权限，科学配置党政部门及内设机构权力和职能，明确职责定位和工作任务；三要健全反腐倡廉法规制度体系，完善惩治和预防腐败、防控廉政风险、防止利益冲突、领导干部报告个人有关事项、任职回避等方面的法律法规，推行新提任领导干部有关事项公开制度试点。这就需要健全民主监督、法律监督、舆论监督机制，运用和规范互联网监督。

十八届三中全会将党的制度建设上升为国家治理体系和治理能力现代化的程度，紧紧围绕提高科学执政、民主执政、依法执政水平深化党的建设制度改革，加强民主集中制建设，完善党的领导体制和执政方式，保持党的先进性和纯洁性，为改革开放和社会主义现代化建设提供坚强政治保证，为进一步深入开展党内法规制度建设奠定了制度基础。

（三）十八届四中全会：将党内法规体系确立为全面依法治国总目标的重要内容

2014年10月23日，为贯彻落实党的十八大作出的战略部署，加快建设社会主义法治国家，中国共产党第十八届中央委员会第四次全体会议研究了全面推进依法治国若干重大问题，审议通过了《中共中央关于全面推进依法治国若干重大问题的决定》（以下简称《决定》）。《决定》突出了5

方面的考虑：一是贯彻党的十八大和十八届三中全会精神，贯彻党的十八大以来党中央工作部署，体现全面建成小康社会、全面深化改革、全面推进依法治国这"三个全面"的逻辑联系。二是围绕中国特色社会主义事业总体布局，体现推进各领域改革发展对提高法治水平的要求，而不是就法治论法治。三是反映目前法治工作基本格局，从立法、执法、司法、守法4方面作出工作部署。四是坚持改革方向、问题导向，适应推进国家治理体系和治理能力现代化要求，直面法治建设领域突出问题，回应人民群众期待，力争提出对依法治国具有重要意义的改革举措。五是立足我国国情，从实际出发，坚持走中国特色社会主义法治道路，既与时俱进、体现时代精神，又不照抄照搬别国模式。

《决定》共分三大板块。导语和第一部分构成第一板块，属于总论。第一部分旗帜鲜明地提出坚持走中国特色社会主义法治道路、建设中国特色社会主义法治体系、建设社会主义法治国家，阐述全面推进依法治国的重大意义、指导思想、总目标、基本原则，阐述中国特色社会主义法治体系的科学内涵，阐述党的领导和依法治国的关系等重大问题。

第二部分至第五部分构成第二板块，从目前法治工作基本格局出发，对科学立法、严格执法、公正司法、全民守法进行论述和部署。第二部分讲完善以宪法为核心的中国特色社会主义法律体系、加强宪法实施，从健全宪法实施和监督制度、完善立法体制、深入推进科学立法民主立法、加强重点领域立法4方面展开，对宪法实施和监督提出基本要求和具体措施，通过部署重点领域立法体现依法治国同中国特色社会主义事业总体布局的关系。第三部分讲深入推进依法行政、加快建设法治政府，从依法全面履行政府职能、健全依法决策机制、深化行政执法体制改革、坚持严格规范公正文明执法、强化对行政权力的制约和监督、全面推进政务公开6方面展开。第四部分讲保证公正司法、提高司法公信力，从完善确保依法独立公正行使审判权和检察权的制度、优化司法职权配置、推进严格司法、保障人民群众参与司法、加强人权司法保障、加强对司法活动的监督6方面展开。第五部分讲增强全民法治观念、推进法治社会建设，从推动全社会树立法治意识、推进多层次多领域依法治理、建设完备的法律服务体系、健全依法维权和化解纠纷机制4方面展开。

第六部分、第七部分和结束语构成第三板块。第六部分讲加强法治工作队伍建设，从建设高素质法治专门队伍、加强法律服务队伍建设、创新法治人才培养机制3方面展开。第七部分讲加强和改进党对全面推进依法治国的领导，从坚持依法执政、加强党内法规制度建设、提高党员干部法治思维和依法办事能力、推进基层治理法治化、深入推进依法治军从严治军、依法保障"一国两制"实践和推进祖国统一、加强涉外法律工作7方面展开。最后，号召全党全国为建设法治中国而奋斗。

党的十八届四中全会审议通过的《中共中央关于全面推进依法治国若干重大问题的决定》，在新中国法治建设史上具有里程碑意义，其重大意义主要体现在：

第一，确定了新时代中国特色社会主义法治建设的顶层设计。《决定》明确了全面推进依法治国的总目标、重大任务，作出了一系列关于全面推进依法治国的新论断、新部署，深刻回答了在当今中国建设什么样的法治国家、怎样建设社会主义法治国家等一系列重大理论和实践问题，为坚持走中国特色社会主义法治道路提供了根本遵循，指明了前进方向。《决定》是我们党在新的历史条件下对社会主义法治建设历史经验的深刻总结，是着眼未来全面推进依法治国的重大部署，是指导中国特色社会主义法治建设的纲领性文件。

第二，明确了中国特色社会主义法治体系的丰富内涵。党的十八届四中全会提出，全面推进依法治国，总目标是建设中国特色社会主义法治体系，建设社会主义法治国家。这就是在中国共产党领导下，坚持中国特色社会主义制度，贯彻中国特色社会主义法治理论，形成完备的法律规范体系、高效的法治实施体系、严密的法治监督体系、有力的法治保障体系，形成完善的党内法规体系，坚持依法治国、依法执政、依法行政共同推进，坚持法治国家、法治政府、法治社会一体建设，实现科学立法、严格执法、公正司法、全民守法，促进国家治理体系和治理能力现代化。《决定》提出的"形成完备的法律规范体系、高效的法治实施体系、严密的法治监督体系、有力的法治保障体系，形成完善的党内法规体系"，不仅构成了全面依法治国总目标，同时确定了中国特色社会主义法治体系的丰富内涵，在中国法治发展史上第一次将党内法规制度体系与国家法律法规体系并列起来，一起作为管党治党、治国执政的基本方式，进一步将党内法规纳入中国特色社会主义法治体系之中，将形成"完善的党内法规体系"确立为全面依法治国的总目标和中国特色社会主义法治体系建设的重要内容，对形成国家法律法规与党内法规制度相辅相成、相互促进、相互保障的格局，具有划时代的里程碑意义。

第三，拓展了新时代"法"的范畴的内涵和外延。《决定》突破了传统意义上"法"的范畴，将党内法规纳入依法治国之"法"的视野中，从此之后，党内法规也属于广义的法的范畴。新时代的"法"，不仅仅包括传统意义上的国家法律法规，而且还包括党内法规。因此，随着"法"的范畴的内涵和外延发生改变，依法治国、依法执政的概念自然也随之发生改变，既要求党依据宪法法律治国理政，也要求党依据党内法规管党治党。在关系上，党内法规与国家法律都是党和人民意志的反映，都是国家治理体系的重要组成部分，是中国特色社会主义制度体系的重要内容。但两者的制定主体和制定程序、调整对象、适用和约束范围、实施手段都有不同。2014年10月25日，王岐山同志在十八届中央纪委四次全会上的讲话中指出："党的先锋队性质和先进性要求决定了，党规党纪严于国家法律。国法是所有公民的行为底线，党纪是对党组织和党员立的规矩。" 2017年10月18日，习近平总书记在十八届四中全会上就《决定（讨论稿）》向全会所作的说明中进一步明确指出："在我们国家，法律是对全体公民的要求，党内法规制度是对全体党员的要求，而且很多地方比法律的要求更严格。我们党是先锋队，对党员的要求应该更严。"

第四，提出了加强党内法规制度建设的决策部署。《决定》明确指出，要加强党内法规制度建设。党内法规既是管党治党的重要依据，也是建设社会主义法治国家的有力保障。党章是最根本的党内法规，全党必须一体严格遵行。完善党内法规制定体制机制，加大党内法规备案审查和解释力度，形成配套完备的党内法规制度体系。注重党内法规同国家法律的衔接和协调，提高党内法规执行力，运用党内法规把党要管党、从严治党落到实处，促进党员、干部带头遵守国家法律法规。党的纪律是党内规矩。党规党纪严于国家法律，党的各级组织和广大党员干部不仅要模范遵守国家法律，而且要按照党规党纪以更高标准严格要求自己，坚定理想信念，践行党的宗旨，坚决同违法乱纪行为作斗争。对违反党规党纪的行为必须严肃处理，对苗头性倾向性问题必须抓早抓小，防止小错酿成大错、违纪走向违法。依纪依法反对和克服形式主义、官僚主义、享乐主义和奢靡之风，形成严密的长效机制。完善和严格执行领导干部政治、工作、生活待遇方面各项制度规定，着力整治各种特权行为。深入开展党风廉政建设和反腐败斗争，严格落实党风廉政建设党委主体责任和纪委监督责任，对任何腐败行为和腐败分子必须依纪依法予以坚决惩处，决不手软。

第五，重申了党的领导和社会主义法治建设的一致关系。《决定》进一步强调，党的领导是中国特色社会主义最本质的特征，是社会主义法治最根本的保证。把党的领导贯彻到依法治国全过程和各方面，是我国社会主义法治建设的一条基本经验。我国宪法确立了中国共产党的领导地位。坚持党的领导，是社会主义法治的根本要求，是党和国家的根本所在、命脉所在，是全国各族人民的利益所系、幸福所系，是全面推进依法治国的题中应有之义。党的领导和社会主义法治是一致的，社会主义法治必须坚持党的领导，党的领导必须依靠社会主义法治。只有在党的领导下依法治国、厉行法治，人民当家作主才能充分实现，国家和社会生活法治化才能有序推进。依法执政，既要求党依据宪法法律治国理政，也要求党依据党内法规管党治党，必须坚持党领导立法、保证执法、支持司法、带头守法，把依法治国基本方略同依法执政基本方式统一起来，把党总揽全局、协调各方同人大、政府、政协、审判机关、检察机关依法依章程履行职能、开展工作统一起来，把党领导人民制定和实施宪法法律同党坚持在宪法法律范围内活动统一起来，善于使党的主张通过法定程序成为国家意志，善于使党组织推荐的人选通过法定程序成为国家政权机关的领导人员，善于通过国家政权机关实施党对国家和社会的领导，善于运用民主集中制原则维护中央权威、维护全党全国团结统一。

2014年11月28日，受中央政治局委托，习近平总书记就《中共中央关于全面推进依法治国若干重大问题的决定》起草情况向全会作说明，对全会决定起草背景和过程、总体框架和主要内容作了进一步的解释介绍。

习近平指出，党的十八大以来，党中央高度重视依法治国，强调落实依法治国基本方略，加快建设社会主义法治国家，必须全面推进科学立法、严格执法、公正司法、全民守法进程，强调坚持党的领导，更加注重改进党的领导方式和执政方式；依法治国，首先是依宪治国；依法执政，关键是依宪执政；新形势下，我们党要履行好执政兴国的重大职责，必须依据党章从严治党、依据宪法治国理政；党领导人民制定宪法和法律，党领导人民执行宪法和法律，党自身必须在宪法和法律范围内活动，真正做到党领导立法、保证执法、带头守法。全面推进依法治国，总目标是建设中国特色社会主义法治体系，建设社会主义法治国家：在中国共产党领导下，坚持中国特色社会主义制度，贯彻中国特色社会主义法治理论，形成完备的法律规范体系、高效的法治实施体系、严密的法治监督体系、有力的法治保障体系，形成完善的党内法规体系，坚持依法治国、依法执政、依法行政共同推进，坚持法治国家、法治政府、法治社会一体建设，实现科学立法、严格执法、公正司法、全民守法，促进国家治理体系和治理能力现代化。提出这个总目标，既明确了全面推进依法治国的性质和方向，又突出了全面推进依法治国的工作重点和总抓手。一是向国内外鲜明宣示我们将坚定不移走中国特色社会主义法治道路。中国特色社会主义法治道路，是社会主义法治建设成就和经验的集中体现，是建设社会主义法治国家的唯一正确道路。在走什么样的法治道路问题上，必须向全社会释放正确而明确的信号，指明全面推进依法治国的正确方向，统一全党全国各族人民认识和行动。二是明确全面推进依法治国的总抓手。全面推进依法治国涉及很多方面，在实际工作中必须有一个总揽全局、牵引各方的总抓手，这个总抓手就是建设中国特色社会主义法治体系。依法治国各项工作都要围绕这个总抓手来谋划、来推进。三是建设中国特色社会主义法治体系、建设社会主义法治国家是实现国家治理体系和治理能力现代化的必然要求，也是全面深化改革的必然要求，有利于在法治轨道上推进国家治理体系和治理能力现代化，有利于在全面深化改革总体框架内全面推进依法治国各项工作，有利于在法治轨道上不断深化改革。①

习近平的起草说明，进一步阐释了全面依法治国是一个系统工程，是国家治理领域一场广泛而深刻的革命，揭示了这次全会的重要意义，号召

---

① 习近平：《关于〈中共中央关于全面推进依法治国若干重大问题的决定〉的说明》，《人民日报》2014 年 10 月 29 日。

全党全社会深刻领会中央精神，从党和国家事业发展全局出发，全面理解和正确对待这次全会决定提出的重大改革举措，深刻领会全面依法治国的重大现实意义和深远历史意义，为今后的中国特色社会主义法治建设描绘了前景，明确了道路，指明了方向。

总而言之，十八届四中全会进一步将党内法规纳入中国特色社会主义法治体系之中，将"形成完善的党内法规体系"确立为全面依法治国总目标的重要内容，努力形成国家法律法规与党内法规制度相辅相成、相互促进、相互保障的格局。十八届四中全会对于党内法规发展是非常重要的，它专门提出全面依法治国的总目标是"形成完备的法律规范体系、高效的法治实施体系、严密的法治监督体系、有力的法治保障体系，形成完善的党内法规体系"。这五大体系中，前四个是关于国家法律法规的，第五个是关于党内法规体系的。这是中国法治发展史上第一次将党内法规制度体系与国家法律法规体系并列起来，一起作为管党治党、治国执政的基本方式，具有划时代的里程碑意义。

（四）十八届五中全会：全面提高党依据宪法法律治国理政、依据党内法规管党治党的能力和水平

2015年10月29日，中国共产党第十八届中央委员会第五次全体会议通过了《中共中央关于制定国民经济和社会发展第十三个五年规划的建议》。《建议》提出，党的领导是中国特色社会主义制度的最大优势，是实现经济社会持续健康发展的根本政治保证。必须贯彻全面从严治党要求，不断增强党的创造力、凝聚力、战斗力，不断提高党的执政能力和执政水平，确保我国发展航船沿着正确航道破浪前进。反腐倡廉建设永远在路上，反腐不能停步、不能放松。要坚持全面从严治党，落实"三严三实"要求，严明党的纪律和规矩，落实党风廉政建设主体责任和监督责任，健全改进作风长效机制，强化权力运行制约和监督，巩固反腐败成果，构建不敢腐、不能腐、不想腐的有效机制，努力实现干部清正、政府清廉、政治清明，为经济社会发展营造良好政治生态。要运用法治思维和法治方式推动发展。厉行法治是发展社会主义市场经济的内在要求。必须坚持依法执政，全面提高党依据宪法法律治国理政、依据党内法规管党治党的能力和水平。

因此，十八届五中全会把依规治党和依法治国作为党依法执政的两个轮子，要求全面提高党依据宪法法律治国理政、依据党内法规管党治党的能力和水平。把依规治党和依法治国作为"车之两轮""鸟之两翼"并行推进，对党内法规理论研究和制度实践的深入开展具有极大的促进作用。

（五）十八届六中全会：审议通过《关于新形势下党内政治生活的若干准则》和《中国共产党党内监督条例》

2016年10月27日，中国共产党第十八届中央委员会第六次全体会议在北京举行。全会高度评价全面从严治党取得的成就，认为党的十八大以来，以习近平同志为核心的党中央身体力行、率先垂范，坚定推进全面从严治党，坚持思想建党和制度治党紧密结合，集中整饬党风，严厉惩治腐败，净化党内政治生态，党内政治生活展现新气象，赢得了党心民心，为开创党和国家事业新局面提供了重要保证。全会听取和讨论了习近平受中央政治局委托作的工作报告，审议通过了《关于新形势下党内政治生活的若干准则》和《中国共产党党内监督条例》。

在党内法规制度建设方面，十八届六中全会一个非常突出的成果是，深刻总结了十八大以来党内政治生活和党内监督的理论和实践创新成果，审议通过了《关于新形势下党内政治生活的若干准则》和《中国共产党党内监督条例》，进一步扎紧制度笼子、夯实依规治党的制度基础，进一步完善全面从严治党的制度体系，把党的建设新的伟大工程推向前进。

在党内法规体系中，"准则"属于基础主干党内法规，属于党内法规制度体系的四梁八柱，效力仅次于"党章"，远高于"条例"。从性质地位上看，准则是对党章的重要补充和集中体现，是全党必须遵循的基本行为规范。按照2012年颁布的《中国共产党党内法规制定条例》中的界定，准则的规范对象和主要内容是"对全党政治生活、组织生活和全体党员行为作出基本规定"，因此，"准则"主要是规范全党政治生活、组织生活和全体党员行为的基本标准和基本原则。当前现行有效的"准则"主要有两部：一部是2015年10月修订通过的《中国共产党廉洁自律准则》，这部准则是党执政以来第一部坚持正面倡导、面向全体党员的规范全党廉洁自律工作的重要基础性法规，体现了全面从严治党实践成果，对于深入推进党风廉政建设和反腐败斗争，加强党内监督，永葆党的先进性和纯洁性，具有十分重要的意义。另一部是1980年2月通过的《关于党内政治生活的若干准则》，这是在当时历史条件下，提高党员特别是干部的思想政治水平，增强党性，加强党的建设的一部非常重要的党内法规，对管党治党具有重要的历史作用。

新形势下，党内政治生活状况总体是好的，但一个时期以来，也出现了庸俗化、随意化、平淡化、搞"小圈子"、好人主义盛行等突出问题。面对十八大后党的建设的严峻形势与艰巨任务，20多年前通过的《关于党内政治生活的若干准则》已经不能适应全面从严治党的新要求，需要重新加以修订。因此，十八届六中全会最突出的一个制度成果是，制定了《关于新形势下党内政治生活的若干准则》，把严肃党内政治生活作为全面从严治党的基础，是全面从严治党的内在要求，也是管党治党的重要抓手，为严肃认真开展党内政治生活提供基本制度遵循。正如习近平总书记在庆祝中国共产党成立95周年大会上的讲话中指出的："党要管党，首先要从党内政治生活管起；从严治党，首先要从党内政治生活严起。"在全面从严治党的新形势下，加强和规范党内政治生活，必须以党章为根本遵循，坚持党的政治路线、思想路线、组织路线、群众路线，着力增强党内政治生活的政治性、时代性、原则性、战斗性，着力提高党的领导水平和执政水平、增强拒腐防变和抵御风险能力，着力维护党中央权威、保证党的团结统一、保持党的先进性和纯洁性，努力在全党形成又有集中又有民主、又有纪律又有自由、又有统一意志又有个人心情舒畅生动活泼的政治局面。

十八届六中全会在党内法规制度建设方面的另一个重要成果是修订《中国共产党党内监督条例（试行）》。监督是权力正确运行的根本保证，是加强和规范党内政治生活的重要举措。现行的《中国共产党党内监督条例（试行）》制定于2003年，距今已经有13年的历史，随着形势任务发展变化，其与新实践新要求不相适应的问题日益凸显。因此，中央决定修订中国共产党党内监督条例，为全面从严治党提供有力制度保障。新形势下的党内监督以尊崇党章，依规治党为原则，坚持党内监督和人民群众监督相结合，确保党始终成为中国特色社会主义事业的坚强领导核心。党内监督的任务是确保党章党规党纪在全党有效执行，维护党的团结统一，重点解决党的领导弱化、党的建设缺失、全面从严治党不力,党的观念淡漠、组织涣散、纪律松弛,管党治党宽松软问题,保证党的组织充分履行职能、发挥核心作用,保证全体党员发挥先锋模范作用,保证党的领导干部忠诚干净担当。

加强党内监督是我们党的优良传统和政治优势。党的执政地位决定了党内监督在党和国家各种监督形式中是最基本的、第一位的。为了实现党对国家的全面领导,保证党的路线方针政策在国家经济政治生活中切实得到执行,党必须对涉及国家发展的各项问题进行领导、监督,确保党的意志能够得到贯彻落实。只有以党内监督带动其他监督、完善监督体系,才能为全面从严治党提供有力制度保障。党内监督的实质是加强和改进党的建设,是党自我净化、自我完善、自我革新、自我提高的重要形式。

因此,十八届六中全会坚持思想建党和制度治党紧密结合,审议通过了《关于新形势下党内政治生活的若干准则》和修订后的《中国共产党党内监督条例》两部重要的党内法规。这两个都是党内法规体系中比较核心、比较基础的法规,也是此次全会最大的一个成果。在党的一次全会上通过两部重要党内法规,由此也可以看出党中央对党内法规制度建设的高度重视。

(六)党的十九大:加快形成覆盖党的领导和党的建设各方面的党内法规制度体系

2017年10月18日,中国共产党第十九次全国代表大会召开,习近平同志代表第十八届中央委员会向大会作了题为《决胜全面建成小康社会 夺取新时代中国特色社会主义伟大胜利》的报告。会议指出,党的十八大以来,面对新危险新考验新形势,以习近平同志为核心的党中央励精图治、攻坚克难,推动党和国家事业发生了历史性变革,取得了改革开放和社会主义现代化建设的历史性成就,引领中国特色社会主义进入了新时代。在过去极不平凡的五年中,习近平总书记根据国内外形势变化和我国事业发展,结合新的时代条件和实践要求,发表了一系列重要讲话,对共产党执政规律、社会主义建设规律、人类社会发展规律进行了艰辛探索,取得了重大理论创新成果,形成了习近平新时代中国特色社会主义思想。

党的十九大对新时代中国特色社会主义事业作了规划部署，其中对新时代党内法规建设也进行了规划部署。《报告》提出，坚持和加强党的全面领导，坚持党要管党、全面从严治党，以加强党的长期执政能力建设、先进性和纯洁性建设为主线，以党的政治建设为统领，以坚定理想信念宗旨为根基，以调动全党积极性、主动性、创造性为着力点，全面推进党的政治建设、思想建设、组织建设、作风建设、纪律建设，把制度建设贯穿其中，深入推进反腐败斗争，不断提高党的建设质量，把党建设成为始终走在时代前列、人民衷心拥护、勇于自我革命、经得起各种风浪考验、朝气蓬勃的马克思主义执政党。要实现这个伟大目标，我们党既要政治过硬，也要本领高强，尤其是要增强依法执政本领，加快形成覆盖党的领导和党的建设各方面的党内法规制度体系，加强和改善对国家政权机关的领导。

党章是党的根本大法，是全党必须遵循的总规矩，对坚持党的领导、加强党的建设具有根本性的规范和指导作用，在党的发展历史和政治生活中发挥着极为重要的作用。2017年10月24日，党的十九大闭幕大会通过了关于《中国共产党章程（修正案）》的决议，将习近平新时代中国特色社会主义思想、中国特色社会主义文化、全面从严治党、四个意识等一系列内容写进党章。修改党章是实现党的指导思想与时俱进的客观需要，是新时代推动党和国家事业发展的必然要求，是贯彻落实习近平新时代中国特色社会主义思想的集中体现。认真学习新党章的条文内容，充分认识新党章的历史意义，深刻理解新党章的重要作用，切实把思想和行动统一到十九大新党章上来，对于我们坚定理想信念、培养党章意识、增强政治觉悟具有重要而深远的意义。党的十九大根据新形势新任务对党章进行适当修改，有利于全党更好地用最新的科学理论武装全党。新党章把党的十九大报告确立的基本理论、基本路线、基本方略写入党章，使党章充分体现马克思主义中国化最新成果，是党的十八大以来党中央提出的治国理政新理念新思想新战略的制度表达，是坚持和加强党的领导、全面从严治党的经验结晶，有利于把我们党建设得更加朝气蓬勃、坚强有力，有利于始终保持党同人民群众的血肉联系。

（七）十九届二中全会：在宪法条文中充实坚持和加强中国共产党全面

领导的内容

2018年1月18日至19日，中国共产党第十九届中央委员会第二次全体会议审议通过了《中共中央关于修改宪法部分内容的建议》。2018年3月11日第十三届全国人大一次会议第三次全体会议经投票表决通过了《中华人民共和国宪法修正案》，充实坚持和加强中国共产党全面领导的内容。宪法修正案在宪法第一章《总纲》第一条第二款"社会主义制度是中华人民共和国的根本制度"后增写一句，内容为"中国共产党领导是中国特色社会主义最本质的特征"。主要考虑是：中国共产党是执政党，是国家的最高政治领导力量。中国共产党领导是中国特色社会主义最本质的特征，是中国特色社会主义制度的最大优势。宪法从社会主义制度的本质属性角度对坚持和加强党的全面领导进行规定，有利于在全体人民中强化党的领导意识，有利于把党的领导落实到国家工作全过程和各方面，确保党和国家事业始终沿着正确方向前进。

在宪法条文中增加坚持和加强中国共产党全面领导的内容，对于党内法规制度建设具有重要的影响。一方面，在宪法条文中增加党的领导条款，为党内法规制度建设提供了最高法依据。宪法是国家根本大法，是治国理政的总章程，是党和人民意志的集中体现，是中国特色社会主义法治体系的总遵循。不仅国家法律要根据宪法来制定，作为中国特色社会主义法治体系的重要组成部分的党内法规也要根据宪法来制定。在党的领导条款写入宪法条文之前，党内法规制度体系中的最高规范依据是党章，但在党的领导条款写入宪法条文之后，党内法规制度体系中的最高规范依据就变成了宪法，宪法成为党内法规制度体系的最高法和至高点。由此，宪法不仅控制国家法律体系的发展方向，更是直接统摄整个党内法规制度体系建设，宪法本身也成为党内法规法治制度体系的重要组成部分并具有最高效力位阶。

另一方面，在宪法条文中增加党的领导条款，要求新时代党内法规制度建设必须符合宪法精神。宪法不仅是国家的根本法、治国安邦的总章程，而且是保障人民民主权利、维护人民根本利益的法律武器。十九届二中全会提出，要在全党全社会深入开展尊崇宪法、学习宪法、遵守宪法、维护宪法、运用宪法的宣传教育活动，大力弘扬宪法精神，大力弘扬社会主义法治精神，不断增强人民群众宪法意识。新时代新使命新目标，对提高依法治国、依宪治国工作水平提出新的更高要求。同时，要在全社会深入开展宪法教育，大力弘扬宪法精神，增强公民的宪法观念、法治意识、法律素质，提高各级领导干部和执法人员依法决策、依法行政、依法办事的水平。最后，要使宪法精神植根心底，让法治信仰蓬勃生长，为新时代伟业提供有力宪法保障。由于宪法在党内法规制度体系中的地位要高于党章，党章也要遵守宪法，所以党章中才专门强调："全国各族人民、一切国家机关和武装力量、各政党和各社会团体、各企业事业组织，都必须以宪法为根本的活动准则，并且负有维护宪法尊严、保证宪法实施的职责。"党内法规制度建设作为党的一项重要工作，必须符合宪法规定和宪法精神，以坚持和加强党的全面领导、监督和制约权力、保障人民民主权利、维护人民根本利益为根本价值取向。

（八）十九届三中全会：完善党和国家机构法规制度

2018年2月26日至28日，中国共产党第十九届中央委员会第三次全体会议审议通过了《中共中央关于深化党和国家机构改革的决定》和《深化党和国家机构改革方案》，全会提出，深化党和国家机构改革是推进国家治理体系和治理能力现代化的一场深刻变革。党和国家机构职能体系是中国特色社会主义制度的重要组成部分，是我们党治国理政的重要保障。党的十八大以来，以习近平同志为核心的党中央紧紧围绕完善和发展中国特色社会主义制度、推进国家治理体系和治理能力现代化这个总目标全面深化改革，加强党的领导，坚持问题导向，突出重点领域，深化党和国家机构改革，在一些重要领域和关键环节取得重大进展，为党和国家事业取得历史性成就、发生历史性变革提供了有力保障。面对新时代新任务提出的新要求，党和国家机构设置和职能配置同统筹推进"五位一体"总体布局、协调推进"四个全面"战略布局的要求还不完全适应，同实现国家治理体系和治理能力现代化的要求还不完全适应。全党必须统一思想、坚定信心、抓住机遇，在全面深化改革进程中，下决心解决党和国家机构职能体系中存在的障碍和弊端，加快推进国家治理体系和治理能力现代化，更好发挥我国社会主义制度优越性。

深化党和国家机构改革的指导思想是，全面贯彻党的十九大精神，坚持以马克思列宁主义、毛泽东思想、邓小平理论、"三个代表"重要思想、科学发展观、习近平新时代中国特色社会主义思想为指导，适应新时代中国特色社会主义发展要求，坚持稳中求进工作总基调，坚持正确改革方向，坚持以人民为中心，坚持全面依法治国，以加强党的全面领导为统领，以国家治理体系和治理能力现代化为导向，以推进党和国家机构职能优化协同高效为着力点，改革机构设置，优化职能配置，深化转职能、转方式、转作风，提高效率效能，为决胜全面建成小康社会、开启全面建设社会主义现代化国家新征程、实现中华民族伟大复兴的中国梦提供有力制度保障。深化党和国家机构改革，必须贯彻坚持党的全面领导、坚持以人民为中心、坚持优化协同高效、坚持全面依法治国的原则。

深化党和国家机构改革的目标是，构建系统完备、科学规范、运行高效的党和国家机构职能体系，形成总揽全局、协调各方的党的领导体系，职责明确、依法行政的政府治理体系，中国特色、世界一流的武装力量体系，联系广泛、服务群众的群团工作体系，推动人大、政府、政协、监察机关、审判机关、检察机关、人民团体、企事业单位、社会组织等在党的统一领导下协调行动、增强合力，全面提高国家治理能力和治理水平。既要立足实现第一个百年奋斗目标，针对突出矛盾，抓重点、补短板、强弱项、防风险，从党和国家机构职能上为决胜全面建成小康社会提供保障；又要着眼于实现第二个百年奋斗目标，注重解决事关长远的体制机制问题，打基础、立支柱、定架构，为形成更加完善的中国特色社会主义制度创造有利条件。

深化党和国家机构改革的首要任务是，完善坚持党的全面领导的制度，加强党对各领域各方面工作领导，确保党的领导全覆盖，确保党的领导更加坚强有力。为此，要建立健全党对重大工作的领导体制机制，强化党的组织在同级组织中的领导地位，更好发挥党的职能部门作用，统筹设置党政机构，推进党的纪律检查体制和国家监察体制改革。全会提出，机构编制法定化是深化党和国家机构改革的重要保障。要完善党和国家机构法规制度，依法管理各类组织机构，加快推进机构、职能、权限、程序、责任法定化，全面推行政府部门权责清单制度，规范和约束履职行为，让权力在阳光下运行，强化机构编制管理刚性约束，加大机构编制违纪违法行为查处力度。①

二、党中央关于党内法规建设的重要文件规定

（一）党内法规的"立法法"

2013年5月27日，经中央批准，《中国共产党党内法规制定条例》《中国共产党党内法规和规范性文件备案规定》公开发布。《中国共产党党内法规制定条例》共分七章、三十六条，对党内法规的制定权限、制定原则、规划与计划、起草、审批与发布、适用与解释、备案、清理与评估等作出了明确规定。《中国共产党党内法规和规范性文件备案规定》共十八条，对党内法规和规范性文件备案的原则、范围、期限、审查、通报等提出了具体要求。这两部党内法规的制定和发布，尤其是《中国共产党党内法规制定条例》，被称为是党内法规的"立法法"，对于推进党的建设制度化、规范化、程序化，提高党科学执政、民主执政、依法执政水平，具有十分重要的意义。

党中央强调，党内法规是党的各级组织和全体党员开展工作、从事活动的基本遵循。各地区各有关部门要从全局和战略的高度充分认识做好党内法规工作的重要意义，切实把这项工作摆在更加突出的位置抓紧抓好。做好党内法规建设，一要加强统筹规划，提高制定质量，加快构建内容协调、程序严密、配套完备、有效管用的党内法规制度体系；二要强化宣传教育，加大执行力度，切实维护党内法规的权威性和严肃性，努力在全党形成重视、学习、遵守党内法规的浓厚氛围；三要加强组织领导，健全工作机构，充实工作力量，为做好党内法规工作提供坚实保证。

（二）党的历史上第一次编制党内法规制定工作五年规划

为了更好地强化依靠党内法规管党治党的理念，进一步夯实依规治党的制度基石，2013年11月27日，党中央颁发《中央党内法规制定工作五

---

① 《中共中央关于深化党和国家机构改革的决定》，《人民日报》2018年3月5日。

年规划纲要（2013—2017年）》，对之后五年中央党内法规制定工作进行统筹规划，提出了指导思想、工作目标、基本要求、主要任务和落实要求，是做好党内法规制定工作的重要指导性文件，有力地推动了党内法规制度体系建设。这是党的历史上第一次编制党内法规制定工作五年规划，是加强党的制度建设的战略工程，为进一步加强党内法规制度体系建设注入新的动力。《规划》提出，在对现有党内法规进行全面清理的基础上，抓紧制定和修订一批重要党内法规，力争经过5年努力，基本形成涵盖党的建设和党的工作主要领域、适应管党治党需要的党内法规制度体系框架，使党内生活更加规范化、程序化，使党内民主制度体系更加完善，使权力运行受到更加有效的制约和监督，使党执政的制度基础更加巩固，为到建党100周年时全面建成内容科学、程序严密、配套完备、运行有效的党内法规制度体系打下坚实基础。

（三）党的历史上第一次以学党章党规为主题的学习教育

2016年2月，中共中央办公厅印发了《关于在全体党员中开展"学党章党规、学系列讲话，做合格党员"学习教育方案》，并发出通知，要求各地区各部门认真贯彻执行。开展"两学一做"学习教育，是面向全体党员深化党内教育的重要实践，是推动党内教育从"关键少数"向广大党员拓展、从集中性教育向经常性教育延伸的重要举措，是党的历史上第一次以学党章党规为主题的学习教育。在此次"两学一做"学习教育中，党中央把党章党规与习近平总书记系列重要讲话并列起来，作为全体党员学习的重要内容，显示了党中央对党内法规建设的高度重视。党中央对学党章党规的要求是：着眼明确基本标准、树立行为规范，逐条逐句通读党章，全面理解党的纲领，牢记入党誓词，牢记党的宗旨，牢记党员义务和权利，引导党员尊崇党章、遵守党章、维护党章，坚定理想信念，对党绝对忠诚。认真学习《中国共产党廉洁自律准则》《中国共产党纪律处分条例》等党内法规，学习党的历史，学习革命先辈和先进典型，从周永康、薄熙来、徐才厚、郭伯雄、令计划等违纪违法案件中吸取教训，肃清恶劣影响，发挥正面典型的激励作用和反面典型的警示作用，引导党员牢记党规党纪，牢记党的优良传统和作风，树立崇高道德追求，养成纪律自觉，守住为人、做事的基准和底线。

2017年3月,中共中央办公厅印发的《关于推进"两学一做"学习教育常态化制度化的意见》进一步指出,党章是管党治党的总章程,党规是党员思想和行为的具体遵循。开展"两学一做"学习教育,是坚持思想建党、组织建党、制度治党紧密结合的有力抓手,是不断加强党的思想政治建设的有效途径,为新形势下落实全面从严治党要求积累了成功经验。学习党章党规,要深刻认识党章是管党治党的总规矩总遵循,践行党内政治生活准则、党内监督条例和廉洁自律准则等党内法规要求。

(四)在国家普法规划中专门强调要深入学习宣传党内法规

2016年3月22日,中组部、中宣部、司法部、人力资源和社会保障部印发了《关于完善国家工作人员学法用法制度的意见》提出,国家工作人员学法用法要紧密结合实际,认真学习以宪法为核心的各项法律法规,牢固树立社会主义法治理念,努力提高法治素养,不断增强在法治轨道上深化改革、推动发展、化解矛盾、维护稳定的能力。各级领导干部要做尊法学法守法用法的模范,带头学习宪法和法律,带头厉行法治、依法办事。党员干部要深入学习党章和党内法规,尊崇党章,增强党章党规党纪意识,做党章党规党纪和国家法律的自觉尊崇者、模范遵守者、坚定捍卫者。

2016年4月17日,中共中央、国务院转发了《中央宣传部、司法部关于在公民中开展法治宣传教育的第七个五年规划(2016—2020年)》(以下简称"七五"普法规划)并发出通知,要求各地区各部门结合实际认真贯彻执行。全民普法和守法是依法治国的长期基础性工作。深入开展法治宣传教育,是贯彻落实党的十八大和十八届三中、四中、五中全会精神的重要任务,是实施"十三五"规划、全面建成小康社会的重要保障。"七五"普法规划专门强调,要深入学习宣传党内法规,适应全面从严治党、依规治党新形势新要求,切实加大党内法规宣传力度,突出宣传党章,教育引导广大党员尊崇党章,以党章为根本遵循,坚决维护党章权威,大力宣传《中国共产党廉洁自律准则》《中国共产党纪律处分条例》等各项党内法规,注重党内法规宣传与国家法律宣传的衔接和协调,坚持纪在法前、纪严于法,把纪律和规矩挺在前面,教育引导广大党员做党章党规党纪和国家法律的自觉尊崇者、模范遵守者、坚定捍卫者。

（五）党的历史上第一个关于党内法规制度建设的专门文件

2016年12月13日，中共中央印发了《中共中央关于加强党内法规制度建设的意见》。《意见》贯彻落实以习近平同志为核心的党中央关于全面从严治党、依规治党的重大决策部署，从指导思想、总体目标、加快构建完善的党内法规制度体系、提高党内法规制度执行力、加强组织领导等方面，对加强新形势下党内法规制度建设提出明确要求、作出统筹部署。在全面从严治党向纵深推进、全面依法治国深入开展之际，党中央印发《中共中央关于加强党内法规制度建设的意见》，从指导思想、总体目标、构建完善的党内法规制度体系、提高党内法规制度执行力、加强组织领导等方面，对加强新形势下党内法规制度建设提出明确要求并作出统筹部署，对于深入推进全面从严治党、依规治党具有重要意义，是新时代中国特色社会主义法治建设的纲领性文件，是加强党内法规制度建设的顶层设计，是全面从严治党与制度治党、依规治党相结合的集中体现。

（六）中央党内法规制定工作第二个五年规划

2018年2月，中共中央印发《中央党内法规制定工作第二个五年规划（2018—2022年）》。《规划》深入贯彻落实习近平新时代中国特色社会主义思想和党的十九大精神，着眼于到建党100周年时形成比较完善的党内法规制度体系，对今后5年党内法规制度建设进行顶层设计，提出了指导思想、目标要求、重点项目和落实要求，是推进新时代党内法规制度建设的重要指导性文件。

《规划》提出，做好新时代党内法规制定工作，要高举中国特色社会主义伟大旗帜，全面贯彻党的十九大精神，坚持以马克思列宁主义、毛泽东思想、邓小平理论、"三个代表"重要思想、科学发展观、习近平新时代中国特色社会主义思想为指导，紧紧围绕进行伟大斗争、建设伟大工程、推进伟大事业、实现伟大梦想，贯彻落实新时代党的建设总要求，坚持依法治国和依规治党有机统一，坚持思想建党和制度治党同向发力，以改革创新精神加快补齐党内法规制度短板，使党的各方面制度更加成熟、更加定型,增强依法执政本领,提高管党治党水平,确保党在新时代中国特色社会主义的伟大实践中始终成为坚强领导核心。新时代党内法规制度建设要适应新时代坚持和加强党的全面领导、以党的政治建设为统领全面推进党的各项建设的需要,到建党100周年时形成以党章为根本、以准则条例为主干,覆盖党的领导和党的建设各方面的党内法规制度体系,并随着实践发展不断丰富完善。

做好党内法规制定工作,一要坚持正确政治方向,以习近平新时代中国特色社会主义思想为指引,紧紧围绕坚持和加强党的全面领导、紧紧围绕以党的政治建设为统领全面推进党的各项建设,确保全党坚定维护以习近平同志为核心的党中央权威和集中统一领导,确保党的领导更加坚强、党的执政地位更加巩固。二要坚持以党章为根本遵循,全面贯彻党章精神和党章规定,特别是将十九大党章修正案的新规定和新要求细化具体化,切实维护党章权威性和严肃性。三要坚持问题导向,直面人民群众反映强烈、弱化党的领导、损害党的先进性和纯洁性的问题,发挥制度的治本作用,抓紧制定实践亟须、条件成熟、务实管用的法规制度,堵塞制度漏洞。四要坚持立改废释并举,坚持党内法规和规范性文件相得益彰,坚持党内法规同国家法律衔接和协调。[①]

三、党中央关于党内法规的工作机制

(一)建立健全党内法规工作机构

党内法规工作是一项专业性比较强的业务工作,需要健全党内法规工作机构,壮大党内法规专业队伍,完善党内法规工作机制。《中共中央关于加强党内法规制度建设的意见》强调,中央各部门和地方各级党委要认真抓好职责范围内的党内法规制度建设工作,与党建其他工作一同部署、抓好落实。加强党内法规工作机构建设,需要充实配强工作力量,各省区市党委应当根据工作需要设立党内法规工作机构,承担党内法规制度规划计划、起草审核、备案清理、督促指导和服务党委领导立法、法律顾问等

---

① 《中共中央印发〈中央党内法规制定工作第二个五年规划(2018—2022年)〉》,《人民日报》2018年2月24日。

职责。制定党内法规人才发展规划，建设党内法规专门工作队伍、理论研究队伍、后备人才队伍，坚持把思想政治建设摆在首位，着力打造一支对党绝对忠诚、综合素质高、专业能力强、勇于担当负责、甘于吃苦奉献的党内法规专门工作队伍。

2016年6月，中共中央办公厅、国务院办公厅印发了《关于推行法律顾问制度和公职律师公司律师制度的意见》，明确规定积极推行党政机关法律顾问制度，建立以党内法规工作机构、政府法制机构人员为主体，吸收法学专家和律师参加的法律顾问队伍。党内法规工作机构、政府法制机构以集体名义发挥法律顾问作用。因此，设立专门的党内法规工作机构已经成为各地各部门有效开展党内法规制定工作的必然要求。为了进一步将这个制度规定予以细化，2016年12月，中共中央办公厅、国务院办公厅印发了《党政主要负责人履行推进法治建设第一责任人职责规定》，第五条明确规定，党委主要负责人在推进法治建设中应当履行以下主要职责：（一）充分发挥党委在推进本地区法治建设中的领导核心作用，定期听取有关工作汇报，及时研究解决有关重大问题，将法治建设纳入地区发展总体规划和年度工作计划，与经济社会发展同部署、同推进、同督促、同考核、同奖惩；（二）坚持全面从严治党、依规治党，加强党内法规制度建设，提高党内法规制度执行力；（三）严格依法依规决策，落实党委法律顾问制度、公职律师制度，加强对党委文件、重大决策的合法合规性审查；（四）支持本级人大、政府、政协、法院、检察院依法依章程履行职能、开展工作，督促领导班子其他成员和下级党政主要负责人依法办事，不得违规干预司法活动、插手具体案件处理；（五）坚持重视法治素养和法治能力的用人导向，加强法治工作队伍建设和政法机关领导班子建设；（六）深入推进法治宣传教育，推动全社会形成浓厚法治氛围。

因此，对各级党组织来说，贯彻执行党内法规制度、履行主体责任是根本要求。各级党组织要牢记严格执规是本职、执规不力是失职。党内法规工作涉及党组织和全体党员的权利义务行为，因此是党的一项极为重要的工作，必须在党的领导之下统一进行。根据现行的党内法规工作机制，制定党内法规在党中央统一领导下进行，制定党内法规的日常工作由中央书记处负责，中央办公厅承担党内法规制定的统筹协调工作，其所属法规工作机构承办具体事务。中央纪律检查委员会、中央各部门和省、自治区、直辖市党委负责职权范围内的党内法规制定工作，其所属负责法规工作的机构承办具体事务。

（二）建立党内法规工作体制机制

为贯彻落实党的十八届四中全会关于"完善党内法规制定体制机制"要求，2015年8月，党中央批准建立中央党内法规工作联席会议制度，时任中共中央政治局委员、中央书记处书记、中央办公厅主任的栗战书同志主持召开了联席会议第一次会议并发表了讲话。栗战书指出，党的十八大以来，党中央高度重视制度治党、依规治党。习近平总书记从全面从严治党的战略高度，对新形势下加强党内法规制度建设作出一系列重要论述，为我们做好党内法规工作指明了方向、提供了遵循。栗战书强调，建立中央党内法规工作联席会议制度，搭建一个统一、权威、高效的跨部门会商协作机制，有利于统筹推进中央党内法规建设各项工作，汇聚各方面智慧和力量，提高党内法规制定质量，推动党内法规的实施和执行。联席会议各成员单位要高度重视，认真履职，加强沟通，密切配合，为加快形成完善的党内法规体系作出贡献。中央党内法规工作联席会议在中央书记处领导下开展工作，主要职责是研究中央党内法规制定工作规划和年度工作计划、统筹协调综合性中央党内法规制定工作、推动已出台中央党内法规的贯彻实施等。联席会议办公室设在中央办公厅法规局。中央纪委机关、中央组织部、中央宣传部等14家中央党内法规工作联席会议成员单位有关负责同志参加了会议。联席会议每年召开一次，极大地加快了党内法规建设的体系化进程，推动了党内法规工作的蓬勃发展，成为加强党内法规制度建设的重要推动机制。①

2016年12月24日至25日，全国党内法规工作会议在京召开。习近平总书记专门作出重要指示强调，党的十八大以来，党中央高度重视党内法规制度建设，推动这项工作取得重要进展和成效。加强党内法规制度建设是全面从严治党的长远之策、根本之策。我们党要履行好执政兴国的重

---

① 《中央党内法规工作联席会议制度建立》，《人民日报》2015年8月25日。

大历史使命、赢得具有许多新的历史特点的伟大斗争胜利、实现党和国家的长治久安，必须坚持依法治国与制度治党、依规治党统筹推进、一体建设。要按照十八大和十八届三中、四中、五中、六中全会部署，认真贯彻落实《中共中央关于加强党内法规制度建设的意见》，以改革创新精神加快补齐党建方面的法规制度短板，力争到建党 100 周年时形成比较完善的党内法规制度体系，为提高党的执政能力和领导水平、推进国家治理体系和治理能力现代化、实现中华民族伟大复兴的中国梦提供有力的制度保障。刘奇葆、赵乐际、赵洪祝出席会议，栗战书传达了习近平总书记的重要指示并讲话。时任中共中央政治局常委、中央书记处书记刘云山出席会议并讲话。他指出，习近平总书记重要指示从全局和战略高度深刻阐明了加强党内法规制度建设的重大意义、主要任务和基本要求，为做好党内法规工作提供了重要遵循。落实好习近平总书记重要指示和党中央部署，要牢牢把握党内法规制度建设的正确方向，以党章为根本依据，切实体现党的意志主张，体现全面从严治党要求，强化"四个意识"特别是核心意识、看齐意识，坚持依法治国与制度治党、依规治党统筹推进、一体建设，推动党的制度优势更好转化为治国理政的实际效能。要突出工作重点，坚持目标导向和问题导向相统一，加快形成内容科学、程序严密、配套完备、运行有效的党内法规制度体系。要以改革创新精神推进党内法规制度建设，提高党内法规制度质量。要抓好党内法规制度的落实，发挥领导干部带头示范作用，以良好的党内政治文化提升法规制度的执行力、影响力。中央各部门和地方各级党委要强化政治责任和领导责任，把党内法规制度建设纳入党的建设总体安排，为党内法规制度建设提供有力保证。①

（三）加强党内法规学习教育

党内法规工作涉及面广，牵涉部门较多，需要形成科学完善的党内法规工作格局，完善党内法规制定体制机制，在党委领导下，形成有关部门各负其责、法规工作机构具体协调、党员群众积极参与的工作格局。对此，《中共中央关于加强党内法规制度建设的意见》强调，提高党内法规制度

---

① 《坚持依法治国与制度治党、依规治党统筹推进、一体建设》，《人民日报》2016 年 12 月 26 日。

执行力，要坚持以上率下，从各级领导机关和党员领导干部做起，以身作则、严格要求，带头尊规学规守规用规。加强学习教育，加大党内法规宣讲解读力度，将党内法规制度作为各级党委（党组）中心组学习重要内容，纳入党校、行政学院、干部学院必修课程。2018年6月25日，《党内法规学》编委会成立及编写工作启动会在京举行，这标志着我国第一本党内法规专门教材编写工作正式启动。《党内法规学》定位为基础性、通论性和通用性的教材，编写这样一部政治过硬、专业水平高的专门教材，以解决党内法规学习教育存在的"无书可教、无书可学"问题，对于加强党内法规建设、培养党内法规专门人才具有极为重要的昭示意义。

（四）将党内法规纳入巡视巡察

《中共中央关于加强党内法规制度建设的意见》强调，要强化监督检查，将党内法规制度实施情况作为各级党委督促检查、巡视巡察的重要内容，对重要党内法规制度实施情况开展定期督查、专项督查。2013年4月25日，中央政治局常委会审议《关于中央巡视工作领导小组第一次会议研究部署巡视工作情况的报告》，习近平总书记明确指出："巡视是党章赋予的重要职责，是加强党的建设的重要举措，是从严治党、维护党纪的重要手段，是加强党内监督的重要形式。"从2018年2月22日起，十九届中央第一轮巡视全面展开，15个中央巡视组开始对30个地方和单位党组织进行政治巡视。十九届中央巡视组对被巡视党组织进行全面政治体检，至少包括八项内容：学习贯彻习近平新时代中国特色社会主义思想情况，贯彻落实党章和党的十九大精神情况，落实意识形态工作责任制情况，选人用人和基层党组织建设情况，执行中央八项规定精神和整治"四风"情况，党规党纪执行情况，领导干部廉洁自律和整治群众身边腐败问题情况，以及十八届中央巡视整改落实情况等。这些巡视内容中，一个非常重要的内容就是检查被巡视党章贯彻落实党章和党规党纪执行情况。

第三节　新时代党内法规建设的实践逻辑

一、坚持依法治国与制度治党、依规治党相结合

党的十八大以来，以习近平同志为核心的党中央坚持党要管党、从严治党，坚定不移推进党风廉政建设和反腐败斗争，突出强调政治纪律和政治规矩、组织纪律，加大反腐惩恶力度，注意党纪与国法有效衔接，着力解决管党治党和执行纪律失之于宽、失之于松、失之于软的问题。习近平总书记就加强党内法规制度建设作出重要指示强调，必须坚持依法治国与制度治党、依规治党统筹推进、一体建设。这一论断意义重大而深远，深刻揭示了依规治党和依法治国的内在联系，进一步丰富了党的十八届三中、四中全会提出的"法治中国建设"的内涵，是以习近平同志为核心的党中央执政方略的重要内容，是对马克思主义国家理论、政党理论、法治理论的创新发展，是对中国特色社会主义理论体系的最新贡献。

首先，从国家治理体系现代化的角度看，国家治理体系实际上就是国家制度体系，中国特色社会主义国家治理体系主要由党内法规制度体系和国家法律制度体系构成。推进国家治理体系现代化，就必须同时推进党内法规制度体系和国家法律制度体系现代化。十八届六中全会进一步加强党内法规制度建设，站在治党治国相统一的政治高度，提出国家监察体制改革的重大战略部署，强化了党对反腐败斗争的集中统一领导，推动形成党内党外反腐败全覆盖、无禁区，依法治国与依规治党统筹推进、一体建设的全新政治局面。这是推进国家治理体系和治理能力现代化的伟大实践，是我们党长期执政和国家长治久安的根本保障。

其次，从建设中国特色社会主义法治体系的角度看，建设中国特色社会主义法治体系，既要形成完备的国家法律规范体系，又要形成完善的党内法规制度体系。没有完善的党内法规制度体系，法治体系就不可能完备有效；没有完备的国家法律体系以及法律制度做后盾，法治体系就缺乏必

要的刚性和强制力。十八届四中全会把加强和完善党的领导作为全面推进依法治国的核心内容，把依规治党纳入依法治国的体系之中，使得中国特色社会主义法治体系既包括国家法律体系，也包括党内法规制度体系。

最后，党的领导是中国特色社会主义最本质的特征，坚持中国特色社会主义法治道路，最根本的是坚持中国共产党的领导。党的领导地位和执政地位决定了党的建设与国家治理的统一性、融合性、一体性，国家治理体系建设首先是强化党在国家治理体系中的领导作用，国家治理能力现代化首先是党的执政能力现代化，这就决定了全面从严治党与全面依法治国的一致性。党要履行好执政兴国的重大历史使命、赢得具有许多新的历史特点的伟大斗争胜利、实现党的长期执政和国家的长治久安，必须坚持依法治国与制度治党、依规治党统筹推进、一体建设。

在性质上，党内法规是党的各级组织和全体党员的行动纲领和行为规则，是维护党的团结统一、完成党的任务的根本保证。国家法律是党领导人民制定的体现人民意志的行为规范，是所有组织和全体公民的基本行为指引。我国的国体、政体和党的性质、宗旨决定了国家法律和党内法规都是党和人民意志的制度化、规则化，在本质属性上具有高度一致性。统筹推进依法治国与依规治党，需要着力关注以下四方面问题：一是要全面准确认识党内法规制度体系的性质，使国家法律与党内法规相互协调、相互补充；二是要坚持宪法修改与党章修改相协调，使宪法的原则规则与党章规定的党和国家指导思想、路线、方针、政策、目标任务等保持一致；三是要实现国家法律和党内法规立改废释常态化，及时消除二者之间的矛盾冲突，提高党内立规和国家立法的科学化、民主化、法治化水平；四是要建立和完善依规治党与依法治国统筹协调体制机制，使党委法规工作部门和国家法治工作部门有效衔接、形成合力。①

国家法律与党内法规的衔接协调有一个最基本的原则，就是党内法规制度建设必须坚持以宪法为最高依据、以党章为根本遵循，即坚持"宪法至上、党章为本"原则。在中国特色社会主义法治体系中，宪法是根本法；在党内法规制度体系中，党章是根本法。由于党内法规体系是中国特色社

---

① 张文显：《统筹推进依法治国与依规治党意义重大》，《人民日报》2017年5月2日。

会主义法治体系的重要组成部分，因而，宪法不仅是国家法律体系的根本法，同时还是党内法规制度体系的最高法。党章明确规定："党必须在宪法和法律的范围内进行活动。"这样，以宪法为共同依据，依法治国与制度治党、依规治党得以有机融合。因此，在制定党内法规的时候，也必须在宪法和法律的范围内进行活动，中国共产党制定的党内法规都是符合宪法和法律的。治国必先治党，治党务必从严，从严必依法度。习近平同志创造性地将全面从严治党纳入"四个全面"战略布局，将党内法规体系建设纳入依法治国的内容之中，国家法律与党内法规形成了良性的协调互补关系，依法治国与依规治党相互促进，相互补益，共同构建了中国特色社会主义法治大厦。①

二、坚持思想建党与依规治党相结合

思想建设是党的基础性建设。党的十八大以来，以习近平同志为核心的党中央高度重视思想理论学习，在不同场合多次就加强各级领导班子和领导干部理论学习作出重要指示，并身体力行、率先垂范。十八届中央政治局共集体学习了四十三次，为全党作出表率，有力推动了全党理论学习的深入开展。为进一步加强全党思想政治学习，用党的创新理论武装头脑，党中央采取一系列重大举措，2013—2014年先后分两批组织开展了党的群众路线教育实践活动；2015年在县处级以上领导干部中组织开展了"三严三实"专题教育；2016年在全体党员中开展了"学党章党规、学系列讲话，做合格党员"学习教育；2017年党的十九大报告中提出，要在全党开展"不忘初心、牢记使命"主题教育。经过这些学习教育，全党大兴学习之风，通过学习增强理论素养和党性修养的风气蔚然形成。新时代加强党的思想理论建设，最根本的是用习近平新时代中国特色社会主义思想来统一思想、稳定人心、凝聚共识。2016年10月，党的十八届六中全会审议通过了《关于新形势下党内政治生活的若干准则》和《中国共产党党内监督条例》，明确提出"必须高度重视思想政治建设，把坚定理想信念作为开展党内政

---

① 宋寒松：《依规治党和依法治国结合的典范》，《学习时报》2017年9月22日。

治生活的首要任务"，把思想建设摆在党的建设重要位置，对思想建党作出了重要部署，对思想建党的原则、内容、要求作出了明确规定。

思想建党在本质上属于意识形态问题，和意识形态建设具有密切联系。意识形态建设是党的思想建设的核心内容。思想建设的核心在于政治性，不断加强理想信念和党性教育，使广大党员保持对共产主义信仰和中国特色社会主义信念的忠诚。而意识形态工作的根本任务则是巩固马克思主义在意识形态领域的指导地位，巩固全党全国人民团结奋斗的共同思想基础。因此，从目的看，意识形态建设和思想建设本质上是统一的，二者共同统一于以马克思主义为指导的中国特色社会主义建设事业。正是看到了意识形态建设和思想建设之间的内在关联性，所以，十八大以来意识形态建设的一个显著特征是将意识形态建设与思想建设紧密结合：意识形态建设最根本目的是始终坚持马克思主义指导地位永不动摇，而思想建设最重要任务是坚持用马克思主义哲学教育和武装全党。从党不断发展壮大的经验来看，注重从思想上建党是意识形态建设的基本原则和根本要求，也是党的十八大以来管党治党的鲜明特征和首要任务。

意识形态是立党立国之基石，从来都是关乎国家安全、民族团结、社会稳定的关键因素，必须要将意识形态建设作为治国理政的基础工程、重大战略和重要内容，摆在全局工作突出位置进行谋划部署。

首先，意识形态现代化是国家治理现代化的本质体现。党的十八届三中全会提出，全面深化改革的总目标，是完善和发展中国特色社会主义制度、推进国家治理体系和治理能力现代化。从逻辑关系上，完善和发展中国特色社会主义制度是推进国家治理体系和治理能力现代化的根本目的。而完善和发展中国特色社会主义制度是树立"四个自信"的核心内容，也是意识形态工作的根本任务，因此，意识形态建设和国家治理能力现代化息息相关、紧密相连。一个国家选择什么样的治理体系，是由这个国家的历史传承、文化传统、经济社会发展水平决定的，是由这个国家的人民决定的。我国的国家治理体系，是在我们历史传承、文化传统、经济社会发展的基础上长期发展、渐进改进、逐步演化的制度成果。制度背后是文化，国家治理体系现代化表面上是制度的现代化，背后是治理文化的现代化，最深层的是意识形态的现代化。只有治理意识、治理观念、治理文化现代化了，治理方式、治理手段、治理制度才会现代化。因此，国家治理体系和治理能力现代化最终要靠国家治理文化的现代化才能实现，而治理文化现代化本身就是意识形态现代化的重要内容和外在体现。

其次，加强意识形态工作是全面从严治党的内在要求。当前，我国正处于经济社会改革发展的转型期和攻坚期，各种社会思想此起彼伏，各种社会矛盾叠加碰撞，一些腐朽落后的思想文化沉渣泛起，一些错误思潮观点开始传播蔓延，主流意识形态面临着日益严峻的挑战。针对这种情况，十八届六中全会对全面从严治党作出重大部署和制度安排，明确要求全党要"进一步做好党和国家各项工作，特别是要切实做好思想理论准备工作、组织准备工作、经济社会发展工作、意识形态工作"。意识形态建设和全面从严治党、增强"四个意识"具有密切的内在逻辑关联：当前意识形态建设的最直接目标就是维护党的集中统一领导、坚定"四个自信"，严守政治纪律和政治规矩；而增强"四个意识"的具体要求是维护以习近平同志为核心的党中央权威、把党中央的各项决策部署落到实处、加强党的全面领导，二者在本质上是统一的，统一在"两个维护"上，统一在自觉坚持、维护和加强党的全面领导、严守党的政治纪律和政治规矩上。因此，旗帜鲜明讲政治，首要的就是坚持党的全面领导，把加强党的全面领导贯穿于讲政治的全过程，把严守政治纪律和政治规矩摆在首要位置。这既是意识形态建设的重要内容，也是坚持全面从严治党、增强"四个意识"的内在要求。

意识形态工作要靠思想教育，更要靠制度保障。党的十八大以来，以习近平同志为核心的党中央高度重视制度治党、依规治党，指出党要履行好执政兴国的重大历史使命，实现党和国家的长治久安，必须坚持思想建党与制度治党统筹推进，依法治国与依规治党一体建设，确保党的各项工作包括意识形态工作都要纳入制度化、规范化轨道之中，以党内法规构建意识形态工作长效机制。党中央在《中央党内法规制定工作五年规划纲要（2018—2022年）》中提出，要贯彻落实新时代党的建设总要求，坚持思想建党和制度治党同向发力，制定《中国共产党宣传工作条例》《中国共产党思想道德准则》，不断增强党的政治领导力、思想引领力，为夺取新时代中国特色社会主义胜利、实现中华民族伟大复兴中国梦提供坚强制度保

障。党的十八大以来,坚持思想建党与依规治党相结合的重要成果就是意识形态领域党内法规制度建设,主要有:

1. 制定《党委(党组)意识形态工作责任制实施办法》(以下简称《实施办法》)。2015年10月,党中央印发《实施办法》,这是党的十八大以来意识形态领域的第一部中央党内法规,在党的历史上第一次以党内法规形式对意识形态工作责任制作出规定,具有里程碑意义。《实施办法》指出,要强化党管宣传、党管意识形态原则,牢牢掌握意识形态工作的领导权主动权;要进一步明确各级领导干部的意识形态工作责任,坚决守好"责任田";要不断改进和加强宣传思想工作,着力加强宣传思想阵地建设与管理,进一步加强思想政治教育队伍建设;要高度重视网络安全,进一步提升网络舆论引导水平,严密防范网上意识形态渗透,不断增强意识形态领域主导权。制定和颁布《实施办法》,对于构建意识形态工作新格局、坚持马克思主义指导地位、改革创新意识形态工作方式方法、加强意识形态工作队伍建设具有十分重要的推动作用。

2. 制定《中国共产党党委(党组)理论学习中心组学习规则》(以下简称《学习规则》)。党的十八大以来,以习近平同志为核心的党中央高度重视理论学习,在不同场合多次就加强各级领导班子和领导干部理论学习作出重要指示,并身体力行、率先垂范。十八届中央政治局共集体学习了四十三次,为全党作出表率,有力推动了全党理论学习的深入开展。为进一步加强全党学习,用党的创新理论武装头脑,党中央采取一系列重大举措,先后开展了党的群众路线教育实践活动、"三严三实"专题教育、"学党章党规、学系列讲话,做合格党员"学习教育、"不忘初心、牢记使命"主题教育。经过这些学习教育,全党大兴学习之风,通过学习增强理论素养和党性修养的风气蔚然形成。在这种背景下,2017年1月30日党中央出台《学习规则》,第一次以党内法规的形式对党委(党组)中心组学习的性质定位原则、内容形式要求、组织管理考核等方面作出明确规定,在性质上属于十八大以来意识形态领域的第二部中央党内法规。党委(党组)理论学习中心组学习在实践中经常被简称为党委(党组)理论中心组学习、党委(党组)中心组学习或党委中心组学习,是领导干部在职理论学习的重要形式,是全党理论学习的"风向标"和"排头兵"。加强和改进中心组学习是新形势下深化理论武装、加强思想建党的重要途径，是提高领导干部能力素养、锻造过硬执政骨干队伍的重要举措。制定出台《学习规则》是贯彻党中央决策部署、深化全面从严治党、严肃党内政治生活的重要举措，是思想建党与制度治党、依规治党的有机结合，对于新形势下强化理论武装、加强思想政治建设、提升领导干部决策能力和执政水平具有重要意义。

第一，制定《学习规则》是思想建党、建设学习型政党的必然要求。党委（党组）中心组学习是思想建党的重要途径和根本体现。我们党历来重视学习，这既是我们党的光荣传统，也是我们党的政治优势。党的十七届四中全会提出，要把建设马克思主义学习型政党作为重大而紧迫的战略任务抓紧抓好；党的十八大提出了"建设学习型、服务型、创新型的马克思主义执政党"的战略任务；党的十八大以来，以习近平同志为核心的党中央高度重视党委（党组）中心组学习工作，在不同场合多次就加强各级领导班子和领导干部理论学习作出重要指示，并身体力行、率先垂范，为全党作出表率，有力推动了全党理论学习的深入开展。加强中心组学习制度是坚持思想建党、建设学习型政党的必然选择。而中心组学习要想发挥应有的效果，需要建立健全常态化、长效化机制，依靠制度来保障思想建党。通过制定《学习规则》来加强中心组学习、促进思想建党、建设学习型政党，其重大意义就在于此。

第二，制定《学习规则》是制度治党、依规治党的必然要求。党的十八大以来，以习近平同志为核心的党中央高度重视制度治党、依规治党，强调加强党内法规制度建设是全面从严治党的长远之策、根本之策，指出党要履行好执政兴国的重大历史使命，实现党和国家的长治久安，必须坚持思想建党与制度治党统筹推进，依法治国与依规治党一体建设，确保党的各项工作都有规可依、有章可循。党中央高度重视《学习规则》的制定工作，《中央党内法规制定工作五年规划纲要（2013—2017年）》（中发〔2013〕11号）强调要"完善党的思想建设方面的党内法规，为做好理论创新和理论武装工作提供制度保障"，提出要完善党委（党组）中心组学习制度，为制定《学习规则》提供了依据和遵循。在这种背景下，需要制定具有可操作性的《学习规则》，进一步规范强化中心组学习，保证中心组学习制度的长期有效实施,以党内法规的形式切实保障实施中心组学习制度的落实,有利于厘清中心组学习制度的功能定位,有利于更好地发挥中心组学习制度的积极作用。

第三,制定《学习规则》是提升决策水平、工作能力的必然要求。当前,我国正处在发展关键期、改革攻坚期、矛盾凸显期,长期积累的老问题集中显现,同时又遇到许多新情况新问题,需要在学习中不断认识、研究和解决。面对经济社会发展新常态,需要高度重视中心组学习,加强中心组成员的素质能力建设,提高科学决策水平,进一步提升领导干部在复杂多变的国际国内环境中推动发展、促进改革的能力和水平。制定《学习规则》,以法规制度的刚性约束,把加强和改进中心组学习作为加强领导班子素质能力建设的重要抓手,作为提高党员领导干部学理论、议大事、谋发展能力的重要途径,不断加大学习的力度、深度和广度。

3. 制定《中国共产党宣传工作条例》(以下简称《宣传条例》)。《宣传工作条例》是宣传领域的龙头性、骨干性、基础性党内法规,是开展宣传思想文化工作、维护意识形态安全的基本遵循。党的十八大以来,以习近平同志为核心的党中央高度重视宣传工作特别是意识形态工作的统一思想、稳定人心、凝聚共识作用,先后召开全国宣传思想工作会议、文艺工作座谈会、党的新闻舆论工作座谈会、网络安全和信息化工作座谈会、哲学社会科学工作座谈会、全国高校思想政治工作会议,指出了宣传工作的一系列方向性、根本性、全局性的重大问题,为做好意识形态工作指明了前进方向、提供了根本遵循。制定《宣传工作条例》是贯彻习近平新时代中国特色社会主义思想、贯彻落实习近平总书记关于宣传工作特别是意识形态工作重要论述的重要体现,是以改革创新精神加快宣传领域党内法规建设、补齐宣传领域党内法规短板的重要举措,是全面提升宣传工作科学化法治化水平、牢牢掌握意识形态工作领导权的重要保证。为此,党中央把制定宣传工作条例列入《中央党内法规制定工作第二个五年规划(2018—2022年)》,按照党中央规划,2018年起草完毕,2019年正式印发。《宣传工作条例》以党内法规形式把宣传工作行之有效的政策措施、经验做法、制度安排加以固化,对于进一步加强党对宣传工作的全面领导,增强全党做好宣传工作的责任感、光荣感和使命感,建设具有强大凝聚力和引领力的社会主义意识形态，不断开创新时代意识形态工作新局面具有重要的规范指引和制度保障作用。

因此，新时代党内法规制度建设的一个鲜明特征是坚持思想建党和制度治党紧密结合。全面从严治党靠教育，也靠制度，二者一柔一刚，要同向发力、同时发力。思想教育要结合制度落实同时进行，使得加强制度治党的过程成为加强思想建党的过程，也要使加强思想建党的过程成为加强制度治党的过程。注重思想建党和制度治党相结合，是中国共产党自身建设的显著特点和特有优势。从思想上建党，靠制度治党，是中国共产党对马克思主义建党学说的创造性发展，是党加强自身建设、保持先进性的宝贵经验，也是党从长期执政实践中得出的重要结论。在相互关系上，思想建党是制度治党的前提和基础，制度治党是思想建党的方式和保障，建党治党是一个系统工程，思想建党和制度治党不可偏废。通过思想建党，解决党员的理性认识、价值追求、理想信念问题，以说服力、劝导力、感召力提高广大党员的政治觉悟，充分发挥自律的力量；通过制度治党解决治理规则、行为规范、监督追究等问题，以刚性约束规范党员行为，充分发挥他律的力量。实践证明，制度治党离不开正确的思想引领，否则就会迷失方向、难有成效；思想建党的经常性和成果则靠制度治党来保障和巩固，否则就会沦为空谈、难以为继。二者有机结合，就能相互补充、相互促进，确保党始终是中国特色社会主义事业的坚强领导核心。

三、坚持依规治党与以德治党相结合

法治是人类政治文明的重要成果，依法治国是社会治理的基本方式。西方的法治主义传统源远流长，从古希腊时期亚里士多德"法治＝良好＋守法"公式的提出到中世纪晚期"罗马法的继受"运动的兴起，再到近现代以来"法律至上"地位的确立和"法律帝国"的崛起，西方社会治理模式的主流始终是法治主义，受其影响，西方核心价值观整体上也深深烙下了法治文化的印记，带有浓重的法治主义色彩。需要强调的是，法治虽然是社会治理的主要方式，但并不是唯一方式。以分析实证法学为基础建立起来的现代法治理论虚构了一个"法律万能"的神话，刻意夸大法律在治国理政中的唯一作用，忽视道德、宗教、传统、习惯等的重要补充作用，导致出现"法律越多、秩序越少"的尴尬境地。为了改变这种困境，中国特色社会主义法治建设在充分借鉴吸收中国传统优秀文化和人类文明先进成果的基础上，将西方古典的单一化法治模式发展为依法治国与以德化民相统一的复合化模式，将现代法治理念与传统德治文化有机结合，开创了国家治理研究的新模式。这种复合化治理模式主张法治是治国理政的基本方式，必须将法治作为国家治理的主导方式放到首要地位。在加强法治建设的同时，积极发挥道德建设的巨大力量，突出道德的教化感召作用，提升个人道德修养，提高民众道德素质，形成良好的社会风气和舆论环境，以德化民、以文育人，推动国家治理的制度化、道德化、文明化。中国特色社会主义法治建设有效整合了现代社会的多种治理方式，实现了依法治国与以德化民的有机统一，是推进国家治理体系和治理能力现代化的重要体现。对此，党的十八届四中全会提出，要坚持依法治国和以德治国相结合。国家和社会治理需要法律和道德共同发挥作用，必须坚持一手抓法治、一手抓德治，大力弘扬社会主义核心价值观，弘扬中华传统美德，培育社会公德、职业道德、家庭美德、个人品德，既重视发挥法律的规范作用，又重视发挥道德的教化作用，以法治体现道德理念、强化法律对道德建设的促进作用，以道德滋养法治精神，强化道德对法治文化的支撑作用，实现法律和道德相辅相成、法治和德治相得益彰。

2016年12月9日，十八届中央政治局就我国历史上的法治和德治进行第三十七次集体学习。习近平同志在主持学习时强调，法律是准绳，任何时候都必须遵循；道德是基石，任何时候都不可忽视。在新的历史条件下，我们要把依法治国基本方略、依法执政基本方式落实好，把法治中国建设好，必须坚持依法治国和以德治国相结合，使法治和德治在国家治理中相互补充、相互促进、相得益彰，推进国家治理体系和治理能力现代化。他指出，法律是成文的道德，道德是内心的法律。法律和道德都具有规范社会行为、调节社会关系、维护社会秩序的作用，在国家治理中都有其地位和功能。法安天下，德润人心。法律有效实施有赖于道德支持，道德践行也离不开法律约束。法治和德治不可分离、不可偏废，国家治理需要法律和道德协同发力。因此，要发挥领导干部在依法治国和以德治国中的关键作用。领导干部既应该做全面依法治国的重要组织者、推动者，也应该做道德建设的积极倡导者、示范者。要坚持把领导干部带头学法、模范守法作为全面依法治国的关键，推动领导干部学法经常化、制度化。以德修身、以德立威、以德服众，是干部成长成才的重要因素。领导干部要努力成为全社会的道德楷模，带头践行社会主义核心价值观，讲党性、重品行、作表率，带头注重家庭、家教、家风，保持共产党人的高尚品格和廉洁操守，以实际行动带动全社会崇德向善、尊法守法。①

依法治国和以德治国的有机结合为依规治党与以德治党的有机结合提供了理论依据和实践支撑。全面从严治党，必然要求依规治党与以德治党紧密结合。道德使人向善，是纪律的必要前提和基础。纪律用来惩恶，是道德的坚强后盾和保障。全面从严治党，既要注重规范惩戒、严明纪律底线，更要引导人向善向上，发挥理想信念和道德情操引领作用。2015年党中央颁布的《中国共产党廉洁自律准则》(以下简称《准则》)和《中国共产党纪律处分条例》(以下简称《条例》)，坚持依规治党和以德治党相统一，坚持高标准和守底线相结合，把从严治党实践成果转化为道德规范和纪律要求，党内法规制度体系更加健全。《准则》重申党的理想信念宗旨、优良传统作风，紧扣廉洁自律，坚持正面倡导，面向全体党员，突出关键少数，强调自律，重在立德，为党员和党员领导干部树立了一个看得见、够得着的高标准，展现了共产党人高尚的道德追求，是向全党发出的道德宣誓和对人民的庄严承诺；《条例》坚持纪法分开、纪在法前、纪严于法，突出政党特色、党纪特色，严明政治纪律和政治规矩、组织纪律，围绕党纪戒尺要求，开列负面清单，强调他律，重在立规，划出了党组织和党员不可触碰的底线。

2018年3月10日，习近平总书记在全国两会期间参加重庆代表团审议时强调，领导干部要明大德、守公德、严私德。明大德，就是要铸牢理想信念、锤炼坚强党性；守公德，就是要强化宗旨意识，全心全意为人民服务，恪守立党为公、执政为民理念；严私德，就是要严格约束自己的操守和行为，戒贪止欲、克己奉公，切实把人民赋予的权力用来造福于人

---

① 《坚持依法治国和以德治国相结合 推进国家治理体系和治理能力现代化》，《人民日报》2016年12月11日。

民。因此，思想道德建设的核心就是坚持依规治党和以德治党相统一，帮助广大党员进一步坚定理想信念、提高道德修养，把全面从严治党要求转化为政治信仰、道德规范和纪律约束。对此，党中央决定制定《中国共产党思想道德准则》，并将其纳入《中央党内法规制定工作第二个五年规划（2018—2022年）》，以党内法规的刚性约束来教育引导全体党员牢记党的理想信念宗旨，增强党性观念，提高思想觉悟，加强道德修养，有利于广大党员自觉在思想上政治行动上与党中央保持高度一致，自觉践行忠诚、干净、担当，自觉做共产主义远大理想和中国特色社会主义共同理想的坚定信仰者和忠实实践者。

四、坚持全面从严治党与依规治党相结合

全面从严治党是党的十八大以来党中央作出的重大战略部署，是"四个全面"战略布局的重要组成部分，也是全面建成小康社会、全面深化改革、全面依法治国顺利推进的根本保证。在党的十九大报告中，习近平同志强调指出，中国特色社会主义进入新时代，我们党一定要有新气象新作为。打铁必须自身硬。党要团结带领人民进行伟大斗争、推进伟大事业、实现伟大梦想，必须毫不动摇坚持和完善党的领导，毫不动摇把党建设得更加坚强有力。全面从严治党永远在路上。全党要清醒认识到，我们党面临的执政环境是复杂的，影响党的先进性、弱化党的纯洁性的因素也是复杂的，党内存在的思想不纯、组织不纯、作风不纯等突出问题尚未得到根本解决。要深刻认识党面临的执政考验、改革开放考验、市场经济考验、外部环境考验的长期性和复杂性，深刻认识党面临的精神懈怠危险、能力不足危险、脱离群众危险、消极腐败危险的尖锐性和严峻性，坚持问题导向，保持战略定力，推动全面从严治党向纵深发展。

党中央之所以反复强调要全面从严治党，是因为党的生死关系国家存亡。从世界范围来看，政党政治是当今世界的主流政治形态。一个国家的主要政党尤其是执政党的宗旨、主张与政治诉求影响着国家的制度建构和发展状况。中国共产党是中国的执政党，是国家的最高领导力量。基于党的特殊执政地位，党从诞生的那一天起就特别注重党内建设工作，通过不

断加强和改进党的建设巩固党的领导地位。改革开放以来，面对日趋复杂的国际形势和不断发展变化的国内环境，中国共产党坚持以马克思主义原理和中国特色社会主义理论为指导，全面推进党的建设新的伟大工程，科学判断和准确把握我们党所处的历史方位和肩负的历史使命，紧密联系治国理政的实践，大力加强党的执政能力建设和先进性建设，进一步提高了党的领导水平和执政水平，进一步提高了拒腐防变和抵御风险能力。在当前，党的建设工作突出表现为党风廉政建设和反腐败斗争。在过去的30多年里，我们党在改革开放中茁壮成长，领导全国各族人民取得举世瞩目的巨大成就。在做好经济社会建设的同时，党的建设也常抓不懈，取得显著成绩。应当说，当前党的领导水平和执政能力基本适应了经济社会发展的要求。但是，我们也应该清醒地看到，在新形势下，我们党不仅担负着团结带领全国人民全面建成小康社会、推进社会主义现代化、实现中华民族伟大复兴的历史重任，而且面临着执政考验、改革开放考验、市场经济考验、外部环境考验等四大考验，存在着精神懈怠的危险、能力不足的危险、脱离群众的危险、消极腐败的危险等四大危险，需要解决好提高党的领导水平和执政水平、提高拒腐防变和抵御风险能力两大重大课题。尤其是要把反腐倡廉建设放在更加突出的位置，坚持标本兼治、综合治理、惩防并举、注重预防的方针，建立健全与社会主义市场经济体制相适应的教育、制度、监督并重的惩治和预防腐败体系，加大从源头上预防和治理腐败的力度，推进反腐倡廉体制机制和制度创新。从党建角度来看，坚决反对腐败，是党必须始终抓好的重大政治任务，必须充分认识反腐败斗争的长期性、复杂性、艰巨性，把反腐倡廉建设放在更加突出的位置，严格执行党风廉政建设责任制，在坚决惩治腐败的同时加大教育、监督、改革、制度创新力度，更有效地预防腐败，不断取得反腐败斗争新成效。

全面从严治党永远在路上。以习近平同志为核心的党中央高度重视党的制度建设和反腐倡廉建设，提出要坚持全面从严治党和依规治党紧密结合，强调要善于运用法治思维和法治方式反对腐败，加强反腐败国家立法，加强反腐倡廉党内法规建设，让法规制度刚性运行，深刻阐明了用法治思维和法治方式管党治党、治国执政的重要性。党的依法执政，既包括党依据国家法律法规治国理政，也包括党依据党内法规管党治党。在管党治党实践中，党中央以零容忍的高压态势严惩腐败，坚持制度反腐、彻底反腐、科学反腐，将任性恣意的权力关进制度的笼子里，使得制度建设成为治国执政的主题，在全面从严治党中发挥着根本性的支撑保障作用。对此，习近平总书记2015年参加上海代表团审议时曾专门强调指出："全面从严治党，要坚持思想建党和制度治党紧密结合，全方位扎紧制度笼子，更多用制度治党、管权、治吏。"从修订《中国共产党章程》到制定《关于改进工作作风、密切联系群众的八项规定》《中国共产党问责条例》《中国共产党廉洁自律准则》《中国共产党纪律处分条例》《中国共产党巡视条例》，再到十八届六中全会上审议通过《关于新形势下党内政治生活的若干准则》和《中国共产党党内监督条例》，再到党的十九大修改党章，我们党始终将全面从严治党与依规治党相结合，把党内法规作为全面从严治党的制度支撑、重要保障和根本遵循，集中整饬党风，严厉惩治腐败，大力推进党内法规制度建设，开辟了全面从严治党的新格局，推动管党治党取得新成效、党风政风展现新气象。据不完全统计，十八大以来新立新修的中央党内法规多达90余部，超过现行有效的中央党内法规总量的二分之一。在内容上，这些新立新修的中央党内法规主要以严肃党内政治生活、坚守廉洁自律、规范权力运行、加强监督问责为重点，从不同方面体现了全面从严治党的内容要求。

治国必先治党，治党务必从严，从严必有遵循，党内法规正是我们管党治党、治国执政的根本遵循。正如习近平总书记2014年在党的群众路线教育实践活动总结大会上的讲话中所说："从严治党，最根本的就是要使全党各级组织和全体党员、干部都按照党内政治生活准则和党的各项规定办事。"全面从严治党与依规治党相结合，体现了治标和治本的统筹兼顾、自律和他律的双管齐下，表明我们党对新形势下党的建设规律、治国理政规律有了新探索、新认识、新创见。《中国共产党章程》《关于新形势下党内政治生活的若干准则》《中国共产党廉洁自律准则》《关于改进工作作风、密切联系群众的八项规定》《中国共产党党内监督条例》《中国共产党巡视条例》《中国共产党纪律处分条例》《中国共产党问责条例》《中国共产党纪律检查机关监督执纪工作规则（试行）》和《中国共产党党委（党组）理论学习中心组学习规则》等一系列重要党内法规的修订出台，意味着党内法规制度体系中具有"四梁八柱"性质的基础性、骨干性、支柱性党内法规已经基本齐全,标志着党内法规制度体系框架基本形成。

在全面从严治党的法规体系中,这些基础性、骨干性、支柱性党内法规之间存在密切的有机联系,这种联系也是全面从严治党的内在运行逻辑,即全面从严治党以《中国共产党章程》为根本遵循,以《关于新形势下党内政治生活的若干准则》《中国共产党廉洁自律准则》《关于改进工作作风、密切联系群众的八项规定》等为基础要求,依据《中国共产党党内监督条例》对党内政治生活和廉洁自律情况和作风建设情况进行全面监督,注重发挥《中国共产党巡视条例》的监督利剑功能。对于监督中发现的违规违纪问题,依照《中国共产党纪律处分条例》给予相应的纪律处分,同时对负有管党治党责任的党组织尤其是党员领导干部,依据《中国共产党问责条例》进行问责。不论是监督执纪还是问责处理,都要严格按照《中国共产党纪律检查机关监督执纪工作规则(试行)》规定的程序流程进行。在这个逻辑运行过程中,思想理论学习贯穿始终,为全面从严治党提供坚强有力的思想保证。各级党员领导干部都要严格按照党中央积极推进"两学一做"学习教育常态化制度化要求,认真学党章党规、学系列讲话,不断增强政治意识、大局意识、核心意识、看齐意识,做到政治合格、执行纪律合格、品德合格、发挥作用合格,确保党的组织充分履行职能、发挥核心作用,确保党员领导干部忠诚干净担当、发挥表率作用,确保广大党员党性坚强、发挥先锋模范作用。

第三章

党内法规的规范效力

党内法规的效力理论源于国家法律的效力理论。在法理学上，所谓法律效力是指法律所具有或者赋予的约束力。根据法律规范的效力形态的不同，可以将法律规范的效力分为规范效力和实际效力两种，前者是指"据以衡量人的行为之行为要求或标准，其所具有的准则性或拘束性"，而后者意指"规范的效率或其贯彻施行的机会"。[①] 凯尔森将这种分类称其为法律实效（efficacy）和法律效力（validity）的区别：一个法律规则禁止偷窃，它规定法官必须惩罚每一个偷窃者，这一规则对所有的人、对从而被禁止从事偷窃的人，对必须服从该规则的人，都是"有效力的"。这一法律规则对那些实际上已经进行偷窃并因而违反规则的人，更是有效力的。这就是说，这一法律规则即使在它缺乏"实效"的情况下，也是有效力的。因此，一个规则可能会因为多种原因缺乏实效，并未被服从或者被适用，但是它却仍然是有效力的。[②] 在国内，张根大教授将这种区分称之为"应然法律效力"和"实然法律效力"之别。[③] 基于法律规范效力的应然与实然二分法，我们可以将党内法规的效力形态也分为应然效力与实然效力两种，党内法规的应然效力是指党内法规作为一种规范所应当产生的拘束力，而党内法规的实然效力是指党内法规作为一种规范实际上产生的拘束力。由于党内法规的实际性效力或者实然效力是一个事实层面的描述性问题，这里主要研究党内法规作为一种特殊规范形态所应当具有的规范性效力。

---

　　① ［德］拉伦茨：《法学方法论》，陈爱娥译，商务印书馆2003年版，第78页。
　　② ［奥］凯尔森：《法与国家的一般理论》，沈宗灵译，中国大百科全书出版社1996年版，第3—32页。
　　③ 张根大：《法律效力论》，法律出版社1999年版，第159页。

第一节 党内法规的效力来源

一、党内法规中的特别权力关系理论

党内法规是党的中央组织、中央各部门和各省、自治区、直辖市党委制定的用以规范党组织的工作、活动和党员的行为的党内各类规章制度的总称，因此，从效力对象上看，党内法规只对党的成员和组织具有规范、调整作用与产生约束力，具有适用对象上的限定性、特定性。中国共产党作为中华民族的先进组织和先锋队伍，对其成员的要求要高于一般社会成员与组织，所以从立法立规的层面上要高于普通的法律，党内法规的规范力与约束力要严于国家的普通法律。党规党纪严于国家法律，申请加入共产党意味着主动放弃一部分普通公民享有的权利和自由，就必须多尽一份义务。对于不遵守党章党规党纪的党员，党的纪律检查机构可以行使党内法规赋予的监督执纪问责权力，对这些党员进行组织处理、纪律处分，在国家监察法通过之前，极端情况甚至可以"两规"的形式来限制和剥夺其人身自由。由于党本质上不属于国家机关，行使的不是国家权力。由此产生了党内法规的效力来源问题，即党内法规对违纪党员进行约束、惩戒、制裁的理论依据是什么呢？

一般认为，党员与党组织之间形成的法律关系是不同于一般法律关系的，党员与党组织之间形成的是一种"特别权力关系"，构成了党内法规的效力源泉。一般法律规定的法律保留等原则，以及一般法律赋予普通公民的某些权利如人身自由，在党员身上受到某种程度的限制，并且这种人身自由的限制也无法诉诸司法上的救济。在公法学上，所谓"特别权力关系"，是指在特定行政领域内，为达到行政目的，在公民与国家之间所建立的、加强公民对国家从属性的关系。特别权力关系是相对于一般权力关系而言，其"特别"指的是对公民权利的特别限制。在一般权力关系中，国家权力和公民权利受法治原则的支配，国家权力对公民权利的侵犯，可以诉诸法治原则予以救济；而在特别权力关系中，国家权力和公民权利之间是一种特殊的关系，权力主体对公民个人行使的权力不受法治原则的支配，公民个人权利在受到国家权力侵犯的时候也无法寻求一般的法治救济。

一般认为，特别权力关系理论主要存在于一些特殊的领域，比较典型的有公务员领域、军队领域、学校领域和监狱领域中。我国党组织和党员的关系，在性质上近似于国家机关和公务员的关系，因此，这里可以借鉴特别权力关系理论来解释党组织和党员之间的权利义务关系，解决党组织惩戒权力的效力来源问题。基于这种理论，党内特别权力关系的特点主要为：一是排除法律保留原则，二是剥夺权利救济手段。具体而言，党内特别权力关系包括如下特征：第一，党组织可以以党内法规的方式限制党员的自由权利。在党内特别权力关系中，党组织无须法律授权就可以制定党内法规，对党内党组织和党员的行为和权利进行限制。第二，党员义务的不确定性。在党内特别权力关系中，党组织对党内的党员享有总括性命令支配权，只要有需要，即使法律无具体明确的规定，仍然可以以党内法规的形式为党员设定各种义务。第三，党组织对党员的惩戒权。在党内特别权力关系中，如果党员违反党章党规党纪，或者公然违反党组织的决定命令时，党组织有权行使公权力，对相关党员作出惩戒。第四，党内特别权力关系不适用权利救济原则。由于上述惩戒措施是党内措施，即使受惩戒的党员对其不服，也不能向法院申请司法救济。

二、党内法规是党员与党组织达成的政治契约

由于在性质上我国党组织和党员的关系类似于公务员和公务机关的关系，因此，按照特别权力关系理论，党内法规之所以对党员具有较强的约束力，是因为党组织和党员之间处于一种特殊的权力关系之中，在这个关系中，党员自愿放弃和让渡了一部分作为公民享有的权利和自由，并自我承诺愿意遵守党组织的规定，接受党组织的惩戒制裁。所以，公民申请加入中国共产党就意味着主动放弃一部分普通公民享有的权利和自由，就应该用党章党规党纪约束自己行为，特别是一旦涉嫌违纪违规，就必须接受党组织一切形式的调查处理。即使党组织对自己采取严格的处理措施，也

不能再拿普通公民的权利和自由来辩解,因为自从递交入党申请书那一刻起,就意味着让渡和放弃了部分权利和自由,而从党组织批准入党那一刻起,党组织也就有了对每一名党员采取严格要求的权力。

党员的这种自我承诺集中体现在入党誓词上。入党誓词是成为预备党员后,在入党宣誓仪式上需要宣读的誓词。中国共产党成立后,党的一大和二大分别通过了《中国共产党纲领》和《中国共产党章程》。《纲领》和《中国共产党章程》都对党员的言行提出了较为明确的要求,并不断在以后召开的党的代表大会上对党章进行了修改,从而对党员的要求做了进一步的完善。红军时代,入党誓词已经比较规范,抗日战争时期、解放战争时期、新中国成立初期,入党誓词也经过多次修改。

1982年9月召开的党的十二大首次把入党誓词写进了党章。把入党誓词写进党章,这是中国共产党历史上的第一次。党的十三大、十四大、十五大、十六大通过的党章都重申了这一条。现行《中国共产党章程》第一章第六条明确规定:预备党员必须面向党旗进行入党宣誓。誓词如下:"我志愿加入中国共产党,拥护党的纲领,遵守党的章程,履行党员义务,执行党的决定,严守党的纪律,保守党的秘密,对党忠诚,积极工作,为共产主义奋斗终身,随时准备为党和人民牺牲一切,永不叛党。"入党誓词只有短短几十个字,但这短短几十个字是每一个共产党人入党之初许下的最庄重的誓言,是每一个共产党人的初心与使命之所在。当宣誓者面对鲜艳的党旗党徽紧握拳头,目光坚定、字句铿锵宣读入党誓词时,已经在心理上作好准备和在行动上作出承诺,随时将自己的青春和生命献给党、献给人民。对此,2013年1月22日,习近平在中国共产党第十八届中央纪律检查委员会第二次全体会议上发表重要讲话专门指出:"每一个共产党员特别是领导干部都要牢固树立党章意识,自觉用党章规范自己的一言一行,在任何情况下都要做到政治信仰不变、政治立场不移、政治方向不偏。不论担任何种职务、从事何种工作,首先要明白自己是一名在党旗下宣过誓的共产党员,要用入党誓词约束自己。"

因此,入党誓词是党章的正式条文,具有党内法规的刚性约束,对党组织和党员具有正式的规范效力和拘束要求。从效力来源看,入党誓词是党员与党组织达成的一种政治契约,是双方合意的结果,具有明确的规范效力。每个党员在入党之时都写过书面的入党志愿书,从民事合同的角度来看,这本质上是一种书面要约,党组织在接受入党志愿书并同意其入党之后,实际上就相当于作出了承诺。经过了要约和承诺这两个法定环节,一份具有法律意义的合同实际上已经完成了,所以党员就要践行自己的承诺,履行入党志愿书的内容。在入党宣誓时,每个党员面对党旗进行庄严的宣誓,实际上是对着党组织又一次作出承诺。因此,遵守我们的入党志愿,严格遵守党章党规党纪,是我们在入党时作出的庄严承诺,具有明确的规范效力。从这个意义上讲,党内法规其实是党员和党组织达成的政治契约,在这个契约中,党员让渡和放弃了一部分权利和自由交给党组织,由党组织来保护党员的权利和发展;党组织集中行使党员让渡的这部分权利和自由,形成党组织的权力,享有对违反契约党员的惩戒权力。所以,每个党员都要坚持初心、坚定信念、坚守承诺,重温入党志愿书、牢记入党誓词、严守党章党规,这既是我们每个党员的法定义务,也是党组织对我们的基本要求。

第二节　党内法规的效力范围

通常,法律效力是指法律的生效范围或适用范围,即法律对什么人、什么事、在什么地方和什么时间有约束力。法律效力一般具有四维效力:第一,时间效力,指法律开始生效的时间和终止生效的时间;第二,空间效力,指法律生效的地域(包括领海、领空),通常全国性法律适用于全国,地方性法规仅在本地区有效;第三,事件效力,指法律的适用范围,对哪些事有约束力;第四,对象效力,指法律对什么人生效,如有的法律适用于全国公民,有的法律只适用于一部分公民。作为一种特殊的法律规范形态,党内法规也具有四维效力,分别是时间效力、空间效力、对事效力和对人效力。

一、党内法规的时间效力

党内法规的时间效力是指党内法规何时生效、何时终止效力以及对其生效以前的事件和行为有无溯及力。

首先，党内法规的生效时间主要有三种：1.自党内法规公布之日起生效，如没有明确生效时间规定时，根据惯例，自党内法规公布之日起生效；2.党内法规条文中自行规定具体生效时间；3.规定党内法规公布后符合一定条件时生效，即由有权主体另行发布专门文件规定党内法规的生效时间。

其次，党内法规终止生效的时间。党内法规终止生效，意味着党内法规被清理废止，规范效力自然消灭。它一般分为明示的废止和默示的废止两类。具体形式主要有：1.党内法规本身规定了有效期，有效期届满，从而自动失效；2.新党内法规明确规定自本法实施之日起，旧党内法规立即失效；3.党内法规据以存在的时代背景或者条件消失，或者其所调整的对象不复存在，或者其使命完成，使法律法规失去了存在的意义，从而自动失效，比如在一些特殊时期公布的一些特殊党内法规制度规定；4.有权机关进行党内法规清理，对外公布某项党内法规作废；5.随着新党内法规的颁布实施，相关内容与已生效的新法抵触的旧的党内法规自动失效。

第三，党内法规的溯及力。党内法规的溯及力，也称党内法规溯及既往的效力，是指党内法规对其生效以前的事件和行为是否适用。如果适用，就具有溯及力；如果不适用，就没有溯及力。法律一般以不溯既往为原则。各国普遍采用的通例是"从旧兼从轻"的原则，即新法原则上不溯既往，但是新法不认为犯罪或者处刑较轻的，适用新法。而在某些有关民事权利的法律中，法律有溯及力。党内法规是否具有溯及力，不同党内法规规范之间的情况是不同的。关于党内法规的溯及力问题，一般通行两个原则：首先"不溯及既往"原则，即不能用现在制定的党内法规指导人们过去的行为，更不能由于人们过去从事某种当时合规而现在看来是违规的行为，而依照现在的规定加以处罚。其次，作为不溯及既往原则的补充，党内法规的效力可以有条件地适用于既往的行为。我国目前有关党内法规溯及既往的原则的规定一般采用"不溯及既往"的原则，只有在极少数较为特殊的党内法规中，才会规定有溯及力。

二、党内法规的空间效力

党内法规的空间效力，是指党内法规发生效力的地域范围，即在哪些地域有效力，适用于哪些地区。党内法规的空间效力范围主要由党内法规的形式、效力等级、调整对象或内容等因素决定。通常有两种空间效力范围。

第一，有的党内法规在全国范围内有效，即在国家主权所及全部领域有效，包括属于主权范围的全部领陆、领空、领水，也包括国家驻外使馆和在境外航行的飞机或停泊在境外的船舶。这种党内法规一般是由党的中央组织制定的党章和中央党内法规。中央纪律检查委员会和中央各部门制定的部门党内法规，除本身有特别规定外，通常情况下也都在全国范围内有效。

第二，有的党内法规在一定区域内有效。这里主要有两种情况，一是由各省、自治区、直辖市党委制定的党内法规，只在本省级行政区域内有效。二是被赋予党内法规制定权的沈阳、福州、青岛、武汉、深圳、南宁、兰州等7个副省级城市和省会城市党委制定的党内法规，仅在本级行政区域内有效。

三、党内法规的对事效力

党内法规的对事效力，即党内法规的适用范围，指的是党内法规对什么样的行为有效力，适用于哪些事项。这种效力范围的意义在于：

一是告诉调整对象什么行为应当做，什么行为不应当做，什么行为可以做。例如，2017年3月1日施行的《中国共产党工作机关条例（试行）》第三条规定："本条例适用于中央和地方党的工作机关。党委直属事业单位、设在党的工作机关或者由党的工作机关管理的机关，参照本条例执行，法律法规和中央另有规定的除外。党的纪律检查机关的产生和运行，按照党章和中央有关规定执行。"

二是指明党内法规对什么事项有效，对哪些事有约束力。确定不同党内法规之间调整范围的界限。例如，2015年10月14日施行的《干部教育培训工作条例》第三条规定："本条例适用于党的机关、人大机关、行政机关、政协机关、审判机关、检察机关，以及列入公务员法实施范围的其他机关和参照公务员法管理的机关（单位）的干部教育培训工作。国有企业、不参照公务员法管理的事业单位结合各自特点执行本条例。"

四、党内法规的对人效力

与国家法律相比，党内法规的调整对象具有特殊性，具有典型的"属人效力"的特征，对人的效力比较清楚。《中国共产党党内法规制定条例》第二条第一款规定："党内法规是党的中央组织以及中央纪律检查委员会、中央各部门和省、自治区、直辖市党委制定的规范党组织的工作、活动和党员行为的党内规章制度的总称。"由此可以看出，党内法规的调整对象仅限于党的党组织和全体党员，无论该党组织和该党员是在国内或国外，都要接受党内法规的约束。

虽然党内法规的调整对象是党组织和党员，但是由于每部党内法规的制定目的不同，因而，不同层级的党组织和党员之间往往也会适用于不同的党内法规。这样导致的一个结果是，党内法规的对人效力因规范对象的不同产生差别适用区别效力，主要有以下几种情形：

1. 有的党内法规规范各级党组织和广大党员，如《中国共产党章程》《中国共产党廉洁自律准则》《关于新形势下党内政治生活的若干准则》，适用于全党；

2. 有的规范某一部分党组织，如2015年12月25日施行的《中国共产党地方委员会工作条例》第二条规定"本条例适用于党的省、自治区、直辖市，设区的市和自治州，县（旗）、自治县、不设区的市和市辖区委员会及其常务委员会"，适用于党的地方委员会；

3. 有的规范某一部分党员，如2016年7月8日施行的《中国共产党问责条例》第四条第二款规定"问责对象是各级党委（党组）、党的工作部门及其领导成员,各级纪委(纪检组)及其领导成员,重点是主要负责人",适用于各级党委(党组)、党的工作部门及其领导成员,各级纪委(纪检组)及其领导成员,而不是全体党员。2012年12月4日通过的《十八届中央政治局关于改进工作作风、密切联系群众的八项规定》,适用于中央政治局领导同志。

党内法规本来是规范党组织和党员行为的,但在有些情况下也可能适用于非党组织和非党员,如2014年1月印发的《党政领导干部选拔任用工作条例》,不仅适用于选拔任用各级党的工作部门或机关内设机构领导成员,而且适用于各级人大、政府、政协、人民法院、人民检察院等非党组织领导成员(不含正职)和内设机构领导成员;再如,2013年11月印发的《党政机关厉行节约反对浪费条例》适用范围除了党的机关,还包括人大、行政、政协、审判、检察等机关,工会、共青团、妇联等人民团体以及参照公务员法管理的事业单位。有人将这种现象称之为党内法规的"溢出效应",认为这与党内法规的定位不符,也与《中国共产党党内法规制定条例》的规定有所出入,并建议未来在党内法规建设的过程中,应该尽量避免党内法规的直接约束力覆盖党外的人和组织,尽量避免党政联合制定、发布党内法规的做法。①

溢出效应(Spillover Effect)原本是一个经济学上的术语,是指一个组织在进行某项活动时,不仅会产生活动所预期的效果,而且会对组织之外的人或社会产生的影响。溢出效应适用于党内法规效力问题上,即是指党内法规的效力本来是适用于党组织和党员,现在扩展到非党组织和非党员,因而有违党内法规的性质地位和调整对象,是一种需要极力避免的党内法规现象。那么,如何看待党内法规溢出效力问题呢?其实,党内法规的溢出效应理论是一个伪命题,存在着诸多对党的全面领导的误读和对党内法规效力的误解。

首先,党内法规的溢出效应理论违背了"坚持党对一切工作的领导"原则。党的十九大报告提出:"党政军民学,东西南北中,党是领导一切的。必须增强政治意识、大局意识、核心意识、看齐意识,自觉维护党中央权

---

① 李树忠:《党内法规与国家法律关系的再阐释》,《中国法律评论》2017年第2期。

威和集中统一领导，自觉在思想上政治上行动上同党中央保持高度一致，完善坚持党的领导的体制机制，坚持稳中求进工作总基调，统筹推进'五位一体'总体布局，协调推进'四个全面'战略布局，提高党把方向、谋大局、定政策、促改革的能力和定力，确保党始终总揽全局、协调各方。"根据党的十九大精神，党在中国特色社会主义事业中具有总揽全局、协调各方的领导核心地位，因此，党内法规建设也应当以坚持和加强党的全面领导为根本原则。在坚持和加强党的全面领导背景下，所有工作都是党领导下的具体工作，都是党的路线方针政策的体现。党内法规作为管党治党的基本遵循和重要依据，自然可以通过对党组织和党员的规定来实现党对一切工作的领导。在我国，不存在着离开党的领导而独立存在的工作，也不存在着党内法规无法规定的特殊领域，自然也就不存在所谓的"溢出效应"。

其次，党内法规的"溢出效应"理论是对党内法规效力的一种误读。党内法规效力可以分为直接效力和间接效力，党内法规的直接效力是指党内法规直接作用于其所调整的党组织和党员。所有的党组织和全体党员都有尊崇党章、遵守党规的义务，对违反党章党规党纪规定的党组织和党员，有权处理机关可以给予直接的处理制裁。党内法规除了对党组织和党员有直接效力外，对非党组织和非党员其实也是有效力的，只不过这种效力是一种间接效力。因为，中国共产党是执政党，执政党的路线方针政策和决策部署并不仅仅对党组织和党员才有影响力，它是影响全国的，对全国人民都有着重要的影响。比如，党的十九大报告虽然是在党的大会上作出的，但是党的十九大报告的影响力早已超出了党组织和党员的范围，而成为全国人民都要学习的重要内容。学习贯彻党的十九大精神不仅是全体党员的必修党课，也成为全国各族人民都要学习的政治必修课。因此，党的执政党地位决定了党内法规不仅直接约束党组织和党员，对非党组织的活动、工作和非党员的行为进行间接意义上的规范也是坚持党的全面领导的题中应有之义。这样的话，自然也就不存在什么党内法规的"溢出效应"。

第三，党内法规的"溢出效应"理论是当前深化党和国家机构改革精神的一种背离。2018年2月28日，中国共产党第十九届中央委员会第三次全体会议通过的《中共中央关于深化党和国家机构改革的决定》指出，加强党对各领域各方面工作领导，是深化党和国家机构改革的首要任务，要优化党的组织机构，确保党的领导全覆盖，确保党的领导更加坚强有力。《深化党和国家机构改革方案》指出，深化党中央机构改革，要着眼于健全加强党的全面领导的制度，优化党的组织机构，建立健全党对重大工作的领导体制机制，更好发挥党的职能部门作用，推进职责相近的党政机关合并设立或合署办公，优化部门职责，提高党把方向、谋大局、定政策、促改革的能力和定力，确保党的领导全覆盖，确保党的领导更加坚强有力。因此，"党政一体"成为新时代党和国家机构改革的一个基本趋向，在这个指导原则之下，党的机构和政府机关的权力边界在逐渐消解融合。比如，2018年6月28日，中央宣传部、文化和旅游部、国家税务总局、国家广播电视总局、国家电影局等联合印发《通知》，要求加强对影视行业天价片酬、"阴阳合同"、偷逃税等问题的治理，控制不合理片酬，推进依法纳税，促进影视业健康发展。这个带有党内规范性文件性质上的通知实际上就是党的机构和政府机关联合作出的，是新时代"党政一体"权力运行原则的集中体现。在深化党和国家机构改革背景下，由党的机构和政府机关联合发文可以有效避免政出多门、责任不明、推诿扯皮，使党和国家机构设置更加科学、职能更加优化、权责更加协同、监督监管更加有力、运行更加高效。因此，基于党总揽全局、协调各方的领导核心地位，以党政机关联合发文形式发布的党内法规既适用于党组织、党员和党内事务，也适用于国家机关、社会组织、非党员和党外事务，这既符合深化党和国家机构改革精神，也有利于更好地发挥党内法规应有的规范指引作用，不存在所谓的"溢出效应"问题。

第三节　党内法规的效力规则

效力等级是确立党内法规适用规则的前提，是指不同层级的制定机关制定的党内法规的效力不同，由此形成相互关联、层级分明的效力等级体系。党内法规的效力等级体现不同党内法规在党内法规制度体系中的不同位阶。效力等级高的是上位党内法规，效力等级低的是下位党内法规。党内法规发生冲突时，一般遵循"上位法规优于下位法规""特别规定优于一般规定""新规定优于旧规定"等冲突规则。

一、上位法规优于下位法规

由于制定机关不同，党内法规的效力等级是不同的。制定机关地位的高低直接影响其制定的党内法规的效力高低，地位高的制定机关制定的党内法规，效力高于地位低的制定机关制定的党内法规。不同层级的党内法规发生效力冲突时，应当选择适用位阶高的党内法规，这是党内法规效力等级的一般规则和首要规则。

根据《中国共产党党内法规制定条例》，党内法规的效力可以分为以下几个等级。

一是党章。党章是党内根本大法，是最根本的党内法规，具有最高效力，是制定其他党内法规的基础和依据。

二是中央党内法规。中央党内法规是党的中央组织制定，主要规定党的地方组织和基层组织的产生、组成和职权，党员义务和权利的基本方面，党的各方面工作的基本制度等，是党内法规体系的主干部分，其效力低于党章，高于中央部门和省区市党委制定的党内法规。中央党内法规一般以中共中央文件形式、中共中央办公厅文件形式发布。

三是中央部门制定的部门党内法规。中央纪委、中央各部门制定的党内法规主要对党的某一方面工作或者事项作出具体规定，是党内法规体系的重要组成部分，其效力低于中央党内法规。中央部委制定的党内法规一般采用中央纪律检查委员会、中央各部门文件形式发布。

四是省区市党委制定的地方党内法规。各省区市党委制定的党内法规主要对本地区党的工作或者事项作出具体规定，是党内法规体系的重要组成部分，其内容不得同中央党内法规和部门党内法规相抵触。省区市党委制定的党内法规一般采用省区市党委文件、党委办公厅文件形式发布。

二、特别规定优于一般规定

从理论上说,党内法规整体上应当协调一致。但由于不同党内法规规范党内生活和党内关系的范围和角度不同,制定党内法规的时间有先有后,以及受制定者认识能力、制定技术等因素限制,同一机关制定的党内法规有时会出现不一致现象,给党内法规的执行和遵守造成混乱。在这种情况下,确立"特别规定优于一般规定"冲突规则是极其必要的。

特别规定优于一般规定是就同一效力等级的两个或者更多党内法规而言的特殊规则。所谓特别规定,是指根据某种特殊情况和需要制定的调整某种特殊党内关系的规范。所谓一般规定,是指为了调整某类党内关系制定的规范。所谓特别规定优于一般规定,是指同一效力等级的两个或者更多党内法规,在适用时期、对象、事项、地域等方面,具有特别指向的特别规定优于适用范围广泛的一般规定。具体而言,适用于特定时期的党内法规优于适用于平时的党内法规,适用于特定组织和党员群体的党内法规优于适用于各级党组织和全体党员的党内法规,适用于特定事项的党内法规优于适用于一般事项的党内法规,适用于特定地域的党内法规优于适用于一般地域的党内法规。

三、新规定优于旧规定

随着党的建设深入推进,党内法规的一些规定可能过时,与党的建设发展新要求不相适应,需要加以修改完善。因此,党内法规发布后,在新的党内法规与旧的党内法规之间、新的规定与旧的规定之间,可能产生不一致。在这种情况下,确立"新规定优于旧规定"冲突规则是极其必要的。

新规定优于旧规定是就同一效力等级的两个或者更多党内法规而言的特殊规则,是指就同一事项作出不同规定,后制定的党内法规的效力优于先制定的党内法规的效力。主要有两种情况:一是新的党内法规发布后,旧的党内法规被废止,自然适用新的党内法规;二是新的党内法规虽然发布,但旧的党内法规并未被废止,在两部党内法规涉及的内容相同或者相似的情况下,适用新的党内法规。修改后的党内法规更加符合发展变化了的新情况,体现了制定机关作出的新调整,应当优先适用。

第四节　党内法规的责任机制

党内法规具有规范效力,违反党内法规的规定,必然要承担相应的规范责任,否则,党内法规就会形同虚设。责任机制是确保党内法规效力的重要机制,党组织和党员违反党章和其他党内法规,违反国家法律法规,违反党和国家政策,违反社会主义道德,危害党、国家和人民利益的行为,依照党内法规规定应当给予纪律处理或者处分的,都必须受到追究。

一、新时代全面从严治党三大主体责任

管党治党责任是最根本的政治责任,是全面从严治党与依规治党相结合的必然结果。全面从严治党说到底是个责任问题,不明确责任、不落实责任、不追究责任,全面从严治党就是一句空话。各级党委(党组)要强化全面从严治党主体责任,肩负管党治党主体责任,党委(党组)书记是第一责任人,决不能当"甩手掌柜",要切实把管党治党当作分内之事、应尽之责,真正把担子担起来,种好自己的"责任田"。落实主体责任能否形成长效机制,很大程度取决于相关的制度建设是否配套跟进。以深入推进党的建设制度改革为契机,建立健全选人用人、防错纠错、源头防腐、"三重一大"决策等制度机制,增强落实主体责任的严肃性和严密性。按照"谁主管、谁负责"的原则,通过听取汇报、检查指导、诫勉谈话等方式,加大制度执行和权力运行的监督检查力度,将压力层层传导下去,把责任压紧压实。当前,比较重要的党内法规责任形式是党风廉政建设责任制、党建工作责任制和意识形态工作责任制,这也是各级党委(党组)新时代全面从严治党三大主体责任。

（一）党风廉政建设责任制

党风廉政建设责任制是指各级党委（党组）、政府（行政）及其职能部门的领导班子、领导干部在党风廉政建设中应当承担责任的制度。党风廉政建设的责任主体为各级党政领导班子及其成员，各级党政领导班子中的正职为本地区、本部门、本单位党风廉政建设第一责任人。党风廉政建设责任制的法规依据是2010年11月10日颁布的《关于实行党风廉政建设责任制的规定》（中发〔2010〕19号）第六条："领导班子对职责范围内的党风廉政建设负全面领导责任。领导班子主要负责人是职责范围内的党风廉政建设第一责任人，应当重要工作亲自部署、重大问题亲自过问、重点环节亲自协调、重要案件亲自督办。领导班子其他成员根据工作分工，对职责范围内的党风廉政建设负主要领导责任。"

党风廉政建设责任制是新时代全面从严治党三大主体责任之首，也是新时代党内法规制度建设的重要内容，贯穿于各部重要的党内法规之中。例如，2017年12月20日施行的《中国共产党党务公开条例（试行）》第二十二条规定："党的组织应当建立健全党务公开工作督查机制，开展经常性检查和专项督查，专项督查可以与党风廉政建设责任制检查考核、党建工作考核等相结合。督查情况应当在适当范围通报。"2017年3月1日施行的《中国共产党工作机关条例（试行）》第二十二条第二款规定："党的工作机关领导班子应当认真履行全面从严治党主体责任，落实党风廉政建设责任制，模范执行廉洁自律各项规定，坚决维护党的纪律，推动形成风清气正、干事创业的良好环境。"因此，坚持全面从严治党必须压实党风廉政建设责任制，在党内法规制度体系建设中贯彻和体现党风廉政建设责任制要求，在每一部党内法规中都要体现出党风廉政建设责任制、全面从严治党精神。

（二）党建工作责任制

党建工作责任制是加强党的建设的管理机制，主要规定党建工作的各项制度、目标任务、工作责任、工作如何落实、保障机制等。建立健全党建工作责任制，目标是要形成党委统一领导，一把手负总责，分管领导具体负责，党的各级组织抓落实的党的建设工作格局。党建工作责任制实行集体领导与个人分工负责相结合，各级领导干部"一岗双责"，谁主管谁负责，一级抓一级，层层抓落实，做到党建工作与教育、管理等工作一起部署、落实、检查、考核、总结。2014年10月8日，习近平总书记在党的群众路线教育实践活动总结大会上指出，各级各部门党委（党组）必须树立正确政绩观，坚持从巩固党的执政地位的大局看问题，把抓好党建作为最大的政绩。如果我们党弱了、散了、垮了，其他政绩又有什么意义呢？各级党委要把从严治党责任承担好、落实好，坚持党建工作和中心工作一起谋划、一起部署、一起考核，把每条战线、每个领域、每个环节的党建工作抓具体、抓深入，坚决防止"一手硬、一手软"。

"把抓好党建作为最大的政绩"，2014年10月，在党的群众路线教育实践活动总结大会上，习近平总书记提出的这个重大论断，使党建工作上升到前所未有的高度。这就要求全体党员必须进一步深刻领会加强和改进党的建设的极端重要性，真正把党建工作摆到更加突出位置，真正扛起全面从严治党的政治责任。党内法规制度建设是党的建设的重要内容和有力保证。在党内法规制度建设中，党建工作责任制是多部党内法规重要的责任机制。例如，2010年6月4日印发的《中国共产党党和国家机关基层组织工作条例》第三十八条规定："各级地方党委、机关工委和部门党组（党委）要建立机关党的工作责任制，加强对机关党的工作的领导和指导。地方党委、部门党组（党委）主要负责同志要高度重视、带头做好机关党的工作。各级地方党委常委会每年至少听取一次机关工委（党委）的工作汇报。"2014年6月10日公布的《中国共产党发展党员工作细则》第三十八条规定："各级党委应当把发展党员工作列入重要议事日程，纳入党建工作责任制，作为党建工作述职、评议、考核和党务公开的重要内容。"2015年6月11日施行的《中国共产党党组工作条例（试行）》第十三条规定："党组应当认真履行党要管党、从严治党责任，加强对本单位党的建设的领导，落实党建工作责任制。党组书记应当履行抓党建第一责任人的职责，其他党组成员根据分工抓好职责范围内党的建设工作。"因此，党内法规制度建设应当以加强和完善党的全面领导为出发点，以"把抓好党建作为最大的政绩"作为价值目标，完善工作机制，夯实主体责任，确保党建工作责任制的落地生根。

（三）意识形态工作责任制

意识形态工作关乎旗帜、关乎道路、关乎国家政治安全。旗帜指引方向，道路决定命运，因此，意识形态涉及的都是原则性、战略性和根本性问题，涉及党治国理政、管党执政的合法性和正当性，涉及中国特色社会主义事业的方向性和导向性。从意识形态角度来看，要想高举旗帜，坚定道路，维护好国家政治安全，就必须始终坚持管党意识形态原则，核心就是坚持正确的政治方向，站稳政治立场，坚决同党中央保持高度一致，坚决维护中央权威。因此，意识形态的首要问题就是举什么旗、走什么路问题，在这个问题上，一定要政治态度鲜明、政治立场坚定、政治认识清醒，高举中国特色社会主义旗帜不含糊，坚定中国特色社会主义道路不动摇，以对党和人民事业负责的态度牢牢掌握意识形态工作的领导权、管理权。

意识形态工作的重要性集中体现于2013年8月19日召开的全国宣传思想工作会议。在这次会议上，习近平总书记振聋发聩地指出，经济建设是党的中心工作，意识形态工作是党的一项极端重要的工作，能否做好意识形态工作，事关党的前途命运，事关国家长治久安，事关民族凝聚力和向心力。因此，必须把意识形态工作的领导权、管理权牢牢掌握在手中，任何时候都不能旁落，否则就要犯无可挽回的历史性错误。① 首先，意识形态工作必须重在建设、以立为本、立破并举，坚持正面宣传为主，把巩固马克思主义在意识形态领域的指导地位、巩固全党全国人民团结奋斗的共同思想基础体现到意识形态工作的各个方面。其次，意识形态工作的基本职责是围绕中心、服务大局，必须始终胸怀大局、把握大势、着眼大事，在大局下思考、在大局下行动，面向群众，始终把人民放在最高位置，动员人民为实现根本利益而奋斗，为中心工作提供有力保障。第三，新时代意识形态工作必须适应新时代新形势新任务，切实推进内容形式创新、方法手段创新、体制机制创新，互联网是意识形态斗争的主战场、主阵地和最前沿，必须坚持正能量是总要求、管得住是硬道理，加强改进网络意识形态工作。最后，意识形态工作必须加强党的全面统一领导，坚持党管宣

---

① 《胸怀大局把握大势着眼大事 努力把宣传思想工作做得更好》，《人民日报》2013年8月21日。

传、党管意识形态、管党媒体原则，坚持政治家办报办刊办台办新闻网站。全党动手抓意识形态工作，各级党组织都要落实意识形态工作责任制，切实负起政治责任和领导责任。

为了贯彻落实习近平总书记关于做好意识形态工作的重要论述，2015年10月，中央办公厅颁布的《党委（党组）意识形态工作责任制实施办法》（中办发〔2015〕52号）指出，全党要强化党管宣传、党管意识形态，牢牢掌握意识形态工作的领导权主动权，要进一步明确各级领导干部的意识形态工作责任，坚决守好"责任田"；要不断改进和加强宣传思想工作，着力加强宣传思想阵地建设与管理，进一步加强思想政治教育队伍建设；要高度重视网络安全，进一步提升网络舆论引导水平，严密防范网上意识形态渗透，牢牢把握网络意识形态主导权。这是党的十八大以来意识形态领域的第一部中央党内法规，在党的历史上第一次以党内法规形式对意识形态工作责任制作出制度规定，具有里程碑意义。制定和颁布《实施办法》，对于构建意识形态工作新格局、坚持马克思主义指导地位、改革创新意识形态工作方式方法、加强意识形态工作队伍建设具有十分重要的推动作用。2016年，中央办公厅又颁布了《党委（党组）网络意识形态工作责任制实施细则》，明确网络意识形态工作是意识形态工作的重中之重，各班子成员要按照属地管理、分级负责和谁主管谁负责的原则，对分管网络意识形态工作负主体责任，应当带头抓网络意识形态工作，并严格按照"一岗双责"的要求，抓好网络意识形态工作。

为了确保意识形态工作责任制落到实处，从2016年底十八届中央第十一轮巡视开始，党中央把意识形态工作责任制落实情况纳入巡视工作安排。2017年7月1日，党中央对《巡视条例》进行修改，明确将"落实意识形态工作责任制不到位"问题列入第十五条"违反政治纪律和政治规矩，存在违背党的路线方针政策"的言行之中。对意识形态工作责任制落实情况进行监督检查是《中国共产党巡视工作条例》与《党委（党组）意识形态工作责任制实施办法》这两部重要党内法规的有机结合，深化了巡视内容、丰富了巡视手段、创新了巡视制度设计，在党的历史上、在巡视工作发展史上、在意识形态工作发展史上都具有里程碑意义。因此，将意识形态工作责任制落实情况写入《巡视条例》，不仅是中央巡视工作机制的一次重大创新，也是党内法规制度建设的一次重大创新，对加强党的全面领导、强化党管意识形态原则、推动意识形态阵地管理具有重要而深远的意义。

1.将意识形态工作纳入巡视工作安排是巡视工作机制的重大创新。意识形态工作是党的一项极端重要的工作，关乎旗帜、关乎道路、关乎国家政治安全，必须要进一步加强和改进意识形态工作，落实党管意识形态原则，牢牢掌握意识形态工作的领导权主动权，巩固马克思主义在意识形态领域的指导地位，巩固全党全国各族人民团结奋斗的共同思想基础。党中央高瞻远瞩，将意识形态工作责任制纳入巡视工作安排，加强对意识形态阵地的管理，并对巡视中加强意识形态工作责任制落实情况的监督检查提出了明确要求，对于提高各级党委（党组）对意识形态工作极端重要性的认识，增强抓好意识形态工作的责任感和使命感，明确履行使命、守土尽责的正确方向具有积极而重要的作用，在巡视发展史上具有里程碑创新意义。

2.将意识形态工作纳入巡视工作安排是党管意识形态原则的实践体现。党管意识形态原则是坚持党的领导的重要体现，必须要站在事关党和国家发展的战略高度，深刻认识意识形态工作的极端重要性，深刻认识将意识形态工作纳入巡视工作安排的实践意义。长期以来，一些党员领导干部对意识形态工作态度是"说起来重要，做起来次要，忙起来不要"，导致在一些部门，错误思潮、不良观点、模糊认识长期存在，意识形态工作存在明显弱化、虚化的趋势。动员千次，不如问责一遍；宣传千次，不如巡视一遍。要想真正强化党管宣传、党管意识形态原则，牢牢掌握意识形态工作的领导权主动权，就需要明确抓手，厘清责任，加强制度建设，完善责任机制，切实将意识形态工作责任制落地落实。因此，在巡视中进一步明确各级领导干部的意识形态工作责任，不断健全完善党委统一领导、党政齐抓共管、宣传部门组织协调、各相关部门积极配合的工作格局，既是意识形态工作专项巡视的重要要求，也是坚持党管意识形态原则的必然体现。

3.将意识形态工作纳入巡视工作安排是推动意识形态阵地管理的重要武器。意识形态工作要守土有责、守土尽责、守土负责，需要着力加强宣传思想阵地建设与管理，进一步加强思想政治教育队伍建设，尤其要高度重视网络安全，进一步提升网络舆论引导水平，严密防范网上意识形态渗透，牢牢把握网络意识形态主导权。从中央各巡视组反馈的意识形态工作情况来看，被巡视党组织普遍存在着意识形态阵地定位不清、意识不强，作用发挥不够、管理不到位等问题，需要以意识形态专项巡视工作为契机，不断强化意识形态阵地意识，推动意识形态阵地管理工作走向正规化、常态化。

基于意识形态工作责任制的重要性，党的十八大之后，越来越多的党内法规都把落实意识形态工作责任制情况作为各级党组织和全体党员的重要党内义务予以明确规定。例如，2017年1月30日施行的《中国共产党党委（党组）理论学习中心组学习规则》第二条第二款规定："各级党委（党组）应当把理论学习中心组学习列入重要议事日程，纳入党建工作责任制，纳入意识形态工作责任制。"2016年10月27日通过的《中国共产党党内监督条例》第十七条第一款规定："党内监督必须加强对党组织主要负责人和关键岗位领导干部的监督，重点监督其政治立场、加强党的建设、从严治党，执行党的决议，公道正派选人用人，责任担当、廉洁自律，落实意识形态工作责任制情况。"2015年12月25日施行的《中国共产党地方委员会工作条例》第五条规定："党的地方委员会主要实行政治、思想和组织领导，把方向、管大局、作决策、保落实……（三）加强对本地区宣传思想文化工作的领导，牢牢掌握意识形态工作领导权、话语权。"2015年6月11日施行的《中国共产党党组工作条例（试行）》第十条规定："党组讨论和决定本单位下列重大问题：……（五）意识形态工作、思想政治工作和精神文明建设方面的重要事项。"通过这些重要党内法规完善了意识形态工作责任制的法规体系，夯实了全面从严治党的责任机制，实现了全面从严治党与依规治党的紧密结合。

二、党内法规的责任类型

根据违反党内法规行为的性质和情节，党内法规呈现不同的责任机制。2016年10月27日公布的《中国共产党党内监督条例》第七条规定，党内监督必须把纪律挺在前面，运用监督执纪"四种形态"，经常开展批评和自我批评、约谈函询，让"红红脸、出出汗"成为常态；党纪轻处分、组织调整成为违纪处理的大多数；党纪重处分、重大职务调整的成为少数；严重违纪涉嫌违法立案审查的成为极少数。2017年1月8日，中国共产党第十八届中央纪律检查委员会第七次全体会议通过的《中国共产党纪律检查机关监督执纪工作规则（试行）》第四条规定，监督执纪工作应当把纪律挺在前面，把握"树木"与"森林"的关系，运用监督执纪"四种形态"，让"红红脸、出出汗"成为常态；党纪轻处分、组织调整成为违纪处理的大多数；党纪重处分、重大职务调整的成为少数；严重违纪涉嫌违法立案审查的成为极少数。2017年10月24日，中国共产党第十九次全国代表大会部分修改通过的《中国共产党章程》第四十条规定，坚持惩前毖后、治病救人，执纪必严、违纪必究，抓早抓小、防微杜渐，按照错误性质和情节轻重，给予批评教育直至纪律处分。运用监督执纪"四种形态"，让"红红脸、出出汗"成为常态，党纪处分、组织调整成为管党治党的重要手段，严重违纪、严重触犯刑律的党员必须开除党籍。

2010年11月10日的《关于实行党风廉政建设责任制的规定》第二十一条规定，领导干部有本规定第十九条所列情形，情节较轻的，给予批评教育、诫勉谈话、责令作出书面检查；情节较重的，给予通报批评；情节严重的，给予党纪政纪处分，或者给予调整职务、责令辞职、免职和降职等组织处理。涉嫌犯罪的，移送司法机关依法处理。以上责任追究方式可以单独使用，也可以合并使用。

综合监督执纪"四种形态"和有关规定，一般来讲，违反党内法规主要承担以下几种责任类型。

1. 谈话提醒、约谈函询

谈话提醒、约谈函询是党内监督的重要方式。对线索中反映的苗头性、倾向性问题及时进行处置，让咬耳扯袖、红脸出汗成为常态，防止小问题拖成大问题，体现了对干部的信任、帮助、关心和爱护。谈话提醒、约谈函询，主要是指需要查证核实的问题线索或反映的问题具有一般性，需要及时批评教育，包括查清后可以给予轻处分。谈话记录和函询回复应当认真核实，存档备查。谈话提醒、约谈函询政治性、政策性极强，纪律检查机关在工作实践中要坚持关口前移，加强对问题线索的综合研判，对职责范围内的要分类处置,对属于地方和部门管理的干部问题线索要移交处置。约谈函询要严格履行审批手续,函询结果要由本单位党组织主要负责人签字上交,有的还要让其在民主生活会上开展批评和自我批评。

2. 组织处理

组织处理又称组织调整,是指党组织按照干部管理权限,对涉嫌违反党纪的党员干部,进行必要的岗位、职务调整的组织措施。《党政领导干部选拔任用工作责任追究办法（试行）》规定的组织处理方式包括调离岗位、引咎辞职、责令辞职、免职、降职等方式;《关于实行党风廉政建设责任制的规定》规定的组织处理方式包括责令辞职和免职等;《中国共产党巡视工作条例》等多部党内法规和规范性文件也都把组织处理作为追究违纪责任的措施之一。组织处理的范围主要包括两种情形:一是在案件检查过程中,认为被调查党员干部确犯有严重错误,已不适宜担任现任职务或者妨碍案件调查的,可予以停职。二是对有证据证明违纪问题明显,但短时期难以完全查清的被调查党员干部,根据情况可先采取组织处理措施。不宜在现岗位继续工作的,可予以调整;不宜继续担任领导职务的,可予以免职。组织处理的后果是:给予组织处理的党员干部,一年内不得在党内提升职务和向党外组织推荐担任与其原任职务相当或者高于其原任职务的党外职务,并不得评优评先、给予奖励。需要注意的是,组织处理和纪律处分互不代替,不允许以组织处理代替纪律处分,或者以纪律处分代替组织处理。

3. 党纪处分

党的纪律是党的各级组织和全体党员必须遵守的行为规则,是维护党的团结统一、完成党的任务的保证。党组织必须严格执行和维护党的纪律,共产党员必须自觉接受党的纪律的约束。党的纪律主要包括政治纪律、组织纪律、廉洁纪律、群众纪律、工作纪律、生活纪律。2018年10月1日起施行的《中国共产党纪律处分条例》第八条规定了对党员的纪律处分种类:(一)警告;(二)严重警告;(三)撤销党内职务;(四)留党察看;(五)开除党籍。第九条规定,对于违犯党的纪律的党组织,上级党组织应当责令其作出检查或者进行通报批评。对于严重违犯党的纪律、本身又不能纠正的党组织,上一级党的委员会在查明核实后,根据情节严重的程度可以予以：（一）改组；（二）解散。

4. 政务处分

以"政务处分"代替"政纪处分"，是国家监察体制改革试点的重要内容。2018年3月20日，《中华人民共和国监察法》的通过标志着监察体制改革在全国范围内的正式完成。监委组建后，监察对象既包括行政机关工作人员，也包括法律、法规授权或者受国家机关依法委托管理公共事务的组织中从事公务的人员，国有企业管理人员等。以前使用的"政纪处分"，主要针对行政机关及其工作人员，适用范围过窄。"政务处分"的使用对象范围比"政纪处分"更宽，不仅包括公务员，还包括其他行使公权力的公职人员，体现了权责对等、失责必究的基本精神。2018年4月16日公布的《公职人员政务处分暂行规定》第六条规定，监察机关对违法的公职人员可以依法作出警告、记过、记大过、降级、撤职、开除等政务处分决定。

5. 问责处理

问责是追究政府官员的责任，意即权责对等，是政治文明的体现。现有各类问责规定中，共有14种问责方式，包括批评教育、作出书面检查、给予通报批评、公开道歉、诫勉谈话、组织处理、调离岗位、停职检查、引咎辞职、辞职、免职、降职、党纪军纪政纪处分、移送司法机关依法处理等。2016年6月28日，中共中央政治局审议通过了《中国共产党问责条例》，其中第七条规定："对党组织的问责方式包括：（一）检查。对履行职责不力、情节较轻的，应当责令其作出书面检查并切实整改。（二）通报。对履行职责不力、情节较重的，应当责令整改，并在一定范围内通报。（三）改组。对失职失责，严重违反党的纪律、本身又不能纠正的，应当予以改组。对党的领导干部的问责方式包括：（一）通报。对履行职责不力的，应当严肃批评，依规整改，并在一定范围内通报。（二）诫勉。对失职失责、情节较轻的，应当以谈话或者书面方式进行诫勉。（三）组织调整或者组织处理。对失职失责、情节较重，不适宜担任现职的，应当根据情况采取停职检查、调整职务、责令辞职、降职、免职等措施。（四）纪律处分。对失职失责应当给予纪律处分的，依照《中国共产党纪律处分条例》追究纪律责任。上述问责方式，可以单独使用，也可以合并使用。"由此可见，《中国共产党问责条例》将这些问责方式规范为对党组织的检查、通报、改组 3 种方式，对党的领导干部的通报、诫勉、组织调整或者组织处理、纪律处分 4 种方式。这些方式均在党内法规中有明确规定、在实践中经常使用。其中，诫勉既包括谈话诫勉，也包括书面诫勉；组织调整或者组织处理包括停职检查、调整职务、责令辞职、降职免职等。规定问责方式可以单独使用，也可以合并使用，主要考虑到在问责实践中，有时要进行组织处理，也要给予纪律处分，这时就要将两种方式合并使用。

6. 严重违纪涉嫌违法立案审查

在全面从严治党的新形势下，把纪律和规矩挺在前面，要把握和运用好监督执纪的"四种形态"，其中第四种形态是"严重违纪涉嫌违法立案审查的只能是极少数"。这里的违法立案一般指刑事违法立案，是对不守纪律和规矩的党员干部采取的最刚性措施。监督执纪中的"纪法分开""先处后移"，要求纪律审查的重心从"查违法"向"查违纪"转换，厘清与司法的界线，全面履行执纪监督职能，对涉嫌犯罪的腐败分子及时移送司法机关，而不是用党纪政务处分代替刑事责任追究。对此，《中国共产党纪律处分条例》第二十九条规定："党组织在纪律审查中发现党员严重违纪涉嫌违法犯罪的，原则上先作出党纪处分决定，并按照规定给予政务处分后，再移送有关国家机关依法处理。"《公职人员政务处分暂行规定》第七条规定："公职人员中的中共党员严重违犯党纪涉嫌犯罪的，应当由党组织先作出党纪处分决定，并由监察机关依法给予政务处分后，再依法追究其刑事责任。非中共党员的公职人员涉嫌犯罪的，应当先由监察机关依法给予政务处分，再依法追究其刑事责任。公职人员中的中共党员先依法受到行政处罚和刑事责任追究的，党组织、监察机关可以根据生效的行政处罚决定和司法机关的生效判决、裁定、决定及其认定的事实、性质和情节，依纪依法给予党纪、政务处分。"

第五节　党内法规执行力建设

制度的生命在于执行，制定法规很重要，但更重要的是抓落实。党内法规制定出来之后，必须要强化制度执行，加强监督检查，提高党内法规执行力，构建高效权威的党内法规执行体系，确保党内法规的执行落实。

一、法规制度的生命力在执行

一分部署，九分落实。党内法规制定出来以后，一个更重要的任务是抓好党内法规的执行落实。2014年1月，在中央政法工作会议上的讲话中，习近平总书记专门强调指出，我们的制度体系要完善，但当前最突出的问题在于很多制度没得到严格执行。制度的生命力在执行，有了制度没有严格执行就会形成"破窗效应"，因此，要狠抓制度执行，扎牢制度笼子，真正让铁规发力、让禁令生威。当前，做好党内法规执行工作，需要着重做好以下几个方面工作：一是要明确主体责任。党内法规制度建设是党的一项非常重要的工作，各党委（党组）必须要负起主体责任，将党内法规的制定和执行重任担当起来。在党内法规执行过程中，要及时建立健全贯彻落实体制机制，明确党委（党组）在其中的主体责任，确保在党内法规贯彻执行上，主体明确、责任清晰、机制顺畅。二是要完善配套规范。中央党内法规是党中央为全国各级党组织和全体党员进行的立法立规，往往具有概括性、抽象性、普遍性特点。由于我国地域辽阔、人口众多，各地区各部门发展程度不一，社会情况迥异，因此，中央党内法规在进行统一规定时，很难面面俱到地对各地各部门的所有情况都进行兼顾，只能站在中央层面、从全国大局高度，就一些全局性、根本性、重要性的问题进行概括性、统一性规定。因而，在中央党内法规出台之后，往往需要各地各部门党组织结合本地区本部门实际，制定实施细则，出台配套规范，将中央党内法规精神和本地区本部门实际情况结合起来。三是要做好实施保障。

党内法规是管党治党的重要依据，党内法规执行力建设也是深入推进新时代党的制度建设的重要内容，是开展伟大斗争、建设伟大工程的重要保障，是坚持和坚强党的全面领导的重要抓手。因此，要将党内法规的执行落实纳入党和国家事业大局，纳入各级党委（党组）重要议事日程，纳入中央和地方巡视巡查监督检查范围。

二、提高党内法规执行力

当前党内法规的贯彻落实情况总体是好的，但是在具体执行过程中也存在一些影响党内法规执行力建设的问题，主要有：

一是有些党委（党组）对党内法规的重视程度不够，重传达、轻落实，重制定、轻执行。在党内法规的执行过程中，一些党委（党组）政治站位不高，"四个意识"不强，对党内法规工作"说起来重要，做起来次要，忙起来不要"，并没有真正纳入重要议事日程，有的传达学习党内法规精神不及时、不深入、不到位，有的学习敷衍了事，贯彻落实走过场，有部署、无落实的问题较为突出。

二是部分党内法规的可操作性还需进一步细化实化。党内法规的科学性、可操作性是确保执行力的前提。由于党内法规是新生事物，理论界和实务界对党内法规的逻辑结构、规范属性还在进一步研究之中，再加上一些党内法规制定部门工作人员对党内法规与党内文件的区别没有严格加以区分，导致一些党内法规的科学性、可操作性与国家法律相比，还有一定的差距。实践中，一些党内法规的政治性有余、规范性不足，只提原则笼统的口号要求，缺乏具体的规范要求和落实措施；有的党内法规甚至被定了密级，普通党员看不到。这些问题的存在导致了这些党内法规可操作性不强，自然会严重影响其执行力。

三是党内法规执行力存在逐层弱化现象。总体上看，在党内法规执行问题上，存在上级党委比下级党委重视、地方党委比部门党组重视、党务干部比业务干部重视的情况。有的基层党委没有站在全局谋划党内法规工作，保障不够，力度不大，存在有部署、无落实的情况；有的基层党委把落实党内法规等同于开会、签责任状、听汇报，工作措施偏空、偏软、偏虚。

出现这种现象的主要原因是对党内法规的认识不足，重视不够，督导力度不够，对各级党委（党组）的"硬任务"约束力不强。

四是党内法规工作机构欠缺，工作人员严重不足。任何工作都需要一定的工作机构和人员来落实，党内法规工作也不例外。但由于党内法规是一个新事物，各级党组织的认识程度不一，重视程度不一，导致实践中党内法规缺少专门的工作机构和工作人员。在缺少专门机构和专业人员的情况下，是很难把党内法规工作做好的，也很难把党内法规执行好。

要想切实解决影响党内法规执行力建设的上述问题，提高党内法规执行力，避免党内法规被弱化、虚化、淡化，需要从以下几方面来加以推进。

一是提升站位，进一步强化主体责任。各级党组织应当以高度的政治责任感、有力的工作措施落实党内法规工作要求，把党内法规工作作为党的制度建设的重要内容纳入重要议事日程，推动党内法规工作与本职工作紧密结合，形成各级党组织统一领导、党政齐抓共管，党组织一把手带头负责、班子成员分工负责，一级抓一级、层层抓落实的工作格局。对各级党委（党组）来说，应当强化抓党内法规执行是本职、不抓是失职、抓不好是渎职的理念，加强对党内法规的学习培训，保证党内法规能够真正落到实处。

二是提高认识，进一步加大宣传力度。现在很多党委（党组）和大部分党员对党内法规的认识了解往往还停留在《党章》《准则》《问责条例》等"明星"法规上，对整体的党内法规制度体系学得不深、用得不多。对此，应当系统性开展党内法规学习活动，进一步加大党内法规学习宣传力度，并纳入各级党委（党组）中心组学习内容，纳入各级党校（行政学院）、干部学院的必修课，纳入党员教育考察培养体系，强化党内法规认同，增强执行主动性和自觉性，使自觉执行党内法规的观念入脑入心，内化为指导行动的思想准则和坚定信念。

三是科学立规，进一步完善制度体系。"内容科学、程序严密、配套完善、运行有效"的党内法规制度体系，是确保党内法规贯彻执行的前提。党中央要加强顶层设计，通过及时的立、改、废、释形式，不断完善党内法规制度体系，增强党内法规的实效性、针对性和协调性。

四是注重实效，进一步提高可操作性。党内法规的可操作性是确保执行力的前提。一部党内法规的可操作性越强，往往越容易实施，贯彻执行的效果也越好。这就需要对已出台的党内法规进行系统清理，尤其是要结合党的十九大精神和深化党和国家机构改革方案精神，开展新一轮党内法规清理工作。对操作性不强的党内法规进行细化和补充，对定密涉密的党内法规按程序进行降密解密，对即将出台的党内法规尽量较少抽象模糊表述，增强其操作性。

五是理顺机制，进一步增强协调配合。一部党内法规的顺利执行，往往涉及多个部门和机关，既不能与国家法律相冲突，也不能与其他党内法规相冲突，尤其是在深化党和国家机构改革大背景下，党内法规执行往往便面临着与国家法律法规的协调配合问题，需要进一步完善党内法规多部门协调配合执行的工作机制，充分发挥纪委监委，组织、宣传、统战、政法部门、立法，公安、国家安全、司法等部门的作用，形成工作合力，统筹抓好党内法规执行工作。

六是加强督查，进一步健全考核监督。党中央要建立健全党内法规执行情况考核指标体系，充分发挥考核"指挥棒"作用，通过专题督查、巡视巡查等途径，对党内法规贯彻落实情况进行监督检查，及时发现和纠正执行中的偏差，促进党内法规良性运行。对此，可以借鉴人大执法监督的做法，每年选择若干问题，拟定年度执规检查计划，有计划地对有关党内法规制度实施情况进行执规检查，不断强化监督职能、提升监督效果，加大责任追究力度，确保党内法规制度得到严格遵守和执行，真正成为党员干部的硬约束。

七是明确机构，进一步加强专业队伍建设。专门工作机构是开展工作的前提，专业工作人员是做好工作的基础，党内法规执行离不开专业工作人员参与，无论是从上到下进行督察，还是自下而上开展工作，都迫切地需要一大批专业化人才，都需要配备专门工作机构来定岗定编定人员。这就需要由党中央明确党内法规专门工作机构，配齐配强党内法规工作岗位，优化岗位选拔和晋升方式，选拔使用精通法律法规、党的建设工作的专业高学历人才，重点面向党内法规工作人员开展定期培训轮训，通过上挂锻炼、定向培养等方式，有效提升基层党内法规工作人员的理论素养和业务能力，着力打造一支素养高、业务精、纪律强的党内法规工作人员队伍。

第四章

形成完善的党内法规制度体系

第一节　党内法规体系是中国特色社会主义法治体系的重要组成部分

一、从中国特色社会主义法律体系到中国特色社会主义法治体系

清末民初，在帝国主义侵略下，腐朽的晚清王朝轰然坍塌，整个中国面临着亡国灭种的危险。为了救亡图存，实现中华民族的伟大复兴，无数仁人志士前仆后继，上下求索，探索中华民族的复兴之路。在历经百般波折之后，终于找到了马克思主义，并将其确定为革命建设的指导思想。中国共产党从诞生伊始，就致力于马克思主义与中国实际的结合。共产党的成长历程，其实也就是中国共产党将马克思主义与中国实际相结合，逐渐探索和实现马克思主义中国化的过程。"坚持以反映时代特征和实践要求的科学理论指导实践，并根据实践的新鲜经验不断推进理论创新，是马克思主义政党坚持先进性、不断推进事业发展的根本保证。"[①] 马克思主义进入中国，不仅给中国思想理论带来了巨大变革，还对中国制度实践带来了深远影响。在革命、建设、改革各个历史时期，我们党坚持马克思主义基本原理同中国具体实际相结合，运用马克思主义立场、观点、方法研究解决各种重大理论和实践问题，指导党和人民取得了新民主主义革命、社会主义革命和社会主义建设、改革开放的伟大成就。中国特色社会主义事业坚持以马克思主义为指导，是近代以来我国发展历程赋予的规定性和必然性。在马克思主义指导下，中国开始了中国特色社会主义法治建设的步伐。中国特色社会主义法治是新中国成立70年来中国共产党改革艰辛探索依法执政基本规律的智慧凝结，是改革开放40年来党领导人民进行中特

---

① 石仲泉：《马克思主义中国化的历史发展》，《中共党史研究》2006年第4期。

色社会主义建设的重大成就和经验结晶。从历史发展过程来看，中国特色社会主义法治建设经历了四个时期。

第一，奠基萌芽时期。1978年12月13日，邓小平同志第一次明确提出："为了保障人民民主，必须加强法制建设。必须使民主制度化、法律化，使这种制度和法律不因领导人的改变而改变，不因领导人的看法和注意力的改变而改变。"这就为以后的中国特色社会主义法治建设确定了基调，奠定了基础。十一届三中全会后，在此基础上党中央又进一步提出了"健全社会主义民主，加强社会主义法制"的目标，确定了"有法可依，有法必依，执法必严，违法必究"的社会主义法制建设方针，为中国特色社会主义法治建设确立了制度依据，奠定了理论基础。

第二，发展成长时期。1997年9月，江泽民同志在党的十五大报告中第一次明确指出："依法治国，是党领导人民治理国家的基本方略。"把依法治国确定为治国方略，标志着中国共产党在执政方式和治国理念上取得了重大进展和历史性突破。1999年3月15日，九届全国人大二次会议通过了宪法修正案，把"依法治国，建设社会主义法治国家"写进了宪法，标志着中国特色社会主义法治正式成为中国特色社会主义建设事业中的有机组成部分和重要奋斗目标，同时也标志着中国特色社会主义法治建设进入了新的历史发展时期。

第三，形成体系时期。2002年11月14日，党的十六大修改了《中国共产党章程》，增写了"依法治国，建设社会主义法治国家"的内容。党的十六大以后，以胡锦涛同志为总书记的党中央高度重视中国特色法律体系建设，认真践行社会主义法治理念，全面推进依法治国基本方略的实施，坚持党的领导、人民当家作主和依法治国的有机统一，有力推动了中国特色社会主义法治建设的稳步前进。2011年10月27日《中国特色社会主义法律体系》白皮书的公布，宣告了中国特色社会主义法律体系的正式形成，标志着中国特色社会主义法治建设已经进入发展完善法律体系阶段。

第四，全面推进时期。党的十八大以后，以习近平同志为核心的党中央奋发图强、厉行法治，协调推进"四个全面"战略布局，推动法治建设取得历史性进展。2014年10月20日，中国共产党十八届四中全会首次以全会的形式专题研究部署全面推进依法治国这一基本治国方略，通过《中共中央关于全面推进依法治国若干重大问题的决定》明确提出，坚持走中国特色社会主义法治道路，建设中国特色社会主义法治体系，标志着中国特色社会主义法治建设开始迈入新的发展实施阶段。

从最初的社会主义法制建设开始，到中国特色社会主义法律体系的基本形成，再到现在的中国特色社会主义法治体系建设，中国法治建设已经走过了 40 年的历史进程，在这 40 年中，中国的现代化建设取得了巨大成就，中国共产党在执政方式和治国理念上也积累了宝贵的经验，取得了重大进展，最终明确了"依法执政，既要求党依据宪法法律治国理政，也要求党依据党内法规管党治党"的执政方式和治理理念。

二、新时代中国特色社会主义法治建设的新特点

党的十八大以来，以习近平同志为核心的党中央高度重视法治建设。十八届三中、四中、五中、六中全会，都从治国理政、执政兴国的战略高度对依法治国进行了规划部署。2017 年"五四"前夕，习近平总书记到中国政法大学考察并发表重要讲话，强调指出全面推进依法治国是一项长期而重大的历史任务，要坚持中国特色社会主义法治道路，坚持以马克思主义法学思想和中国特色社会主义法治理论为指导，立德树人，德法兼修，培养大批高素质法治人才。习近平总书记在不同场合围绕法治建设的一系列重要讲话，内涵丰富、意义深远，深刻阐明了法治在统筹社会力量、平衡社会利益、调节社会关系、规范社会行为，实现经济发展、政治清明、文化昌盛、社会公正、生态良好方面的引领和规范作用，指出了法治对党和国家发展的根本性、战略性、全局性意义，把新时期法治建设提到了新的高度。在中国特色社会主义进入新时代后，全面依法治国也被赋予了新的时代内涵，不仅是推进国家治理的重要途径和基本方式，而且还是国家治理的一场深刻革命，必须坚持厉行法治，深化依法治国实践，推进科学立法、严格执法、公正司法、全民守法。在习近平新时代中国特色社会主义思想和基本方略中，全面依法治国占据着重要地位：在构成习近平新时代中国特色社会主义思想主要内容的"八个明确"之中，明确全面推进依法治国总目标是建设中国特色社会主义法治体系、建设社会主义法治国家；

在贯彻落实习近平新时代中国特色社会主义思想的十四个基本方略之中，"坚持全面依法治国"是其中非常重要的基本方略之一，必须长期坚持并不断发展。

1. 把党的领导贯彻落实到依法治国全过程和各方面。 我国宪法确立了中国共产党的领导地位。2018年新修订的宪法，专门在第一条第二款增加了"中国共产党领导是中国特色社会主义最本质的特征"条款。"党的领导"条款进入宪法正式条文之中，标志着党的领导已经正式成为宪法规范内容和宪法基本原则，意味着任何弱化、否认和反对党的领导的言行都是违宪行为。在这个意义上，坚持党的领导，是社会主义法治的根本要求，是党和国家的根本所在、命脉所在，是全面推进依法治国的题中应有之义。党的领导是中国特色社会主义最本质的特征，是社会主义法治最根本的保证。因此，必须把党的领导贯彻落实到依法治国全过程和各方面，坚定不移走中国特色社会主义法治道路，完善以宪法为核心的中国特色社会主义法律体系，建设中国特色社会主义法治体系，建设社会主义法治国家，发展中国特色社会主义法治理论，坚持依法治国、依法执政、依法行政共同推进，坚持法治国家、法治政府、法治社会一体建设，坚持依法治国和以德治国相结合，依法治国和依规治党有机统一，深化司法体制改革，提高全民族法治素养和道德素质。对此，在2018年的深化党和国家机构改革方案中，党中央决定成立中央全面依法治国委员会，以加强党对法治中国建设的统一领导。

2. 把全面依法治国纳入"四个全面"战略布局。 党中央从坚持和发展中国特色社会主义全局出发，提出并形成了全面建成小康社会、全面深化改革、全面依法治国、全面从严治党战略布局，开创性地把全面依法治国纳入"四个全面"战略布局，更加完整地展现出新一届中央领导集体治国理政总体框架，使当前和今后一个时期，党和国家各项工作关键环节、重点领域、主攻方向更加清晰，内在逻辑更加严密，对推动改革开放和社会主义现代化建设迈上新台阶提供了强力保障。党的十八大在提出全面建成小康社会目标时强调，要推动依法治国基本方略全面落实、法治政府基本建成。实现中华民族伟大复兴，不仅指物质层面的民富国强，还包括实现制度和价值层面的文明复兴。法治是人类政治文明的重要成果，是现代制度文明的精髓，也是中华民族伟大复兴的重要支柱与重大标志。"奉法者强则国强、奉法者弱则国弱。"全面依法治国是深刻总结我国社会主义法治建设成功经验和深刻教训作出的重大抉择，是全面建成小康社会、实现中华民族伟大复兴中国梦的迫切需要。

3. **把社会主义核心价值观融入法治建设**。法律是成文的道德，道德是内心的法律。法律作为社会行为的底线，是社会公德的固化和外化。党中央高度重视社会主义核心价值观建设，强调要坚持依法治国与以德治国相结合，把核心价值观融入法治建设，使德治和法治在国家治理中相互补充、相互促进、相得益彰。推动社会主义核心价值观入法入规，鲜明法治制度规范的正确价值导向，坚持运用法治手段激浊扬清、扶正祛邪，维护社会主流价值。法律法规要树立鲜明的价值取向，弘扬美德义行，立法、执法、司法都要体现社会主义道德要求，都要把社会主义核心价值观贯穿其中，努力使道德体系同社会主义法律规范相衔接、相协调、相促进，提高全社会文明程度，为全面依法治国创造良好人文环境。以法治体现道德理念、强化法律的规范作用，以道德滋养法治精神、强化道德对法治文化的支撑作用，能够实现法律和道德相辅相成、相得益彰。

4. **更加注重法治思维和法治方式**。2014年2月28日，习近平总书记在中央全面深化改革领导小组第二次会议上指出，凡属重大改革都要于法有据，在整个改革过程中，都要高度重视运用法治思维和法治方式，发挥法治的引领和推动作用，坚持法定职责必须为、法无授权不可为。党的十八届四中全会《决定》进一步要求"提高党员干部法治思维和依法办事能力"。法治思维是一种规则思维、程序思维，它以严守规则为基本要求，强调法律的底线不可逾越、法律的红线不能触碰，凡事必须在既定的程序及法定权限内运行。法治方式是运用法治思维处理和解决问题的行为方式。尊崇法治、敬畏法律是领导干部必须具备的基本素质。全面依法治国，要提高运用法治思维和法治方式深化改革、推动发展、化解矛盾、维护稳定的能力，努力形成办事依法、遇事找法、解决问题用法、化解矛盾靠法的良好法治环境，在法治轨道上推动各项工作。

5. **更加重视社会主义法治文化建设**。中央十八届四中全会《决定》提出，必须弘扬社会主义法治精神，建设社会主义法治文化。这为推进法治社会建设提出了明确要求和重要任务。从一般意义上讲，精神和文化是支配人们日常行为的内在力量。任何东西，一旦升华为精神和文化，就会深深熔铸在人们的脑海里，牢牢扎根于人们的心灵中，自觉体现在人们的行为上。因此，文化自信是一个国家、一个民族发展中更基本、更深沉、更持久的力量。法治一旦升华为法治精神和法治文化，就会成为支配全社会成员法治行为的强大力量。从这个意义上讲，法治的生命不在于立法，而在于把法治精神、法治思维、法治观念熔铸到人们的头脑之中，体现在人们的日常行为之中。推进中国特色社会主义法治建设，建设社会主义法治国家，必须大力弘扬社会主义法治精神，建设社会主义法治文化，使法治成为根植于人民群众内心的向往，成为固化在人民群众行为中的强大观念，成为一种社会生活方式和行为习惯。法治精神和法治文化缺失，是当前我国法治社会建设面临的亟待解决的突出问题。在法治建设中，必须要加大全民普法力度，建设社会主义法治文化，树立宪法法律至上、法律面前人人平等的法治理念。各级党组织和全体党员要带头尊法学法守法用法，任何组织和个人都不得有超越宪法法律的特权，绝不允许以言代法、以权压法、逐利违法、徇私枉法。

6. 坚持依法治国和以德治国相结合。 法安天下，德润人心。在法治建设中要坚持把依法治国和以德治国结合起来，高度重视道德对公民行为的规范作用，引导公民既依法维护合法权益，又自觉履行法定义务，做到享有权利和履行义务相一致。国家和社会治理，需要法律和道德共同发挥作用。十八届四中全会《决定》明确提出，加强公民道德建设，弘扬中华优秀传统文化，增强法治的道德底蕴。法的形成离不开道德，法律的制定必须体现道德的要求和精神。没有全社会思想道德水平的提高，法治建设的道德底蕴就不会浓厚，增强法治的道德底蕴就会失去坚实基础。现代社会，没有法律是万万不能的，但法律也不是万能的。法律是外在约束，是他律；道德是内在自觉，是自律。仅有法律的外在约束，缺失道德的内在自觉，即使是最严厉的外在约束，国家和社会也将难以治理。因此，要坚持依法治国和以德治国相结合，健全自治、法治、德治相结合的社会治理体系。提高全民族法治素养和道德素质，增强法治的道德底蕴。对此，必须加强公民道德建设，提高全社会思想道德水平，积极培育和践行社会主义核心价值观，引导人们树立正确的世界观、人生观、价值观，强化规则意识，倡导契约精神，弘扬公序良俗，在全社会形成知荣辱、讲正气、作奉献、促和谐的良好风尚。

7. **依据党内法规管党治党**。党内法规是中国特色社会主义法治体系的重要组成部分，既是管党治党的重要依据，也是建设社会主义法治国家的有力保障。党的十八大以来，以习近平同志为核心的党中央高度重视党内法规制度建设，强调法规制度带有根本性、全局性、稳定性、长期性，事关党长期执政和国家长治久安的重大战略任务，要加快构建以党章为根本、若干配套党内法规为支撑的党内法规制度体系，扎紧扎牢制度的笼子。党的十八届四中全会进一步将党内法规纳入中国特色社会主义法治体系之中，将"形成完善的党内法规体系"确立为全面依法治国总目标的重要内容。党的十八届五中全会把依规治党和依法治国作为党依法执政的两个轮子，要求全面提高党依据宪法法律治国理政、依据党内法规管党治党的能力和水平。党的十八届六中全会坚持思想建党和制度治党紧密结合，审议通过了《关于新形势下党内政治生活的若干准则》和修订后的《中国共产党党内监督条例》两部重要的党内法规，在党的历史上具有里程碑式的意义，再次凸显了党中央对党内法规的高度重视。党的十九大进一步提出，要全面增强依法执政本领，加快形成覆盖党的领导和党的建设各方面的党内法规制度体系，加强和改善对国家政权机关的领导。2018年1月2日颁发的《中共中央国务院关于实施乡村振兴战略的意见》提出，坚持党管农村工作。毫不动摇地坚持和加强党对农村工作的领导，健全党管农村工作领导体制机制和党内法规，确保党在农村工作中始终总揽全局、协调各方，为乡村振兴提供坚强有力的政治保障。《意见》专门提出，要研究制定中国共产党农村工作条例。根据坚持党对一切工作的领导的要求和新时代"三农"工作新形势新任务新要求，研究制定中国共产党农村工作条例，把党领导农村工作的传统、要求、政策等以党内法规形式确定下来，明确加强对农村工作领导的指导思想、原则要求、工作范围和对象、主要任务、机构职责、队伍建设等，完善领导体制和工作机制，确保乡村振兴战略有效实施。这是依据党内法规管党治党在农村工作中的具体体现。

三、将党内法规体系纳入中国特色社会主义法治体系之中

新时代中国特色社会主义法治最鲜明特色,是高度重视党内法规在管党治党、治国执政中的地位作用,党内法规不仅是党用来管党治党的重要依据,同时也是新时代中国特色社会主义法治体系不可或缺的重要组成部分。

1. **第一次将党内法规体系确立为全面依法治国总目标的重要内容。** 2014年10月23日,为贯彻落实党的十八大作出的战略部署,加快建设社会主义法治国家,中国共产党第十八届中央委员会第四次全体会议研究了全面推进依法治国若干重大问题,审议通过了《中共中央关于全面推进依法治国若干重大问题的决定》。《决定》提出的"形成完备的法律规范体系、高效的法治实施体系、严密的法治监督体系、有力的法治保障体系,形成完善的党内法规体系",不仅构成了全面依法治国总目标,同时确定了中国特色社会主义法治体系的丰富内涵,在中国法治发展史上第一次将党内法规制度体系与国家法律法规体系并列起来,一起作为管党治党、治国执政的基本方式,进一步将党内法规纳入中国特色社会主义法治体系之中,将形成"完善的党内法规体系"确立为全面依法治国的总目标和中国特色社会主义法治体系建设的重要内容,努力形成国家法律法规与党内法规制度相辅相成、相互促进、相互保障的格局,具有划时代的里程碑意义。《决定》突破了传统意义上"法"的范畴,将党内法规纳入依法治国之"法"的视野中,从此之后,党内法规也属于广义的法的范畴。新时代的"法",不仅仅包括传统意义上的国家法律法规,而且还包括党内法规。因此,随着"法"的范畴的内涵和外延发生了改变,依法治国、依法执政的概念自然也随之发生了改变,既要求党依据宪法法律治国理政,也要求党依据党内法规管党治党。

2. **党的历史上第一次出台了加强党内法规制度建设的专门文件。** 2016年12月13日,中共中央印发了《中共中央关于加强党内法规制度建设的意见》。《意见》贯彻落实以习近平同志为核心的党中央关于全面从严治党、依规治党的重大决策部署,从指导思想、总体目标、加快构建完善的党内

法规制度体系、提高党内法规制度执行力、加强组织领导等方面，对加强新形势下党内法规制度建设提出明确要求、作出统筹部署。《意见》主要内容有：

第一，明确了加强党内法规制度建设的意义。治国必先治党，治党务必从严，从严必依法度。加强党内法规制度建设，是全面从严治党、依规治党的必然要求，是建设中国特色社会主义法治体系的重要内容，是推进国家治理体系和治理能力现代化的重要保障，事关党长期执政和国家长治久安。

第二，明确加强党内法规制度建设的指导思想。加强党内法规制度建设，必须深入贯彻习近平总书记系列重要讲话精神，紧紧围绕统筹推进"五位一体"总体布局和协调推进"四个全面"战略布局，牢固树立新发展理念，坚持以党章为根本遵循，坚持思想建党和制度治党相结合，坚持从管党治党、治国理政实际出发，坚持制定和实施并重，改革创新、与时俱进，把中央要求、群众期盼、实践需要和新鲜经验结合起来，扎实推进党的工作和党的建设制度化、规范化、程序化，为保持党的先进性和纯洁性，提高党的执政能力和领导水平、增强抵御风险和拒腐防变能力提供坚强法规制度保证，确保党始终成为中国特色社会主义事业坚强领导核心。

第三，明确了加强党内法规制度建设的基本目标。到建党100周年时，形成比较完善的党内法规制度体系、高效的党内法规制度实施体系、有力的党内法规制度建设保障体系，党依据党内法规管党治党的能力和水平显著提高。

第四，明确了党内法规制度体系的基本内涵。党内法规制度体系是以党章为根本，以民主集中制为核心，以准则、条例等中央党内法规为主干，由各领域各层级党内法规制度组成的有机统一整体。要坚持目标导向和问题导向，按照"规范主体、规范行为、规范监督"相统筹相协调原则，完善以"1+4"为基本框架的党内法规制度体系，即在党章之下分为党的组织法规制度、党的领导法规制度、党的自身建设法规制度、党的监督保障法规制度4大板块。完善党的组织法规制度，全面规范党的各级各类组织的产生和职责，夯实管党治党、治国理政的组织制度基础。完善党的领导法规制度，加强和改进党对各方面工作的领导，为党发挥总揽全局、协调各方领导核心作用提供制度保证。完善党的自身建设法规制度，加强党的思想建设、组织建设、作风建设、反腐倡廉建设，深化党的建设制度改革，增强党的创造力、凝聚力、战斗力。完善党的监督保障法规制度，切实规范对党组织工作、活动和党员行为的监督、考核、奖惩、保障等，确保行使好党和人民赋予的权力。

第五，明确了党内法规制定权限要求。中央纪委、中央各部门和各省区市党委要按照党中央决策部署，统筹谋划、积极推进本系统本地区党内法规制度建设。探索赋予副省级城市和省会城市党委在基层党建、作风建设等方面的党内法规制定权。制定党内法规制度必须牢牢抓住质量这个关键，方向要正确、内容要科学、程序要规范，保证每项党内法规制度都立得住、行得通、管得了。

第六，明确党内法规制度的执行机制。提高党内法规制度执行力，要坚持以上率下，从各级领导机关和党员领导干部做起，以身作则、严格要求，带头尊规学规守规用规。加强学习教育，加大党内法规宣讲解读力度，将党内法规制度作为各级党委（党组）中心组学习重要内容，纳入党校（行政学院）、干部学院必修课程。强化监督检查，将党内法规制度实施情况作为各级党委督促检查、巡视巡察的重要内容，对重要党内法规制度实施情况开展定期督查、专项督查。加大责任追究和惩处力度，严肃查处违反和破坏党内法规制度的行为。完善备案审查制度，建立贯通上下的备案工作体系，建立备案工作考核通报制度。

第七，明确党内法规制度建设工作的领导机制。中央各部门和地方各级党委要认真抓好职责范围内的党内法规制度建设工作，与党建其他工作一同部署、抓好落实。加强党内法规工作机构建设，充实配强工作力量。省区市党委根据工作需要设立党内法规工作机构，承担党内法规制度规划计划、起草审核、备案清理、督促指导和服务党委领导立法、法律顾问等职责。制定党内法规人才发展规划，建设党内法规专门工作队伍、理论研究队伍、后备人才队伍。坚持把思想政治建设摆在首位，着力打造一支对党绝对忠诚、综合素质高、专业能力强、勇于担当负责、甘于吃苦奉献的党内法规专门工作队伍。[①]

[①] 《中共中央印发关于加强党内法规制度建设的意见》，《人民日报》2017年6月26日01版。

在全面从严治党向纵深推进、全面依法治国深入开展之际，党中央印发《中共中央关于加强党内法规制度建设的意见》，从指导思想、总体目标、构建完善的党内法规制度体系、提高党内法规制度执行力、加强组织领导等方面，对加强新形势下党内法规制度建设提出明确要求并作出统筹部署，对于深入推进全面从严治党、依规治党具有重要意义，是新时代中国特色社会主义法治建设的纲领性文件，是加强党内法规制度建设的顶层设计，是全面从严治党与制度治党、依规治党相结合的集中体现。

3. 力争到建党 100 周年时形成比较完善的党内法规制度体系。2016年 12 月 24 日，习近平同志对党内法规工作专门作出重要指示强调，党的十八大以来，党中央高度重视党内法规制度建设，推动这项工作取得重要进展和成效。加强党内法规制度建设是全面从严治党的长远之策、根本之策。我们党要履行好执政兴国的重大历史使命、实现党和国家的长治久安，必须坚持依法治国与制度治党、依规治党统筹推进、一体建设。要按照十八大和十八届三中、四中、五中、六中全会部署，认真贯彻落实《中共中央关于加强党内法规制度建设的意见》，以改革创新精神加快补齐党建方面的法规制度短板，力争到建党 100 周年时形成比较完善的党内法规制度体系，为提高党的执政能力和领导水平、推进国家治理体系和治理能力现代化、实现中华民族伟大复兴的中国梦提供有力的制度保障。①

第二节　完善党内法规制定体制机制

完善的党内法规体系是中国特色社会主义法治体系的内在要求。形成完善的党内法规制度体系是一项重大复杂的系统工程，需要综合运用制定、修改、废止、解释、备案、清理、评估等多种手段，不断完善党内法规制定体制机制，最终建立起科学和谐、统一完善的党内法规制度体系。根据《中国共产党党内法规制定条例》《中国共产党党内法规和规范性文件备案

---

① 《坚持依法治国与制度治党、依规治党统筹推进、一体建设》，《人民日报》2016 年 12 月 26 日。

规定》的有关规定，党内法规的制定工作包括规划与计划、起草、审批与发布、适用与解释，以及备案、清理与评估等环节，只有严格按照这两部党内法规规定的制定程序来，才能确保党内法规的制定质量。

一、提高党内法规制定质量

（一）党内法规制定工作的规范依据

立法是全面依法治国的前提和基础，立法质量直接关系到法治的质量。党的十九大报告指出，以良法促进发展、保障善治。当前，我国全面深化改革已进入攻坚期和深水区，推进深化改革必然要涉及一些重大利益关系的调整，必然要涉及牵动全局的敏感问题和重大问题。因此，必须在法治下推进改革、在改革中完善法治，不断提升立法质量，积极发挥立法引导、推动、规范、保障改革的作用，做到重大改革于法有据。国家法律如此，党内法规也应当如此。制定法规制度，必须牢牢抓住质量这个关键，保证每项法规制度都是良法善策。

我们党一直重视党内法规制定质量问题，早在1990年7月31日，党中央就印发了《中国共产党党内法规制定程序暂行条例》，在其立法目的中开宗明义地明确提出"为使党内法规制定程序科学化、规范化，提高工作效率，保证党内法规质量，根据《中国共产党章程》和党的建设的实践经验，制定本条例"，并在正文中对制定党内法规的规划、起草、审定、发布、解释等程序进行了明确规定，在当时对提高党内法规制定质量、规范党内法规制定程序起到了重要而积极的作用。

党的十八大之后，党中央对党内法规工作高度重视，作出了一系列重大决策部署，推动党内法规工作取得了一系列重大进展。2013年5月27日，党中央发布了《中国共产党党内法规制定条例》及《中国共产党党内法规和规范性文件备案规定》。《制定条例》及《备案规定》的制定与发布，使党有了第一部正式、公开的党内"立法法"，对推动以党内法规建设为核心环节的党的制度建设，提升党的建设的科学化水平，丰富拓展执政党建设的新路子具有重要意义。这两部党内法规的制定和公布表明以习近平同志为核心的新一届党中央高度重视党内法规建设，希望通过规范党内法规的制定、审查、备案和清理活动，促进从严治党，推进科学执政、民主执政、依法执政，有利于推进党内法规制度建设的规范进行，有利于提升党内法规制定的前瞻性、民主性和科学性，有利于保障党内法规的权威性、严肃性和执行力。

（二）党内法规制定的基本程序

《中国共产党党内法规制定条例》及《中国共产党党内法规和规范性文件备案规定》的公布，不仅仅是完善党内法规制定体制机制的重要制度，还是提高党内法规制定质量的重要抓手。与1990年的《中国共产党党内法规制定程序暂行条例》相比，2012年印发、2013年公布的《中国共产党党内法规制定条例》将原条例名称中的"程序"二字删去，表明此次修订不仅仅是对党内法规制定程序方面的修补完善，同时还增加了党内法规制定工作的实体性要求，特别是对党内法规制定权限作出专门规定，明确了哪些事项只能由党的中央组织制定、哪些事项可以由中央纪委、中央各部门或省区市党委制定，有利于从根本上避免或减少无权制定、越权制定、重复制定等无序制定现象，确保党内法规制度体系的统一性和权威性。同时，将省区市党委制定党内法规纳入适用范围，有助于解决省区市党委制定党内法规的做法不够规范的问题。从内容上看，《中国共产党党内法规制定条例》分总则，规划与计划，起草，审批与发布，适用与解释，备案、清理与评估，附则，共7章36条，近4000字。其中第一章为总论性质，主要是规定了党内法规的内涵外延、效力分类、制定主体、领导机制、制定原则等基础性问题。

1. 党内法规制定工作的规划与计划

党内法规制定规划与计划是制定党内法规的基本依据，因此，制定党内法规应当统筹进行，科学编制党内法规制定工作五年规划和年度计划，突出重点、整体推进，逐步构建内容协调、程序严密、配套完备、有效管用的党内法规制度体系。党内法规制定工作规划和计划在执行过程中，可以根据实际情况进行调整。

根据党内法规效力层级的不同，党内法规制定规划与计划也有所不同。其中，中央党内法规制定工作五年规划，由中央办公厅对中央纪律检查委员会、中央各部门和省、自治区、直辖市党委提出的制定建议进行汇总，并广泛征求意见后拟订，经中央书记处办公会议讨论，报中央审定。中央党内法规制定工作年度计划，由中央办公厅对中央纪律检查委员会、中央各部门每年年底前提出的下一年度制定建议进行汇总后拟订，报中央审批；而部门党内法规和地方党内法规，则由中央纪律检查委员会、中央各部门和省、自治区、直辖市党委根据职权和实际需要，编制本系统、本地区党内法规制定工作规划和计划。

2013年11月，党中央公布了《中央党内法规制定工作五年规划纲要（2013—2017年）》，为随后五年的中央党内法规制定工作明确了"时间表""路线图"和"任务书"。《规划纲要》确定了党内立法的三个基本原则：一是按照分级立法的原则，由中央办公厅会同有关部门制定规划和计划，中央纪委、中央各部门根据自己的职责权限，按照一定的程序对党员和党组织的行为作出规范，并适时予以公布，使各级党组织和广大党员有规可依。二是按照开门立法的原则，鼓励党员甚至党外群众有序参与党内立法工作，鼓励和尊重专家学者对党内立法提出咨询意见和政策建议，一些党内法规的初稿和征求意见稿可以通过媒体、网络予以公布，广泛听取党员群众的意见，做到民主立法、科学立法、依法立法。三是按照党内法规和国家法律相衔接整合的原则，将基层一些成熟的做法和经验上升为政策，成熟的并带有普遍适用性的政策上升为党内法规。条件成熟时，可以将党内法规经过法定程序由国家立法机关制定成为国家法律。

2.党内法规的起草程序

党内法规的起草程序主要包括党内法规的起草主体、草案内容、起草要求等内容。

首先，不同层级的党内法规有不同的草案起草主体。中央党内法规按其内容一般由中央纪律检查委员会、中央各部门起草，综合性党内法规由中央办公厅协调中央纪律检查委员会、中央有关部门起草或者成立专门起草小组起草。而部门党内法规一般由中央纪律检查委员会、中央各部门自行单独组织起草，地方党内法规则主要由省、自治区、直辖市党委自行单独组织起草。

其次，党内法规草案的内容有明确的程序性要求，一般应当包括下列内容:(一)名称;(二)制定目的和依据;(三)适用范围;(四)具体规范;(五)解释机关;(六)施行日期等。

第三,党内法规的起草应当坚持"于法周延、于事简便"的制定原则,符合"方向正确,内容明确,逻辑严密,表述准确、规范、简洁,具有可操作性"的起草要求。一是应当深入调查研究。为了确保党内法规草案的科学性和实践指导性,起草党内法规的部门和单位在起草党内法规时应当深入调查研究,全面掌握实际情况,认真总结历史经验和新的实践经验,充分了解各级党组织和广大党员的意见和建议。必要时,调查研究可以吸收相关专家学者参加或者委托专门机构开展。起草党内法规的部门和单位,应当就涉及其他部门和单位工作范围的事项,同有关部门和单位协商一致。经协商未能取得一致意见的,应当在报送党内法规草案时对有关情况作出说明。二是应当与现行党内法规相衔接。起草党内法规,应当与现行党内法规相衔接。对同一事项,如果需要作出与现行党内法规不一致的规定,应当在草案中作出废止或者如何适用现行党内法规的规定,并在报送草案时说明情况和理由。三是应当广泛征求意见。党内法规草案形成后,应当广泛征求意见。征求意见范围根据党内法规草案的具体内容确定,必要时在全党范围内征求意见。征求意见时应当注意听取党代表大会代表和有关专家学者的意见。与群众切身利益密切相关的党内法规草案,应当充分听取群众意见。征求意见可以采取书面形式,也可以采取座谈会、论证会、网上征询等形式。四是应当同时报送草案制定说明。起草部门和单位向审议批准机关报送党内法规草案,应当同时报送草案制定说明。制定说明应当包括制定党内法规的必要性、主要内容、征求意见情况、同有关部门和单位协商情况等。

3. 党内法规的审批与发布程序

党内法规的审批与发布程序是党内法规制定程序的核心环节和关键要素,决定着党内法规制定质量的高低。

首先,党内法规的审议批准主体及其权限:根据党内法规的起草主体和起草内容的不同,党内法规的审议批准主体也有所不同。在实践中,党内法规的审议批准,一般按照下列职权进行:

(一)涉及党的中央组织、中央纪律检查委员会产生、组成和职权的

党内法规,以及涉及党的重大问题的党内法规,由党的全国代表大会审议批准;

(二)涉及党的地方组织和基层组织产生、组成和职权的党内法规,涉及党员义务和权利方面基本制度的党内法规,以及涉及党的各方面工作基本制度的党内法规,由党的中央委员会全体会议、中央政治局会议或者中央政治局常务委员会会议审议批准;

(三)应当由中央发布的其他党内法规,根据情况由中央政治局常务委员会会议审议批准,或者按规定程序报送批准;

(四)中央纪律检查委员会、中央各部门发布的党内法规,由中央纪律检查委员会、中央各部门审议批准;

(五)省、自治区、直辖市党委发布的党内法规,由省、自治区、直辖市党委审议批准。

其次,党内法规的主要审核内容:审议批准机关收到党内法规草案后,交由所属负责法规工作的机构进行审核。主要审核以下内容:

(一)是否同党章和党的理论、路线、方针、政策相抵触;

(二)是否同宪法和法律不一致;

(三)是否同上位党内法规相抵触;

(四)是否与其他同位党内法规对同一事项的规定相冲突;

(五)是否就涉及的重大政策措施与相关部门和单位协商;

(六)是否符合制定权限和程序。

对存在问题的党内法规草案,审核机构经批准可以向起草部门和单位提出修改意见。如起草部门和单位不采纳修改意见,审核机构可以向审议批准机关提出修改、缓办或者退回的建议。

第三,审议批准后的发布程序。经审议批准的党内法规草案,由负责法规工作的机构核文后按规定程序报请发布。根据党内法规效力层级的不同,中央党内法规一般采用中共中央文件、中共中央办公厅文件的形式发布,部门党内法规一般采用中央纪律检查委员会文件、中央各部门文件的形式发布,地方党内法规一般采用省、自治区、直辖市党委文件、党委办公厅文件的形式发布。

需要注意的是,与《暂行条例》相比,《制定条例》将"有的党内法规公开发布"的规定,修改为"党内法规经批准后一般应当公开发布",确立了"以公开发布为原则、以不公开发布为例外"的制度。这样更符合法的公开透明的基本品性,有利于提高党内法规的知晓率,进而监督相应法规的贯彻执行,体现了中国共产党管党治党的民主性、科学性、先进性。

另外,根据《制定条例》,实际工作迫切需要但还不够成熟的党内法规,可先试行,在实践中完善后重新发布。"试行"和"暂行"是党内法规制定中经常使用的,一般认为,党内法规中含"暂行"字样的,是指文件规定得相对比较简单概括,以便以后修订;党内法规中含有"试行"的,表示有待进一步成熟,虽然比较全面仔细,可能不够严密,以便以后作进一步修改完善。尽管从实践效果上讲,"试行"和"暂行"是一种切实可行的党内法规制定方式,但"试行"和"暂行"毕竟是立法技术不成熟的一种妥协结果,不宜在党内法规制定中频繁使用,更不能将"试行"和"暂行"当作正常立法来长期使用。据李忠教授的统计,1978—2012年间制定的176个党内法规中,标注"暂行"的有44个、"试行"的有43个,占全部党内法规的49.4%。不仅如此,还有相当一部分党内法规长期戴着"试行""暂行"的帽子,有的一"试行"就是二三十年。[①]针对这种不良立法现象,2012年12月4日,习近平同志在中央政治局会议上关于改进工作作风、密切联系群众的讲话中明确指出:"规定就是规定,不加'试行'两字,就是要表明一个坚决的态度,表明这个规定是刚性的。'试行'给人感觉是不是还有点含糊。就先按这个规定去做,做了以后真正推开了,一两年后再完善。中央纪委有那么多规定,不也就规定下去了。反正要不断去约束。最重要的是要抓好落实,言必行、行必果。我们说了不是白说,说了就必须做到,把文件上写的内容一一落到实处。"因此,不断提高党内法规制定技巧,完善党内法规制定技术,减少党内法规制定中的"试行"和"暂行"数量,就成为提高党内法规制定质量的一个重要内容。

---

① 李忠:《构建依规治党法规制度体系研究》,《西北大学学报(哲学社会科学版)》2017年第5期。

二、加大党内法规备案审查和解释力度

（一）做好党内法规和规范性文件的备案工作

备案是党内监督的重要制度，是确保依规治党法规制度上下衔接、协调统一的重要方式。针对备案工作中出现的问题，要完善备案工作考核评价制度，提高备案审查通报频率，加大对报备机关的提醒，增强备案工作的刚性约束。2013年公布的《中国共产党党内法规制定条例》及《中国共产党党内法规和规范性文件备案规定》专门对党内法规和规范性文件的备案工作进行了规定，为做好党内法规和规范性文件的备案工作提供了规范依据和具体指南。

《中国共产党党内法规制定条例》第三十条规定："中央纪律检查委员会、中央各部门和省、自治区、直辖市党委制定的党内法规应当自发布之日起30日内报送中央备案，备案工作由中央办公厅承办。具体备案办法由中央办公厅另行规定。"在此基础上，为了将党内法规和规范性文件备案工作落细落实，中共中央又专门出台了《中国共产党党内法规和规范性文件备案规定》，对党内法规和规范性文件备案工作进行了详细而具体的规定。根据这两部党内法规的规定，我国的党内法规和规范性文件备案工作主要包括以下各方面。

1. **备案目的**。党内法规和规范性文件备案工作的目的，是保证党内法规和规范性文件同党章和党的理论、路线、方针、政策相一致，同宪法和法律相一致，维护党内法规制度体系的统一性和权威性。

2. **备案范围**。党内法规和规范性文件备案的范围，仅仅限于中央纪律检查委员会、中央各部门和省、自治区、直辖市党委制定的党内法规和规范性文件。这里所说的党内法规主要是指中央纪律检查委员会、中央各部门和省、自治区、直辖市党委制定的规则、规定、办法、细则层级的党内法规，不包括党的中央组织制定的党章、准则、条例层级的党内法规；这里所说的规范性文件，是指中央纪律检查委员会、中央各部门和省、自治区、直辖市党委在履行职责过程中形成的具有普遍约束力、可以反复适用的决议、决定、意见、通知等文件，包括贯彻执行中央决策部署、指导推

动经济社会发展、涉及人民群众切身利益、加强和改进党的建设等方面的重要文件。原则上，所有的党内法规和规范性文件都应当予以备案，应当做到有件必备、有备必审、有错必纠。需要注意的是，有些党内文件，如人事调整、内部机构设置、表彰决定方面的文件，请示、报告、会议活动通知、会议纪要、领导讲话、情况通报、工作要点、工作总结，机关内部工作制度和工作方案，以及其他不具有普遍约束力、不可反复适用的文件等，既不属于党内法规，也不属于党内规范性文件，自然不属于备案范围。

3. **备案主体**。依照规定应当备案的党内法规和规范性文件，自发布之日起30日内由制定机关报送中央备案，联合发布的党内法规和规范性文件由主办机关报送中央备案。具体工作由制定机关或者主办机关所属负责法规工作的机构承担。在具体工作机构上，由中央办公厅代表中央承办党内法规和规范性文件备案工作，因此，党内法规和规范性文件备案工作的具体事务由中央办公厅法规工作机构即中央办公厅法规局来办理。所以，依照规定应当备案的党内法规和规范性文件，直接送中央办公厅法规工作机构。

4. **备案审查内容**。党内法规和规范性文件备案工作的核心是对报送备案的党内法规和规范性文件进行审查。备案审查分为形式审查和实质审查两种情形，备案审查主体一般先进行形式审查，在形式审查的基础上，再按照具体、统一、可操作的实质性备案审查内容标准，进行实质性审查。

形式审查是指制定机关或主办机关在报送党内法规和规范性文件备案时，应当提交备案报告、正式文本和制定说明，并装订成册，一式3份，同时通过党内法规专网报送电子文本。对于不报送或者不按时报送应当备案的党内法规和规范性文件的，由中央办公厅责令其限期补报。中央办公厅法规工作机构在办理党内法规和规范性文件备案审查事宜时，需要报送机构说明有关情况的，报送机构应当在规定期限内予以说明。

实质审查是指作为备案审查机关的中央办公厅，对报送中央备案的党内法规和规范性文件进行审查。备案审查的主要内容，是对该党内法规和规范性文件进行政治性、法律性、政策性、合理性、合规性等进行审查，看其是否同党章和党的理论、路线、方针、政策相抵触；是否同宪法和法律不一致；是否同上位党内法规和规范性文件相抵触；是否与其他同位党内法规和规范性文件对同一事项的规定相冲突；规定的内容是否明显不当；是否符合制定权限和程序。

对党内法规和规范性文件进行审查，有利于强化对党内法规和规范性文件的监督，解决"红头文件"打架等问题，有利于加快构建科学的党内法规制度体系，有利于督促党内法规的实施，维护党内法规制度体系的严肃性、权威性。

5. **备案审查机制**。备案审查结果一般分为两种：一种是符合备案条件，另一种是存在问题需要纠正的。在前一种情况下，经审查符合备案条件的党内法规和规范性文件，由中央办公厅法规工作机构存档备查，并及时将备案情况通报报送机构，同时公布已备案的党内法规和规范性文件目录。在后一种情况下，备案审查机关在审查中发现党内法规和规范性文件存在实质性审查内容中的问题的，中央办公厅法规工作机构经批准可以建议制定机关自行纠正，制定机关应当在30日内作出处理并反馈处理情况，逾期不作出处理的，中央办公厅提出予以纠正或者撤销的建议，报请中央决定。备案审查机关对备案审查中发现的党内法规和规范性文件存在的突出问题，可以在一定范围内通报。

在实行党内法规和规范性文件备案审查机制的同时，提出了建立党内法规和规范性文件备案审查与国家法规、规章和规范性文件备案审查衔接联动机制，要求省、自治区、直辖市党委应当建立相应的备案制度，按照下备一级原则开展备案工作。中央纪律检查委员会、中央各部门可以根据工作需要，建立本系统备案制度。中央军事委员会及其总政治部依照规定精神开展军队党内法规和规范性文件备案工作。

备案审查机关的审查期限一般为30日。作为备案审查机关的中央办公厅法规工作机构，应当在收到报送备案的党内法规和规范性文件后30日内完成备案审查。为了保证党内法规和规范性文件备案工作的规范有序进行，还建立了年度备案制度。每年1月31日前，中央纪律检查委员会、中央各部门和省、自治区、直辖市党委应当将上一年度发布的党内法规和规范性文件目录送中央办公厅法规工作机构备查。

（二）做好党内法规解释工作

解释是党内法规制度的重要补充和完善。党内法规解释制度是指党内法规制定机关根据法定权限和程序，按照一定的标准和原则，对党内法规的含义以及法规所使用的概念、术语等进行进一步说明的活动。党内法规的解释同党内法规具有同等效力。党内法规的解释是党内法规实践的重要组成部分，又是党内法规实施的重要前提。由于党的建设始终处于发展变化之中，部分党内法规比较原则，程序性规范、保障性规范、制裁性规范不配套，有的规定交叉重复甚至相互冲突，有必要加大党内法规解释力度，赋予法规条文更加准确、更具有针对性的内涵，保证党内法规准确有效实施。目前，一些党内法规解释采取部门负责人谈话、工作机构答复的方式，缺乏规范性、权威性，应当由制定机关通过权威渠道和载体进行正式解释并及时公布。

在效力层级上，一般认为党内法规的解释同该党内法规具有同等效力。即对党章的解释在效力层级上等同于党章，对准则的解释在效力层级上等同于准则，对条例的解释在效力层级上等同于条例，对规则、规定、办法、细则的解释在效力等级上等同于规则、规定、办法、细则。

党内法规解释主体的确定，一般遵循"谁制定谁解释"原则，由党内法规制定主体来担任党内法规的解释主体。如果该党内法规中明确规定了解释主体，则由该法定机关承担解释任务。在实践中，中央党内法规解释工作一般由其规定的解释机关负责。如果有些中央党内法规制定得较早，未明确规定解释机关的，则由中央办公厅请示中央后承办。中央纪律检查委员会、中央各部门和省、自治区、直辖市党委制定的党内法规由其自行解释。根据党内法规解释实践，常见的党内法规解释主体主要有以下几种情形。

1.一个部门进行解释的情形。如《中国共产党党内法规制定条例》第三十五条："本条例由中央办公厅负责解释。"《中国共产党党内监督条例》第四十六条："本条例由中央纪律检查委员会负责解释。"《中国共产党统一战线工作条例(试行)》第四十五条："本条例由中央统战部负责解释。"《中国共产党党委（党组）理论学习中心组学习规则》第十六条："本规则由中央宣传部负责解释。"

2.两个部门进行解释的情形。如《中国共产党党组工作条例（试行）》第三十八条："本条例由中央办公厅商中央组织部解释。"《中国共产党地方委员会工作条例》第三十二条："本条例由中央办公厅商中央组织部解释。"

3.三个及以上部门进行解释的情形。如《中国共产党工作机关条例（试行）》第二十九条："本条例由中央办公厅商中央组织部、中央机构编制委员会办公室解释。"《党政机关厉行节约反对浪费条例》第六十四条："本条例由中共中央办公厅、国务院办公厅会同有关部门负责解释。"

不管是党内法规的备案审查，还是党内法规的解释，都是为了提高法规立法质量、党内法规的立法质量，增强党内法规建设的合法性，彰显党内法规的严肃性、权威性，目的是建成内容科学、程序严密、配套完备、运行有效的党内法规制度体系。

三、开展党内法规和规范性文件集中清理

党内法规清理是形成完善的党内法规体系的重要条件。党内法规的清理工作本身是党内法规制度建设的重要步骤，为制度治党、从严治党提供重要依据，是保证党内良好政治生活的一项基础性工作，具有重要的实践意义。随着党内法规制定力度的加大，党内法规数量也急剧增加，为确保前后新旧法规制度衔接协调，需要对党内法规和规范性文件进行清理，然后根据清理工作情况提出清理意见，该制定的制定，该修改的修改，该废止的废止，该整合的整合，为党内法规的适用提供最新的权威依据。《中国共产党党内法规制定条例》第三十一条规定："党内法规制定机关应当适时对党内法规进行清理，并根据清理情况及时对相关党内法规作出修改、废止等相应处理。"这就为党内法规清理工作提供了规范依据。

（一）中央党内法规和规范性文件集中清理工作开展情况

从党内法规建设实践来看，新中国成立以来特别是改革开放以来，我们党制定了大量党内法规和规范性文件，为规范党组织工作、活动和党员行为，增强党的创造力、凝聚力、战斗力提供了重要制度保障。但由于缺乏清理机制，新中国成立以来从未对出台的党内法规和规范性文件开展过

集中清理，这就造成党内法规制度体系十分庞杂，存在较为突出的不适应、不协调、不衔接、不一致问题：有的规定滞后于实践发展和形势任务需要；有的规定同党章和党的理论路线方针政策相抵触，同宪法和法律不一致；有的规定相互之间交叉重复、冲突打架。党内法规制度体系中存在的这些问题，有损于党内法规制度的严肃性和权威性，有碍于党内法规制度的贯彻执行，也不利于党内法规制度建设的顺利推进。

针对这些情况，党中央决定开展一次党内法规集中清理，一揽子解决党内法规制度中存在的突出问题。《中国共产党党内法规制定条例》也明确要求党内法规制定机关适时对党内法规进行清理。党中央对开展党内法规清理工作高度重视，将其作为加强党的制度建设、深化党的建设制度改革的一项重要举措和任务来部署。2012 年 6 月，党中央批准印发《中共中央办公厅关于开展党内法规和规范性文件清理工作的意见》，启动了我们党历史上第一次党内法规和规范性文件集中清理工作。

这次清理的对象是新中国成立至 2012 年 6 月期间以中共中央文件、中共中央办公厅文件形式发布的党内法规和规范性文件，中央纪委、中央各部门制定的党内法规和规范性文件，各省、自治区、直辖市党委制定的党内法规和规范性文件。清理工作按照由近及远、先上位后下位的思路进行。所谓由近及远，是指清理工作分两个阶段实施：第一阶段 (2012 年 7 月至 2013 年 9 月)，清理 1978 年至 2012 年 6 月制定的党内法规和规范性文件；第二阶段 (2013 年 10 月至 2014 年 12 月)，清理新中国成立至 1977 年制定的党内法规和规范性文件。所谓先上位后下位，是指先对中央党内法规和规范性文件进行清理，待清理结果出来后，中央纪委、中央各部门和各省区市党委再开展审核、审批等工作。

第一阶段中央党内法规和规范性文件集中清理工作的结束以 2013 年 7 月党中央发布的《中共中央关于废止和宣布失效一批党内法规和规范性文件的决定》为标志，在第一阶段工作中，1978 年以来中共中央制定的党内法规和规范性文件，有 300 件被废止和宣布失效，467 件继续有效，其中 42 件将作出修改。第二阶段中央党内法规和规范性文件集中清理工作的结束以 2014 年 11 月 17 日党中央发布的《中共中央关于再废止和宣布失效一批党内法规和规范性文件的决定》为标志，在第二阶段清理的 411 件中央党内法规和规范性文件中，废止160件，占清理文件总数的38.9%；宣布失效231件，占清理文件总数的56.2%；继续有效20件，占总数的4.9%。

第二阶段清理后继续有效的文件只有20件，数量比较少。据了解，这是因为第二阶段清理的文件是新中国成立至1977年期间发布的，年代较为久远，大多是针对当时特定历史条件、特定调整事项作出的规定，具有明显的时代性，多数实践中已不再适用，或者已被改革开放40年来陆续出台的新文件涵盖或者替代。废止和宣布失效这些文件，不会出现制度空白，不会对党的建设和党的领导产生不利影响。

与第一阶段清理相比，第二阶段清理主要具有以下特点：一是清理的对象更复杂。第二阶段清理涉及的是新中国成立至改革开放前中央制定的文件，年代久远，背景复杂；文件内容比较庞杂，涉及国家社会生活方方面面，不限于目前党内法规制度调整的范畴，政策变动也比较频繁。二是清理的难度更大。由于当时文件归档制度尚不健全，文件格式和发布形式与现在不同，不同时期也不尽相同，且许多文件的起草机关被撤销、合并或者职能被划转，有的文件的起草机关无法查实，因此清理的难度更大。三是清理的力度更大。第一阶段清理中，废止和宣布失效的文件有300件，占767件清理文件的39.1%。第二阶段清理中，废止和宣布失效的文件有391件，占411件清理文件的95.1%。

为保障中央党内法规和规范性文件清理工作，党中央还专门成立了党内法规和规范性文件清理工作领导小组。在党内法规和规范性文件清理工作领导小组领导下，中央党内法规和规范性文件清理工作主要分为5个步骤进行。

第一步，确定清理范围。例如，在第二阶段清理工作中，中央办公厅会同国家档案局，对新中国成立至1977年中央制定的19732件文件进行全面梳理，将其中规范党组织工作、活动和党员行为的411件党内法规和规范性文件纳入清理范围。

第二步，部门审核。根据"谁起草谁提出清理意见"的原则，综合考虑文件调整事项目前的主管权属，中央办公厅将这些文件分送中央有关部委和单位研究提出清理意见。有关部委和单位高度重视，组织力量对相关文件进行审核，提出了初步清理意见。

第三步，集中审核。中央办公厅会同中央纪委机关、中央组织部、中央宣传部、中央统战部等成立集中审核工作组，对有关部委和单位提出的初步清理意见进行研究论证，对相关文件逐件进行审核，形成拟废止、宣布失效、继续有效3个文件目录。

第四步，征求意见。中央办公厅将3个文件目录分送有关部委和单位征求意见，形成一致的文件清理处理意见。

第五步，审批发布。中央办公厅起草清理决定稿，按程序报请中央审批通过，以中共中央文件形式发布。

（二）地方党委开展党内法规和规范性文件集中清理情况

除了对中央党内法规和规范性文件集中清理之外，各省、自治区、直辖市党委也依据权限对党内法规和规范性文件进行了集中清理，下面以安徽省委为例，介绍一下各省、自治区、直辖市党委的党内法规集中清理工作开展情况。

2012年6月，伴随着中共中央部署开展党的历史上第一次党内法规和规范性文件集中清理工作，安徽省委高度重视党内法规集中清理工作。为加强组织领导，成立了由省委负责同志任组长、省直有关单位负责同志为成员的省委清理工作领导小组。集中清理工作由省委办公厅牵头组织实施，省纪委机关、省委组织部、省委宣传部、省委统战部等50多个单位共同参与，前后历时两年，分两个阶段进行。第一阶段清理1978年至2012年6月出台的省委党内法规和规范性文件，第二阶段清理1952年省委成立至1977年出台的省委党内法规和规范性文件。通过对1952年省委成立至2012年6月期间出台的4万余件省委文件进行全面筛查，共梳理出规范党组织工作、活动和党员行为的党内法规和规范性文件1176件。经过清理，废止373件，宣布失效334件，二者共占60.1%；继续有效的469件，其中51件需适时进行修改。2013年11月，安徽省委发布了第一阶段清理决定，2015年4月，安徽省委又发布《中共安徽省委关于再废止和宣布失效一批党内法规和规范性文件的决定》，标志着安徽省委党内法规和规范性文件集中清理工作全部完成。

安徽省委通过这次党内法规集中清理，首次摸清了省内党内法规制度的家底，一揽子解决了党内法规制度中存在的不适应、不协调、不衔接、不一致问题，有力维护了党内法规制度的协调统一，进一步夯实了党内法规制度建设的基础。安徽省委强调，凡废止、宣布失效的党内法规和规范性文件，自决定发布之日起一律停止执行，不再作为规范全省党组织工作、活动和党员行为的依据。同时，要按照档案、保密管理有关规定，做好相关文件的存档、查档利用等工作，发挥好这些文件的历史资料价值和资政育人作用。对继续有效的党内规范性文件要及时汇编，对于制定时间较早、时代痕迹较重的文件，条件成熟时可对文件进行修改，或者在制定新文件时将主要内容吸纳进去。①

（三）党内法规和规范性文件集中清理后的处理

党中央集中两年时间，对新中国成立至 2012 年 6 月出台的中央文件进行全面清理，凸显了中央对党内法规制度建设的高度重视，有利于增强全党的党内法规意识，推动党内法规制度更好更快发展，有利于运用党内法规把党要管党、从严治党落到实处。中央党内法规和规范性文件集中清理结束，标志着党内法规制度建设进入一个新的阶段。

对于清理出来的党内法规和规范性文件，党中央统一采取了废止、宣布失效、继续有效等三种处理方式：1.文件主要内容同党章和党的理论路线方针政策相抵触，或同宪法和法律不一致的，文件已明显不适应现实需要的，文件已被新的规定涵盖或替代的，一律废止。例如，20 世纪五六十年代一些中央文件关于刑事案件处理程序的规定与目前刑事诉讼法的规定相抵触。这类文件都在此次被废止之列。2.调整对象已消失、文件事实上已不再执行的，文件适用期已过的，有关事项或任务已完成、文件不需要继续执行的，一律宣布失效。3.文件内容不存在问题的，或者虽存在一些问题但不影响继续执行的，或者目前尚无其他文件可以替代、废止时机条件还不成熟的，继续有效。文件内容存在一些问题，需作修改，但修改前也继续有效。例如，1959 年《中央关于统一管理党、政档案工作的通知》、1965 年《中央关于党内同志之间的称呼问题的通知》等，虽有一定历史痕

---

① 《省委党内法规和规范性文件集中清理全部完成》，《安徽日报》2015 年 4 月 3 日。

迹，但主要内容和精神仍然适用，对当前工作仍具有重要指导意义，在这次清理过程中被保留了下来。

党内法规和规范性文件清理完毕后，需要在强化党内法规制度执行力的基础上，继续研究制定一批基础主干性党内法规，整合形成一批综合性党内法规，抓紧制定一批实践亟须的党内法规，及时修订一批不适应现实需要的党内法规，有效解决党内法规制度中存在的缺失、"碎片化""老化"等问题。当务之急，需要及时做好以下几方面事情：一是及时将清理结果与党内的科学立规结合起来、统一起来。在清理工作中研究党内法规制度建设规律，提高党内法规的质量。只有这样，才能实现党内的"良法之治"。二是加大党务公开力度，除涉密或者明显不适合公布的内容之外，应将清理工作的结果向党内同志公开，最大限度让党员了解党内法规制度建设的历史、现状以及前瞻性规划，这既是充分保障党员知情权的要求，同时也是展示执政党政治开明、党务透明的最佳时机。三是加大党内法规宣传力度，使每位党员特别是党员领导干部尊规、学规、守规、用规。四是加快党内法规制度建设的顶层设计，对于那些应该制定而没有制定的基础性、主干性的党内法规加紧研究，尽快出台。

这次党内法规和规范性文件集中清理，不仅摸清了党内法规制度的基本情况，还给整个党内法规制度体系进行了一次全面检查，基本解决了党内法规制度中存在的不适应、不协调、不衔接、不一致问题，为下一步形成完善的党内法规体系奠定了良好基础，使党内法规同国家法律保持衔接和协调，对于全面推进依法治国和依法执政具有重要保障作用。

（四）党内法规和规范性文件的评估问题

除了党内法规和规范性文件的备案、清理工作以外，为保障党内法规制定质量，还应当启动党内法规评估工作。《中国共产党党内法规制定条例》第三十二条："党内法规制定机关、起草部门和单位可以根据职权对党内法规执行情况、实施效果开展评估。"因此，对党内法规执行情况、实施效果开展评估是修改完善党内法规、提升党内法规制定质量的有效途径。随着党内法规制度建设的逐步完善，有必要根据《中国共产党党内法规制定条例》的有关规定，参照党内法规和规范性文件清理工作，制定关于党内法规评估的具体办法，对党内法规评估的主体、内容、方式、标准和步骤做出规定，并适时组织专门力量对一些关系全局、党员群众关注的重要党内法规开展执行情况、实施效果评估，积累制定经验，提高制定质量。

第三节　建立党内法规同国家法律的衔接和协调机制

对党内法规和规范性文件进行备案审查和清理评估的根本目的是保证党内法规同国家法律的衔接协调，保障法治体系的和谐统一。国家法律和党内法规的不一致，不仅会影响全面依法治国的落实，而且会影响全面从严治党的推进。早在1990年，中共中央办公厅曾经发布过《中共中央办公厅关于党内法规备案工作有关问题的通知》，对党内法规的备案工作进行了原则性规定；2013年，中共中央公布了《中国共产党党内法规和规范性文件备案规定》，对于党内法规以及规范性文件的备案工作作了比较详细的规定。2014年，党的十八届四中全会明确提出："注重党内法规同国家法律的衔接和协调。"

一、党内法规与国家法律的关系

法治是实现国家治理体系和治理能力现代化的必然要求，依法执政是党治国理政的基本方式。党内法规与国家法律都是中国共产党依法治国、依法执政的重要依据，党内法规制度体系和国家法律规范体系都是中国特色社会主义法治体系的重要组成部分。对于中国社会主义法治建设来说，二者又是相互补充、相互协调的。在这个意义上，党内法规既是管党治党的重要依据，也是国家法律的重要保障，更是建设社会主义法治国家的有力保障。

作为一种行为模式与规范形态，党内法规与国家法律具有明显的不同，这些不同主要体现在以下几方面。

首先，制定机关不同。党内法规的制定机关主要是党的中央组织、中央纪律检查委员会、中央各部门和省、自治区、直辖市党委，包括党章、准则、条例、规则、规定、办法、细则等。而我国国家法律的立法体制分为中央和地方两个大的立法层次，不同层次的机关制定不同效力的法律、法规或规章。如全国人民代表大会及其常委会可以制定法律，国务院可以制定行政法规，省级、地市级人民代表大会可以制定地方性法规，国务院部门可以制定部门规章，省级、地市级政府可以制定地方政府规章，包括宪法、法律、行政法规、地方性法规、自治条例和单行条例、规章等。

其次，制定程序不同。党内法规的制定程序一般包括规划、计划、起草、审批、发布、备案、清理、评估等程序，而全国人大及其常委会制定法律的基本程序，包括法律案的提出、法律案的审议、法律案的表决、法律案的公布四个阶段。

第三，调整对象不同。党内法规是党的中央组织以及中央纪律检查委员会、中央各部门和省、自治区、直辖市党委制定的规范党组织的工作、活动和党员行为的党内规章制度的总称，因此，党内法规主要调整的是党组织的工作、活动和党员行为，而国家法律的调整范围是指法律调整和规范的社会关系。从大的法律门类来说，各个门类的法律都是调整特定的社会关系。我国的法律体系通常认为包括七个法律门类，即宪法及宪法相关法、民法商法、行政法、经济法、社会法、刑法、诉讼与非诉讼程序法。其中，宪法调整的是公民权利和国家权力之间的关系；民法调整的是平等主体之间的财产关系和人身非财产关系；刑法调整的是犯罪与刑罚之间的关系。

第四，严格程度不同。从法的位阶来看，国家宪法法律要高于党内法规，但从法的效果来看，党内法规要严于国家法律。从党的先进性建设的角度来看，是因为加入中国共产党，成为中国共产党这个执政党组织的一员，就要模范遵守国家法律，按照党规党纪以更高标准严格要求自己。只有这样，才能充分体现中国共产党是先锋队阶级，才能体现党的先进性。习近平总书记在十八届四中全会上就《决定（讨论稿）》向全会所作的说明指出："在我们国家，法律是对全体公民的要求，党内法规制度是对全体党员的要求，而且很多地方比法律的要求更严格。我们党是先锋队，对党员的要求应该更严。"2014年10月25日，王岐山在十八届中央纪委四次全会上的讲话也指出：

"党的先锋队性质和先进性要求决定了，党规党纪严于国家法律。国法是所有公民的行为底线，党纪是对党组织和党员立的规矩。"

党内法规严于国家法律，有两层含义，一是对党组织的规范和约束要严于其他国家机关、社会团体等。党组织作为先锋队组织这一特性要求对党组织的约束不能低于、松于其他组织。特别是党组织应该率先遵守由自己提出的国家法律或法令，为全社会守法作出表率。二是对党员的规范和约束要严于一般的公民。这是因为党员入党誓词中就有遵守党的纪律，意味着党员入党时就已经把自己的一些权利让渡出去，自愿接受更为严格的党纪约束，这是一种承诺。从这个道理我们可以看出，在党内法规的制定和执行过程中，应该按照严于法律的要求约束自己、约束自己所在的党组织。比如，我国的现行法律中，与他人发生不正当性关系是一个道德问题，我国法律中没有"通奸罪"条款，"性贿赂"也未入罪。从国家法律的角度，"与他人发生不正当性关系"不是罪，无法纳入法律惩处的范畴，顶多是道德谴责，是社会层面违反道德规范的问题。但从党内法规的角度，"与他人发生不正当性关系"行为在性质上却是一种比较严重的违反生活纪律行为。也就是说，对于党员干部来说，"与他人发生不正当性关系"行为尽管不"违法"，但却"违纪"了。对此，《中国共产党党员纪律处分条例》专门把"违反生活纪律行为"专列为第十一章，其中第一百三十五条规定："与他人发生不正当性关系，造成不良影响的，给予警告或者严重警告处分；情节较重的，给予撤销党内职务或者留党察看处分；情节严重的，给予开除党籍处分。利用职权、教养关系、从属关系或者其他相类似关系与他人发生性关系的，从重处分。"

第五，实施方式不同。党内法规主要是以党的纪律作为强制手段，《中国共产党纪律处分条例》第三条规定，党的纪律是党的各级组织和全体党员必须遵守的行为规则。党组织和党员必须牢固树立政治意识、大局意识、核心意识、看齐意识，自觉遵守党章，严格执行和维护党的纪律，自觉接受党的纪律约束，模范遵守国家法律法规。第七条规定，党组织和党员违反党章和其他党内法规，违反国家法律法规，违反党和国家政策，违反社会主义道德，危害党、国家和人民利益的行为，依照规定应当给予纪律处理或者处分的，都必须受到追究。而法律通常是指由社会认可国家确认立法机关制定规范的行为规则,并由国家强制力保证实施的,以规定当事人权利和义务为内容的,对全体社会成员具有普遍约束力的一种特殊行为规范。

二、党内法规同国家法律的衔接和协调

虽然党内法规和国家法律在功能上有所区分,但从本质作用上看,二者是统一的,都是中国特色社会主义法治体系的重要构成部分。首先,国家法律体系和党内法规体系的建设共同服务于实现国家治理体系和治理能力现代化的目标。所谓国家治理体系,指的是"在党领导下管理国家的制度体系,包括经济、政治、文化、社会、生态文明和党的建设等各领域体制机制、法律法规安排"。所谓国家治理能力,指的是"运用国家制度管理社会各方面事务的能力"。依法治国和依规治党的实质是将党和国家的各项事业纳入法治的轨道,通过制度化的方式管理各方面的事务,将制度上的优势转化为管理的效能。其次,党内法规和国家法律在价值取向上有一致性,都坚持宪法至上原则。宪法是一个国家法律体系的基础,处于法律秩序层级结构的顶点。违反宪法的法律将会失去法律效力。党内法规也必须与宪法保持一致,否则,党内法规的规范效力也会受影响。无论是国家法律,还是党内法规,都必须以宪法为根本遵循,体现作为社会共识的宪法价值和精神。第三,党内法规在条件成熟时可以经过法定程序上升为国家法律。党的十八届四中全会提出:"必须坚持党领导立法、保证执法、支持司法、带头守法,把依法治国基本方略同依法执政基本方式统一起来,把党总揽全局、协调各方同人大、政府、政协、审判机关、检察机关依法依章程履行职能、开展工作统一起来,把党领导人民制定和实施宪法法律同党坚持在宪法法律范围内活动统一起来,善于使党的主张通过法定程序成为国家意志,善于使党组织推荐的人选通过法定程序成为国家政权机关的领导人员,善于通过国家政权机关实施党对国家和社会的领导,善于运用民主集中制原则维护中央权威、维护全党全国团结统一。"因此,党的主张、党的政策、党的法规可以通过法定程序成为具有国家意志性质的国家法律。

党内法规同国家法律的相衔接和协调的必要性在人大代表的言论免责权问题上体现得尤为明显。言论免责权是指全国人大代表在全国人民代表大会各种会议，包括大会全体会议、代表团全体会议、代表团小组会议上的发言和表决不受法律追究。同时，全国人大代表在列席原选举单位的人民代表大会各种会议上的发言，也不受法律追究。此外，地方各级人民代表大会代表在人民代表大会会议上的发言和表决，也不受法律追究。需要注意的是，我国法律所规定的言论免责指的是"不受法律追究"，即任何国家机构和公民个人不得因人大代表的"发言和表决"而追究其责任。由此产生的问题是，如果人大代表是党员，能否因人大代表的发言和表决而追究其党纪政务责任呢？从理论上讲，党员有服从党的纪律的义务；对于违纪的党员人大代表，有关党组织有权予以处分处理，这是全面从严治党、依规治党的题中应有之义。但是，对于党员代表来说，其具有党员和议员双重属性，尽管其作为议员身份的发言和表决不受法律追究，但其作为党员的发言和表决如果违反政党纪律仍然受到党规党纪的追究，这种言论免责权实际上并不是真正意义上的免责权。因为，人大代表的言论免责权的本质是作为人大代表所享有的特权，其主要价值就在于保障人大代表能更好地代表民意，履行职责，完成其应有的神圣使命。在我国，人大代表不仅仅是一种议员资格，同时还是一种政治待遇，因此，党员人大代表往往首先强调其政治身份，其次才是其议员资格。所以，哪怕党员人大代表的发言和表决不会受到法律上的任何追究，但有可能会违反党的纪律规矩而面临着受到党纪处理的风险，这肯定会影响党员人大代表发言和表决权的正常行使。因此，在党员人大代表的言论免责权问题上，可以看出国家法律与党内法规的衔接协调是一个非常重要的实践问题。

要实现党内法规与国家法律的衔接，必须加强党内立法部门与国家立法部门之间的沟通协调，形成常态化的工作机制。第一，在立法前，党内的法规工作机构、人大的法律工作机构、政府的法制工作机构应当定期交流、通报情况，研究哪些事项需要由党内法规来规定，研究哪些事项需要党内立法与国家立法通力协作和配合解决，开展对需要党内法规和国家法律共同调整的问题的立法调研和论证。第二，完善党内法规起草过程中的征求意见程序。《中国共产党党内法规制定条例》第十九条中规定："党内法规草案形成后,应当广泛征求意见。"对征求意见的范围,《制定条例》并没有规定向国家立法部门征求意见。但是,对需要党内法规和国家法律共同发挥作用的领域,例如党政机关公共权力行使、党政领导干部从政行为、党风廉政建设等方面的责任和分工,为了保证党内法规与国家法律相衔接,统筹规划党内法规和国家法律两种方式和手段,可以征求国家立法部门的意见。第三,建立健全党内法规和国家法律在立法后的实施评价、备案审查和定期清理机制。在实践中,可以通过立法后的实施评价,及时发现并弥补党内法规衔接国家法律的制度空缺,或者及时修改与国家法律不相匹配的党内法规;通过备案审查,及时纠正党内法规与国家法律不一致的问题,保证党内法规和国家法律的融贯与协调;通过定期清理,适时将不符合党内法规定位的党内规定转化为国家法律,及时将落后于时代和政治情势的党内规定废止。

第四节　加快形成覆盖党的领导和党的建设各方面的党内法规制度体系

党内法规制度体系,是以党章为根本、民主集中制为核心,由各领域各层级党内法规制度按照内在逻辑形成的有机统一整体。形成完善的党内法规制度体系,是全面从严治党的长远之策、根本之策,是全面从严治党、依规治党的必然要求,是建设中国特色社会主义法治体系的重要内容,是推进国家治理体系和治理能力现代化的重要保障,事关党长期执政和国家长治久安。

一、党的十八大以来党内法规制度体系建设的重要部署

党的十八大以来,以习近平同志为核心的党中央高度重视党内法规制度建设,着眼管党治党、执政治国战略,对新形势下构建党内法规制度体系、全面提高党的建设科学化水平提出明确要求,并作出重要部署,党内

法规制度体系建设问题被摆上重要议事日程。

2012年11月17日，习近平同志在十八届中央政治局第一次集体学习时指出，坚持以实践基础上的理论创新推动制度创新，坚持和完善现有制度，从实际出发，及时制定一些新的制度，构建系统完备、科学规范、运行有效的制度体系，使各方面制度更加成熟更加定型。

2013年11月，党的十八届三中全会提出，到2020年在重要领域和关键环节改革上取得决定性成果，形成系统完备、科学规范、运行有效的制度体系，使各方面制度更加成熟更加定型。

2014年10月，党的十八届四中全会提出，建设中国特色社会主义法治体系，建设社会主义法治国家，形成完备的法律规范体系、高效的法治实施体系、严密的法治监督体系、有力的法治保障体系，形成完善的党内法规体系，坚持依法治国、依法执政、依法行政共同推进，坚持法治国家、法治政府、法治社会一体建设。

2013年11月，中共中央颁布《中央党内法规制定工作五年规划纲要(2013—2017年)》提出，在对现有党内法规进行全面清理的基础上，抓紧制定和修订一批重要党内法规，力争经过5年努力，基本形成涵盖党的建设和党的工作主要领域、适应管党治党需要的党内法规制度体系框架，使党内生活更加规范化、程序化，使党内民主制度体系更加完善，使权力运行受到更加有效的制约和监督，使党执政的制度基础更加巩固，为到建党100周年时全面建成内容科学、程序严密、配套完备、运行有效的党内法规制度体系打下坚实基础。《规划》的出台标志着党内法规建设进入体系化阶段。[①] 同时，《规划》还提出了党内法规制度体系框架基本形成的四个基本标志：

一是基础主干党内法规更加健全。对一些分散交叉的党内法规和规范性文件进行整合提升，形成一批综合性党内法规，党内法规制度的集成性明显提高。党的思想建设、组织建设、作风建设、反腐倡廉建设、制度建设各领域的基础主干党内法规基本制定，党的领导和党的工作方面的基础主干党内法规制定取得重要进展，党内法规制度体系框架基本确立。

---

① 李忠：《构建依规治党法规制度体系研究》，《西北大学学报（哲学社会科学版）》2017年第5期。

二是实践亟须的党内法规及时出台。针对党的建设和党的工作中存在的突出问题，以保障党员权利、发展党内民主、改革用人制度、加强基层组织、推进作风转变、规范权力行使、严明党的纪律、强化党内监督为重点，抓紧制定实践迫切需要、干部群众热切期待的党内法规，努力为解决干部群众普遍关注的热点难点问题提供制度安排。

三是配套党内法规更加完备。加强对已有党内法规制度的配套建设，使基础主干党内法规的实施办法和细则基本完备，相应的配套专项制度不断完善，程序性、保障性、惩戒性规定得到强化，党内法规的匹配性、操作性、实用性明显提高。

四是各项党内法规之间协调统一。党内法规工作的统筹规划机制、审议审核机制、动态清理机制、备案审查机制、解释评估机制建立健全并有效运行，不同领域、不同位阶、不同效力的党内法规相互衔接，党内法规的系统性、协调性、统一性明显提高。

2016年12月13日，党中央印发了《关于加强党内法规制度建设的意见》。《意见》贯彻落实以习近平同志为核心的党中央关于全面从严治党、依规治党的重大决策部署，从指导思想、总体目标、加快构建完善的党内法规制度体系、提高党内法规制度执行力、加强组织领导等方面，对加强新形势下党内法规制度建设提出明确要求、作出统筹部署。《意见》强调，党内法规制度体系，是以党章为根本，以民主集中制为核心，以准则、条例等中央党内法规为主干，由各领域各层级党内法规制度组成的有机统一整体。《意见》提出，到建党100周年时，形成比较完善的党内法规制度体系、高效的党内法规制度实施体系、有力的党内法规制度建设保障体系，党依据党内法规管党治党的能力和水平显著提高。因此，《意见》明确了新形势下加强党内法规制度建设的指导思想、总体目标、重点任务和重要举措，是党的历史上第一次出台加强党内法规制度建设的专门文件，具有里程碑式的重要意义。

2016年12月24日至25日，全国党内法规工作会议在京召开。习近平同志作出重要指示强调，党的十八大以来，党中央高度重视党内法规制度建设，推动这项工作取得重要进展和成效。加强党内法规制度建设是全面从严治党的长远之策、根本之策。我们党要履行好执政兴国的重大历史使命、实现党和国家的长治久安，必须坚持依法治国与制度治党、依规治党统筹推进、一体建设。要按照十八大和十八届三中、四中、五中、六中全会部署，认真贯彻落实《中共中央关于加强党内法规制度建设的意见》，以改革创新精神加快补齐党建方面的法规制度短板，力争到建党100周年时形成比较完善的党内法规制度体系，为提高党的执政能力和领导水平、推进国家治理体系和治理能力现代化、实现中华民族伟大复兴的中国梦提供有力的制度保障。

2017年10月18日，党的十九大报告提出，要增强依法执政本领，加快形成覆盖党的领导和党的建设各方面的党内法规制度体系，加强和改善对国家政权机关的领导。

2018年2月23日，中共中央公布了《中央党内法规制定工作第二个五年规划（2018—2022年）》。《规划》深入贯彻落实习近平新时代中国特色社会主义思想和党的十九大精神，着眼于到建党100周年时形成比较完善的党内法规制度体系，对今后5年党内法规制度建设进行顶层设计，提出了指导思想、目标要求、重点项目和落实要求，是推进新时代党内法规制度建设的重要指导性文件。《规划》提出，要适应新时代坚持和加强党的全面领导、以党的政治建设为统领全面推进党的各项建设的需要，到建党100周年时形成以党章为根本、以准则条例为主干，覆盖党的领导和党的建设各方面的党内法规制度体系，并随着实践发展不断丰富完善。党内法规制度质量明显提高，执行力明显提升，系统性、整体性、协同性明显增强。

由党中央以上重要决策部署可以看出，党中央对党内法规制度体系建设高度重视。为适应国家法治建设和党的建设的新形势新任务的需要，加快形成覆盖党的领导和党的建设各方面的党内法规制度体系，到建党100周年时应当全面建成新时代党内法规制度体系。结合《中央党内法规制定工作五年规划纲要(2013—2017年)》和《中央党内法规制定工作第二个五年规划（2018—2022年）》中对党内法规制度体系建设的要求，新时代党内法规制度体系应当有以下几个主要标志。

第一，整体上适应党的建设需要。建立健全党内法规制度体系，应当立足党情和实际，符合党的建设的一般规律，集中体现党和人民的意志，与全面从严治党、依规治党的需要相适应，与国家法治建设的需要相协调。

第二，基础主干法规制度已经制定。涵盖党的领导和党的建设的各个领域、各个方面的党内法规门类齐全，各个党规部门基本的、主要的党内法规已经齐备，党的领导和党的建设的各个领域、各个方面基本实现有规可依。

第三，实践急需的党内法规及时出台。针对党的建设和党的工作中存在的突出问题，以严肃党内政治生活、严明政治纪律和政治规矩、从严管理干部、推进作风建设、规范权力行使、发扬党内民主、加强党内监督、强化责任追究为重点，抓紧制定实践迫切需要的党内法规，切实解决干部群众普遍关注的热点难点问题。

第四，配套法规制度比较完备。与基础主干法规相配套的法规制度比较齐全，形成严密结构和制度合力。

第五，党内法规体系科学和谐统一。所有党内法规制度统一于宪法和党章，不同党规部门之间、不同位阶的党内法规之间、实体性规范和程序性规范、保障性规范与制裁性规范之间，做到上下配套、左右联动、前后衔接、系统集成。

第六，党内法规制度与国家法律法规衔接协调。党内法规制定机关与国家立法机关之间的沟通协调机制和备案审查联动机制运转顺畅，经过实践检验、立法条件成熟的党内法规能及时通过法定程序转化为国家法律，党内法规与国家法律相辅相成、和谐一致。

二、党内法规体系的分类标准

法的体系问题是法治建设的前提问题，只有建立相对完善的法的体系，法治建设才令有据可循。在国家法律中，法律体系研究相对比较成熟，也已经形成了相对比较完善的法律体系。法律体系即部门法体系。部门法，又称法律部门，是根据一定标准、原则所制定的同类规范的总称。从理论上看，法律体系是指由一国现行的全部法律规范按照不同的法律部门分类组合而形成的有机联系的统一整体。2011年10月27日，我国《中国特色社会主义法律体系》白皮书的公布，宣告了中国特色社会主义法律体系的正式形成。据此，我国的法律体系包括七个门类、三个层次。七个门类是：

宪法及宪法相关法、民商法、经济法、行政法、社会法、刑法、诉讼和非诉讼法。三个层次是指，以宪法为统帅，法律为主干，包括行政法规、地方性法规、自治条例和单行条例等规范性文件。

相对于较为成熟的国家法律体系，党内法规体系的理论研究与体系建设相对比较滞后，尚未形成比较完善的党内法规体系。从党内法规的形成发展历史来看，在建党和新中国成立初期，制定党内法规的主要目的是为了党组织工作、活动和党员行为的规范化问题，并没有考虑要从顶层设计高度来制定一个科学完备的党内法规体系。这就导致了党内法规体系建设从一开始就带有实用性、功利性和临时性色彩。只是后来，随着党内法规的数量越来越多，内容重复、条文冲突问题日益严重，党内法规体系建设问题才逐渐浮出水面，成为党的建设的一个重要内容。

随着党内法规工作的逐步发展，党内法规的制定主体范围也越来越广，不仅包括党的中央组织、中央纪律检查委员会和中央各部门，还包括省级党委，甚至一些副省级城市也被赋予了制定党内法规的试点授权。这样导致的一个结果就是，党内法规的数量越来越多。据不完全统计，截止到2017年底，全党约有2400部党内法规，包括170多部中央党内法规、200多部中央部委党内法规、2000多部地方党内法规，特别是党的十八大以来，党内法规制定工作驶入快车道，制定和修订了90多部党内法规，超过现有中央党内法规总数的50%；党内法规制度调整领域越来越广，涵盖党的领导、党的建设、全面从严治党各个方面；党内法规之间的体系性要求越来越高，组织规范、行为规范、监督保障规范各有侧重、三位一体；党内法规制度时间跨度越来越长，从新中国成立至今70年时间不同时期出台的党内法规并存，等等。这些问题的存在使得党内法规制度体系化建设问题日益突出、越来越紧迫。如果不抓紧解决好党内法规体系化问题，理顺各种党内法规间的上下左右新老内外等逻辑关系，那就很容易造成不同党内法规之间的边界不清、叠床架屋、相互掣肘甚至冲突打架，那就无法有效维护党内法规制度的协调统一、制约着制度合力的形成，那就不能适应全面从严治党、依规治党的现实需要。①

---

① 宋功德：《党规之治》，法律出版社2015年版，第4页。

在这种背景下，党的十八届四中全会提出，要"形成完善的党内法规体系"。2013年11月印发的《中央党内法规制定工作五年规划纲要(2013—2017年)》要求，"到建党100周年时全面建成内容科学、程序严密、配套完备、运行有效的党内法规制度体系"。2016年12月13日印发的《中共中央关于加强党内法规制度建设的意见》提出："党内法规制度体系，是以党章为根本，以民主集中制为核心，以准则、条例等中央党内法规为主干，由各领域各层级党内法规制度组成的有机统一整体。"因此，推进党内法规制度建设首先要构建以党章为根本、若干配套党内法规为支撑的党内法规制度体系，体系建设要坚持宏观思考、总体规划，要立治有体、施治有序，注重前后衔接、左右联动、上下配套、系统集成。正是在这个意义上，注重顶层设计、加强体系化建设，已经成为党内法规制度体系建设的主要问题和重点任务，重大而紧迫。

参照国家法律体系的概念，党内法规体系可以看作是一个由不同党内法规部门分类组合而形成的体系化有机整体。形成完善的党内法规体系，首先要将数量众多、门类繁杂的各种党内法规按一定的逻辑标准划分为若干部门分类。为保证党规部门分类的科学性、合理性，划分党规部门应当遵循以下原则：一要符合党的建设规律，覆盖全部党内法规，党规部门之间要界限清晰，便于学习、研究和遵守、执行；二要从实际出发，充分考虑党内法规调整的对象范围和现行党内法规的数量及分布情况；三要在不同党规部门的规模或数量之间保持相对均衡，不能使某些党规部门的党内法规特别多，某些特别少；四要以现行党内法规为基础，同时兼顾党内法规的发展变化。划分党内法规的部门分类，关键是要明确各个党内法规部门的内涵和外延，分类归类时具体问题具体分析，找到决定党内法规归属的主要因素，努力做到党内法规分类的科学合理。①

学术界当前对党内法规分类的研究成果较少，分类标准也不尽相同。比如，有的以党章的章节名称为标准，把党内法规分为党章、党员、党的组织制度、党的中央组织、党的地方组织、党的基层组织、党的干部、党的纪律、党的纪律检查机关和其他等；有的学者以党内法规的功能为标准，

---

① 李忠：《构建依规治党法规制度体系研究》，《西北大学学报(哲学社会科学版)》2017年第5期。

把党内法规分为党章、党内组织法规、党的行为法规、党内程序法规、党内监督法规等;①有的学者以党务活动的特点为标准,把党内法规分为党章、党员权利义务法规、党内组织法规、党务管理法规、党纪检查法规等;②有的学者以党内法规名称为标准,把党内法规分为章程、准则、条例、规则、规定、办法、细则7类;③有的学者参照国家法律的相关理论和做法,把党内法规分为具有"宪法"功能的党章、具有"刑法"功能的党内监督条例和纪律处分条例、具有"民法"功能的以党员权利保障条例为主体的保障党员党内民主权利相关法规、具有"行政法"功能的领导干部制度、具有"诉讼法"功能的党内法规中的程序性规范和保障性规范等。④上述分类方法和分类标准尽管各有所长,都有一定的语境合理性,但大多没有严格按照中央党内法规制定工作的两个五年规划中所确定的原则要求来,要么是没有覆盖党的领导和党的自身建设法规,要么是有的党内法规部门分类之间没有做到适度均衡。⑤

2013年颁布的《中央党内法规制定工作五年规划纲要(2013—2017年)》(以下简称《规划纲要》)和2014年出版的《中国共产党党内法规选编(2007—2012年)》,根据党内法规的调整对象对党内法规体系进行分类。据此可将党内法规体系分为八部分。

1. 党章及相关法规。用以规范党的性质和宗旨、路线和纲领、指导思想和奋斗目标、组织原则和组织机构、党员基本义务和基本权利、党的纪律,以及衍生于党章、与党章相配套、直接保障党章实施,确定党的理论和路线方针政策、确立党内生活基本准则、规定党员基本行为规范、规范党内法规制定活动、规定党的标志象征等的法规。党章以及相关法规是党内法规制度体系的骨架和主干,主要包括党代表大会制度、党内选举制度、党内法规制定制度、党旗党徽四方面的法规。这方面已制定的党内法规主要有《中国共产党全国代表大会和地方各级代表大会代表任期制暂行条例》《中国共产党地方组织选举工作条例》《中国共产党基层组织选举工

---

① 兰亚宾:《党内法规建设存在的问题及对策研究》,《理论学刊》2005年第11期。
② 周叶中:《关于中国共产党党内法规建设的思考》,《法学论坛》2011年第4期。
③ 白建民:《学习贯彻党章与加强党内法规制度建设》,《安徽工业大学学报》2006年第7期。
④ 潘泽林:《中国共产党党内法规及其体系构建问题研究》,《南昌大学学报》2007年第1期。
⑤ 李忠:《构建依规治党法规制度体系研究》,《西北大学学报》2017年第5期。

作暂行条例》《中国共产党党内法规制定条例》等。

2. 党的领导和党的工作方面法规。用以调整党在发挥总揽全局、协调各方的领导核心作用时，与人大、政府、政协、司法机关、人民团体、企业事业单位、军队等形成的领导与被领导关系，主要规定党的领导体制机制、领导方式，规范党组工作、纪律检查工作、组织工作、宣传工作、政法工作、统一战线工作、军队工作、群众工作等，为党更好地实施领导、执政治国提供制度保证。

3. 思想建设方面法规。用以规范党的思想建设方面的工作和活动，主要包括规范思想建设、理论武装、党性教育、道德建设等的法规。

4. 组织建设方面法规。用以规范党的组织建设方面的工作和活动，主要包括规范党的组织制度、组织机构、干部队伍、党员队伍、人才工作等的法规。

5. 作风建设方面法规。用以规范党的作风建设方面的工作和活动，主要包括规范思想作风、工作作风、领导作风、学风、干部生活作风等的法规。

6. 反腐倡廉建设方面法规。用以规范党的反腐倡廉建设方面的工作和活动，主要包括规范反腐败领导体制机制、反腐倡廉教育、党内监督、预防腐败、惩治腐败等的法规。

7. 民主集中制建设方面法规。用以规范党的民主集中制建设方面的工作和活动，推动民主集中制具体化、程序化，主要包括规范党员民主权利保障、党的代表大会制度、党的委员会制度、党内选举制度、党内基层民主、党的纪律等的法规。

8. 机关工作方面法规。用以规范党的机关运行和服务保障体制机制，主要包括规范党的各级机关公文办理、会议活动服务、综合协调、信息报送、督促检查、法规服务、安全保密、通信保障、档案服务、机关事务管理等的法规。

以上八部分构成完整统一的党内法规体系。这种分类方法具有以下特点和优势。

第一，切合党内法规建设实际。在八部分中，第一部分规范立党管党治党方面的最基本关系，第二部分规范党与非党组织的关系，第三至第七部分规范党的自身建设,第八部分规范党的机关工作。这种分类方法突出了党的总章程、总规矩,涵盖了党的对内对外两个方面,覆盖了党的建设和党的工作各个领域,既可以保证现有党内法规制度各安其位,又为将来党内法规制度的立改废预留空间,具有较强的包容性和开放性。

第二,切合党章及相关法规的统领地位。党章是制定其他党内法规的总依据,党章相关法规是与党章相配套、直接保障党章实施的法规规范,在党内法规体系中发挥统领作用。将党章及相关法规单独作为一部分,充分体现了党内法规体系化建设"以党章为根本"的特点。

第三,凸显"大党建"格局。党内法规体系应当涵盖党的自身建设和执政治国两方面法规。主要理由:一是符合党章的"大党建"架构。党章的调整范围涵盖党的领导和党的建设两方面,以党章为根本的党内法规体系应当体现"大党建"格局。二是符合党内法规调整范围。《制定条例》规定,党内法规是规范党组织的工作、活动和党员行为的党内规章制度的总称,其中"党组织的工作"除党的纪律检查工作、组织工作、宣传工作等自身建设外,还包括党的教育工作、群众工作等,后者一般属于党的领导和执政范畴。三是符合中央的"大党建"部署。党的十八大提出,全面提高党的建设科学化水平,要牢牢把握加强党的执政能力建设、先进性和纯洁性建设这条主线,兼顾了党的执政治国与自身建设两个方面;党的十八届三中全会关于党的建设制度改革部署,提出要使党的执政能力和自身建设两方面制度更加成熟更加定型的要求。四是符合党内法规建设是"大党建"的实际。中央党内法规和规范性文件集中清理的结果显示,1978年至2012年6月底期间中央制定的767件文件中,属于党的领导和党的工作方面的有276件,属于党的自身建设方面的350件,属于党的机关运行方面的141件。八部分除党章及相关法规和涵盖党的思想建设、组织建设、作风建设、反腐倡廉建设、民主集中制建设等党的自身建设领域外,还将党的领导和党的工作单列为一部分,有利于改进党的领导方式和执政方式。

第四,体现党的十八大关于党的建设部署和习近平总书记系列重要讲话精神。党的十八大提出全面提高党的建设科学化水平,围绕理想信念、保持党同人民群众血肉联系、党内民主、干部人事制度、人才工作、基层党建、反对腐败、党的纪律等提出明确要求,习近平总书记对改进工作作风、严明政治纪律、厉行节约反对浪费、"把权力关进制度的笼子里"等作出重要指示批示,八部分与党的十八大关于党的建设部署和习近平总书记系列讲话精神紧密对应。

第五,符合党内法规体系内在逻辑。借鉴中国特色社会主义法律体系的划分方法,根据调整对象的不同将党内法规体系划分为以党章为统领的八部分,有利于厘清八部分之间的边界和众多党内法规之间的逻辑关系,呈现出一个以党章为根本、主干突出、主次分明的树状党内法规体系,易于为党员、干部所接受,为理论界和实际工作部门所认可。①

总的来看,这种分类具有较强的现实意义。但党的十九大上对新时代党的建设总布局提出了新的要求,传统的"思想建设、组织建设、作风建设、反腐倡廉建设和制度建设"五大分类已经被新的"政治建设、思想建设、组织建设、作风建设、纪律建设和贯穿其中的制度建设"代替,因此,这种分类虽然具有较强的合理性,但也不能成为新时代党内法规制度体系分类的标准。

2016年12月13日,中共中央印发的《中共中央关于加强党内法规制度建设的意见》提出,完善以"1+4"为基本框架的党内法规制度体系,即在党章之下分为党的组织法规制度、党的领导法规制度、党的自身建设法规制度、党的监督保障法规制度4大板块。

1.完善党的组织法规制度,全面规范党的各级各类组织的产生和职责,夯实管党治党、治国理政的组织制度基础。

2.完善党的领导法规制度,加强和改进党对各方面工作的领导,为党发挥总揽全局、协调各方领导核心作用提供制度保证。

3.完善党的自身建设法规制度,加强党的思想建设、组织建设、作风建设、反腐倡廉建设,深化党的建设制度改革,增强党的创造力、凝聚力、战斗力。

4.完善党的监督保障法规制度,切实规范对党组织工作、活动和党员行为的监督、考核、奖惩、保障等,确保行使好党和人民赋予的权力。

2018年中共中央颁布的《中央党内法规制定工作五年规划纲要(2018—

---

① 李忠:《构建依规治党法规制度体系研究》,《西北大学学报》2017年第5期。

2022年)》延续了《中共中央关于加强党内法规制度建设的意见》中的"1+4"分类标准,提出要适应新时代坚持和加强党的全面领导、以党的政治建设为统领全面推进党的各项建设的需要,到建党100周年时形成以党章为根本、以准则条例为主干,覆盖党的领导和党的建设各方面的党内法规制度体系,并随着实践发展不断丰富完善,党内法规制的系统性、整体性、协同性明显增强。2018年《规划纲要》提出,要坚持以党章为根本遵循,要突出准则在党内法规制度体系中的特殊地位和作用,要完善党的组织法规,要完善党的领导法规,要完善党的自身建设法规,要完善党的监督保障法规。由此可见,2018年《规划纲要》确立的"1+1+4"的体系分类,把党内法规分为党章、准则、党的组织法规、党的领导法规、党的自身建设法规和党的监督保障法规六类。

1.坚持以党章为根本遵循,全面贯彻党章精神和党章规定,特别是将十九大党章修正案的新规定和新要求细化具体化,切实维护党章权威性和严肃性。坚持问题导向,直面人民群众反映强烈,弱化党的领导、损害党的先进性和纯洁性的问题,发挥制度的治本作用,抓紧制定实践亟须、条件成熟、务实管用的法规制度,堵塞制度漏洞。坚持立改废释并举。坚持党内法规和规范性文件相得益彰。坚持党内法规同国家法律衔接和协调。

2.突出准则在党内法规制度体系中的特殊地位和作用。在已有党内政治生活准则和廉洁自律准则基础上,研究制定党的思想道德、密切联系群众方面的相关准则,为规范党组织活动和党员行为提供基本准绳。

3.完善党的组织法规。坚持民主集中制这一根本组织原则,全面规范党的各级各类组织的产生和职责,夯实管党治党、执政治国的组织制度基础,为坚持和加强党的全面领导、实现党在新时代的历史使命提供坚强组织保证。重点制定中国共产党中央委员会工作条例、中国共产党纪律检查委员会工作条例、国有企业党组织工作条例、中国共产党支部工作条例等党内法规;修订中国共产党全国代表大会和地方各级代表大会代表任期制暂行条例、中国共产党地方组织选举工作条例、中国共产党基层组织选举工作暂行条例、中国共产党农村基层组织工作条例、中国共产党党和国家机关基层组织工作条例、中国共产党普通高等学校基层组织工作条例、中国共产党党组工作条例(试行)等党内法规。

4.完善党的领导法规。坚持党对一切工作的领导,完善党的领导体制机制,改进领导方式,提高执政本领,不断增强党的政治领导力、思想引领力、群众组织力、社会号召力,把党总揽全局、协调各方落到实处。重点制定中国共产党重大事项请示报告条例,党中央领导全面深化改革工作、经济工作、法治工作等方面的规定,中国共产党农村工作条例、宣传工作条例、组织工作条例、政法工作条例、机构编制工作条例、群团工作条例、外事工作条例、人才工作条例等党内法规;修订中国共产党统一战线工作条例(试行)、中国人民解放军政治工作条例等党内法规。

5.完善党的自身建设法规。坚持党要管党、全面从严治党,以党的政治建设为统领,全面推进党的政治建设、思想建设、组织建设、作风建设、纪律建设,把制度建设贯穿其中,深入推进反腐败斗争,不断提高党的建设质量,增强党的建设工作的科学性和有效性。重点制定加强党的政治建设方面的法规制度、党员教育管理工作条例、公务员职务与职级并行规定、党委(党组)落实全面从严治党主体责任规定等党内法规;修订党政领导干部选拔任用工作条例、中央企业领导人员管理暂行规定等党内法规。

6.完善党的监督保障法规。按照"规范主体、规范行为、规范监督"相统筹相协调原则,切实加强对党组织和党员干部的监督、奖惩、保障,建立健全相关法规制度,形成有权必有责、有责要担当、用权受监督、失责必追究的激励约束机制,确保行使好党和人民赋予的权力。重点制定党政领导干部考核工作条例、纪律检查机关监督执纪工作规则、党内关怀帮扶办法、组织处理办法等党内法规;修订中国共产党党员权利保障条例、中国共产党纪律处分条例、中国共产党问责条例、中国共产党党内法规制定条例等党内法规。修订完善信息、督查、机要密码工作等方面的法规制度。

应当说,这种"1+4"或"1+1+4"分类基本反映了党的建设实际,覆盖党的建设各领域各方面,各类之间也大致平衡,具有较强的科学性和合理性。但严格来说,其也存在一定的问题。

一是分类标准的界定厘清问题。党的组织法规制度主要职能是规范党的各级各类组织的产生和职责,夯实管党治党、治国理政的组织制度基础,但是在党的自身建设法规中,又包括党的政治建设、思想建设、组织建设、作风建设、纪律建设，从目前的分类来看，二者的区别似乎是：党的组织法规制度用来全面规范党的各级各类组织的产生和职责，党的自身建设中的组织建设法规用来规范党员的行为和权利义务关系。但这二者是否能在理论上截然区分开来仍然存在着疑问。因而，如何进一步界定和厘清党的组织法规建设和党的自身建设中的组织建设法规的范围是一个仍然需要加以研究的问题。

二是分类内容的交叉重叠问题。党的自身建设法规制度中有加强党的政治建设、思想建设、组织建设、作风建设、纪律建设方面的党内法规，这部分党内法规往往以党的纪律形式表现出来，尤其是党的纪律建设法规，顾名思义就是对党的纪律建设加以规定的党内法规的总称，肯定会涉及党纪方面的内容。而在完善党的监督保障法规中，有一部分内容涉及对党组织和党员干部的监督、奖惩，这部分内容也会以党的纪律法规的形式表现出来。比如《中国共产党纪律处分条例》在2018年《规划纲要》确立的"1+1+4"体系中划入了党的监督保障法规之中，但从理论来讲似乎也可以将其划入党的自身建设中的纪律建设法规之中。

三是分类逻辑的并列包容问题。党的十九大报告提出："党政军民学，东西南北中，党是领导一切的。"为了贯彻落实党的十九大精神，2018年《规划纲要》提出，要完善党的领导法规，坚持党对一切工作的领导，完善党的领导体制机制，改进领导方式，提高执政本领，不断增强党的政治领导力、思想引领力、群众组织力、社会号召力，把党总揽全局、协调各方落到实处。这在分类上将"党的领导法规"与"党的组织法规""党的自身建设法规""党的监督保障法规"并列起来。但既然党是领导一切的，那么不论是党的组织法规、自身建设法规还是党的监督保障法规，都要在党的领导下开展，在逻辑上应该是包容关系，属于党的领导法规的具体内容，而不应当是并列关系。再如，党的领导法规中提及的"中国共产党宣传工作条例"从党管宣传角度来看，可以划入党的领导法规，但如果从内容角度来看，似乎也可以划入党的自身建设中的思想建设法规范畴。同理，党的领导法规中列举的其他领域的党内法规，如机构编制工作条例、群团工作条例、人才工作条例，也面临着同样的问题。

三、党内法规体系的结构框架

根据不同的党内法规体系的分类标准,可以构建不同的党内法规制度体系。根据《中国共产党党内法规制定条例》确定的党内法规的逻辑结构和内容框架,可以将党内法规体系作如下分类。

(一)按照党内法规的名称来划分,分为党章、准则、条例、规则、规定、办法、细则7种。

1.党章。党章是最根本的党内法规,是立党、治党、管党的总章程,是制定其他党内法规的基础和依据,由党的全国代表大会指定、修改并发布,在党内具有最高权威性和最大约束力。党章对党的性质和宗旨、路线和纲领、指导思想和奋斗目标、组织原则和组织机构、党员义务和权利以及党的纪律等作出根本规定,对党内政治生活、组织生活的所有重大原则问题都提出了明确要求,既为全党统一思想、统一行动提供了根本准则,又为制定党内其他规章制度提供了根据和基础。民主集中制是党的根本组织原则,也是党的根本组织制度和领导制度,贯穿于党的组织和活动的各个方面,体现在党的路线方针政策的制定和实施的全过程,是党内法规制度体系的核心。党内各项制度包括组织制度、领导制度、生活制度、工作制度,实质上都是民主集中制原则在党的建设和党内生活中的具体体现和实际应用。只有以党章为根本,以民主集中制为核心,推进党内根本制度、基本制度、具体制度的健全与完善,才能逐步形成完整、系统、配套、协调的党内法规制度体系。

中国共产党在新民主主义时期制定过七部党章。其中"一大"到"六大"的六部党章都是在共产国际直接指导帮助下制定的,反映出中国共产党幼年时期党的建设的一些特点。1945年七大制定的党章,则是在1943年共产国际解散后由中国共产党独立自主制定的,标志着中国共产党在政治上和党的建设上的完全成熟。现行党章是1982年9月党的十二大修改制定的。30年来,在保持党章基本内容稳定的前提下,根据形势和任务发展变化,党的十三大、十四大、十五大、十六大、十七大、十八大和十九大都对党章作了不同程度的修改。

2. 准则。准则对全党政治生活、组织生活和全体党员行为作出基本规定，是仅次于党章的重要基础性党内法规。准则是对党章的重要补充，集中体现了党章精神，是处理党内关系、开展党外活动、规范全体党员行为的基本标准或者原则，是全党必须遵循的基本行为规范。准则效力仅次于党章，由党的中央委员会全体会议或者中央政治局会议审议通过。目前共有1980年2月29日通过的《关于党内政治生活的若干准则》、2016年1月1日起施行的《中国共产党党员领导干部廉洁从政若干准则》和1980年2月29日通过的《关于新形势下党内政治生活的若干准则》等三部准则。

3. 条例。条例是对党的某一领域重要关系或某一方面重要工作作出全面规定的党内法规，其规范对象通常是党内生活中某一领域或者某一方面比较重大的问题。条例是党章精神和党章规定的具体化，对党的某领域重要关系或者某一方面重要工作作出全面规定，是党的领导和党的建设的基本遵循，一般由中央政治局会议或者中央政治局常委会会议审议通过。当前，条例级别的党内法规主要有：

（1）中国共产党党务公开条例（试行）（自2017年12月20日起施行）

（2）中国共产党工作机关条例（试行）（自2017年3月1日起施行）

（3）中国共产党党内监督条例（2016年10月27日通过）

（4）中国共产党问责条例（自2016年7月8日起施行）

（5）中国共产党地方委员会工作条例（自2015年12月25日起施行）

（6）中国共产党纪律处分条例（自2018年10月1日起施行）

（7）中国共产党巡视工作条例（2017年7月1日修改）

（8）干部教育培训工作条例（自2015年10月14日起施行）

（9）中国共产党党组工作条例（试行）（自2015年6月11日起施行）

（10）党政领导干部选拔任用工作条例（2014年1月印发）

（11）党政机关厉行节约反对浪费条例（2013年11月印发）

（12）中国共产党党内法规制定条例（自2013年5月27日起施行）

（13）党政机关公文处理工作条例（自2012年7月1日起施行）

（14）中国共产党党和国家机关基层组织工作条例（2010年6月4日印发）

（15）中国共产党党校工作条例（2008年9月3日印发）

（16）中国共产党全国代表大会和地方各级代表大会代表任期制暂行条例（2008年5月5日印发）

（17）中国共产党党员权利保障条例（2004年9月22日印发）

（18）中国共产党农村基层组织工作条例（1999年2月13日印发）

（19）中国共产党地方组织选举工作条例（1994年1月26日印发）

（20）中国共产党纪律检查机关案件检查工作条例（自1994年5月1日起施行）

（21）中国共产党纪律检查机关控告申诉工作条例（自1993年9月1日起施行）

（22）中国共产党基层组织选举工作暂行条例（1990年6月27日印发）

（23）党的纪律检查机关案件审理工作条例（1987年7月14日印发）

4. 规则。规则是对党的某一方面重要工作或者事项作出具体规定，是由中央纪律检查委员会、中央各部门和省、自治区、直辖市党委制定的党内法规。规则规范党的领导机关的议事程序和工作方法，常见的有议事规则和工作规则两类。规则层级的党内法规较少，主要有：2017年1月8日通过的《中国共产党纪律检查机关监督执纪工作规则（试行）》和2017年印发的《中国共产党党委（党组）理论学习中心组学习规则》两部。

5. 规定。规定是对党的某一方面重要工作或者事项作出具体规定，是由中央纪律检查委员会、中央各部门和省、自治区、直辖市党委制定的党内法规。规定是调整党内生活中的一般性问题或者某一方面工作的党内法规，规范的范围和对象比较集中，措施和要求比较具体。规定层级的党内法规数量较多，主要有：

（1）县以上党和国家机关党员领导干部民主生活会若干规定（自2016年12月23日起施行）

（2）行政执法类公务员管理规定（试行）（自2016年7月8日起施行）

（3）专业技术类公务员管理规定（试行）（自2016年7月8日起施行）

（4）推进领导干部能上能下若干规定（试行）（自2015年7月19日起施行）

（5）中国共产党党内法规和规范性文件备案规定（自2012年7月1日起施行）

（6）农村基层干部廉洁履行职责若干规定（试行）（2011年5月23日印发）

（7）党政主要领导干部和国有企业领导人员经济责任审计规定（2010年10月12日印发）

（8）关于领导干部报告个人有关事项的规定（2010年5月26日印发）

（9）关于实行党风廉政建设责任制的规定（自2010年11月10日起施行）

（10）党政机关国内公务接待管理规定（2013年12月印发）

（11）国有企业领导人员廉洁从业若干规定（2009年7月印发）

（12）关于纪委协助党组织协调反腐败工作的规定（试行）（2005年7月26日印发）

（13）中共中央纪委关于省、地两级党委、政府主要领导干部配偶、子女个人经商办企业的具体规定（试行）（2001年2月8日印发）

（14）中央纪委监察部关于保护检举、控告人的规定（1996年1月19日）

（15）关于实行党政领导干部问责的暂行规定（2009年6月30日印发）

（16）新录用公务员任职定级规定（2008年7月16日印发）

（17）公务员培训规定（试行）（2008年6月27日印发）

（18）抗震救灾款物管理使用违法违纪行为处分规定（2008年5月29日印发）

（19）关于中国共产党党费收缴、使用和管理的规定（自2008年4月1日起施行）

（20）公务员职务任免与职务升降规定（试行）（2008年2月29日印发）

（21）公务员调任规定（试行）（2008年2月29日印发）

（22）公务员奖励规定（试行）（2008年1月4日印发）

（23）中共中央组织部、人事部、总政治部关于印发《人事争议处理规定》的通知（自2007年10月1日起施行）

（24）公务员考核规定（试行）（2007年1月4日印发）

（25）党政领导干部职务任期暂行规定（2006年6月10日印发）

（26）党政领导干部任职回避暂行规定（2006年6月10日印发）

（27）党政领导干部交流工作规定（2006年6月10日印发）

（28）关于党员领导干部述职述廉的暂行规定（2005年12月19日印发）

（29）党政机关竞争上岗工作暂行规定（2004年4月8日印发）

（30）公开选拔党政领导干部工作暂行规定（2004年4月8日印发）

（31）党政领导干部辞职暂行规定（2004年4月8日印发）

（32）建设部、中共中央组织部、财政部关于易地调动干部住房管理暂行规定（2003年7月30日印发）

（33）关于加强国家工作人员因私事出国（境）管理的暂行规定（2003年1月14日印发）

（34）国有重要骨干企业领导人员任职和公务回避暂行规定（2001年4月30日印发）

（35）关于党政机关工作人员个人证券投资行为若干规定（2001年4月3日印发）

（36）党政领导干部任职试用期暂行规定（2001年2月6日印发）

（37）中共中央办公厅　国务院办公厅关于对党和国家机关工作人员在国内交往中收受礼品实行登记制度的规定（1995年4月30日）

（38）关于查处党员违纪案件中收集、鉴别、使用证据的具体规定（1991年7月23日）

（39）中共中央纪律检查委员会关于审理党员违纪案件工作程序的规定（1991年7月13日）

（40）中共中央关于地方党委向地方国家机关推荐领导干部的若干规定（1990年1月12日）

（41）中共中央办公厅　国务院办公厅关于县以上党和国家机关退（离）休干部经商办企业问题的若干规定（1988年10月3日）

6. 办法。办法是对党的某一方面重要工作或者事项作出具体规定，是由中央纪律检查委员会、中央各部门和省、自治区、直辖市党委制定的党内法规。办法是就贯彻执行条例、规定或者开展某项工作的方法、步骤和措施作出规定的党内法规，具有较强的程序性、针对性和可操作性。办法层级的党内法规主要有：

（1）公务员考试录用违纪违规行为处理办法（自2016年10月1日起施行）

（2）中央纪委监察部派驻机构工作汇报暂行办法（2007年7月23日

印发）

（3）中央纪委监察部向派驻机构通报情况暂行办法（2007年7月23日印发）

（4）地方党委委员、纪委委员开展党内询问和质询办法（试行）（2007年4月22日印发）

（5）中共中央纪委监察部派驻机构业务工作管理暂行办法（2004年4月1日印发）

（6）中共中央纪委监察部派驻机构干部工作管理暂行办法（2004年4月1日印发）

（7）新录用公务员试用期管理办法（试行）（2011年5月25日印发）

（8）党政领导干部选拔任用工作有关事项报告办法（试行）（2010年3月印发）

（9）党政领导干部选拔任用工作责任追究办法（试行）（2010年3月印发）

（10）地方党委常委会向全委会报告干部选拔任用工作并接受民主评议办法（试行）（2010年3月印发）

（11）市县党委书记履行干部选拔任用工作职责离任检查办法（试行）（2010年3月印发）

（12）关于对党员领导干部进行诫勉谈话和函询的暂行办法（2005年12月19日印发）

（13）党的地方委员会全体会议对下一级党委、政府领导班子正职拟任人选和推荐人选表决办法（2004年4月8日印发）

（14）党政领导干部选拔任用工作监督检查办法（试行）（2003年6月19日印发）

（15）中共中央办公厅　国务院办公厅关于对涉及农民负担案（事）件实行责任追究的暂行办法（2002年8月9日印发）

（16）关于党政机关县（处）级以上党员领导干部违反廉洁自律规定购买、更换小汽车行为的党纪处理办法（1996年8月26日印发）

7. 细则。细则是对党的某一方面重要工作或者事项作出具体规定，是由中央纪律检查委员会、中央各部门和省、自治区、直辖市党委制定的党内法规。细则是对条例、规定的内容作出明确解释或者更加详细具体的规定，以便理解、执行和遵守的党内法规。细则有附属性，不得同条例、规定相抵触，也不得超越条例、规定的框架创制新的规范。细则层级的党内法规有：2017年10月27日党的十九届中共中央政治局审议通过的《中共中央政治局贯彻落实中央八项规定的实施细则》、2014年印发的《中国共产党发展党员工作细则》两部。

（二）按照党内法规的制定主体来划分，分为中央党内法规、部门党内法规和地方党内法规。

1. 中央党内法规。中央党内法规是由党的中央组织制定的党内法规，主要规定下列重大事项：①党的性质和宗旨、路线和纲领、指导思想和奋斗目标；②党的各级组织的产生、组成和职权；③党员义务和权利方面的基本制度；④党的各方面工作的基本制度；⑤涉及党的重大问题的事项；⑥其他应当由中央党内法规规定的事项。党的中央组织主要包括：党的全国代表大会、中央委员会、中央政治局、中央政治局常务委员会及其办事机构和职能部门。中央党内法规既可以表现为党章、准则、条例形式，也可能表现为规则、规定、办法、细则形式。

2. 部门党内法规。部门党内法规是由中央纪律检查委员会和中央各部门就其职权范围内有关事项制定党内法规，如2017年1月8日中国共产党第十八届中央纪律检查委员会第七次全体会议通过的《中国共产党纪律检查机关监督执纪工作规则（试行）》。在名称上，中央纪律检查委员会、中央各部门制定的党内法规，一般只能称为规则、规定、办法、细则，不能称为准则、条例。部门党内法规的制定主体主要包括：中共中央纪律检查委员会机关、中共中央办公厅、中共中央组织部、中共中央宣传部、中共中央统战部、中共中央对外联络部、中共中央政法委员会机关、中共中央对外宣传办公室、中国共产党中央和国家机关工作委员会等。

3. 地方党内法规。地方党内法规是由省、自治区、直辖市党委就其职权范围内有关事项制定党内法规，在名称上，省、自治区、直辖市党委制定的党内法规也只能称为规则、规定、办法、细则，不能称为准则、条例。《中共中央关于加强党内法规制度建设的意见》提出：探索赋予副省级城市和省会城市党委在基层党建、作风建设等方面的党内法规制定权。2017年5月，党中央决定在沈阳、福州、青岛、武汉、深圳、南宁、兰州7个副省级城市和省会城市开展党内法规制定试点，为期1年。各试点城市将围绕基层党建、作风建设，率先探索制定出台符合地方实际、操作性强、务实管用的党内法规，为推动全面从严治党向基层延伸提供制度支撑，为全国提供可复制可推广的经验。因此，上述7个副省级城市和省会城市也可以制定党内法规。

在效力层级上，中央党内法规的效力高于中央纪律检查委员会、中央各部门制定的部门党内法规和省、自治区、直辖市党委以及授权副省级城市和省会城市党委制定的地方党内法规的效力。省、自治区、直辖市党委以及授权副省级城市和省会城市党委制定的地方党内法规不得同中央纪律检查委员会、中央各部门制定的党内法规相抵触。同一机关制定的党内法规，一般规定与特别规定不一致的，按照"特别法优于一般法"原则，适用特别规定；如果旧的规定与新的规定不一致的，按照"新法优于旧法"原则，适用新的规定。如果中央纪律检查委员会、中央各部门制定的党内法规对同一事项的规定不一致的，提请中央处理。如果中央纪律检查委员会、中央各部门和省、自治区、直辖市党委以及授权副省级城市和省会城市党委发布的党内法规，同党章和党的理论、路线、方针、政策相抵触的，同宪法和法律不一致的，同中央党内法规相抵触的，则由中央责令改正或者予以撤销。

（三）按照党内法规的内在运行逻辑划分，可以将党内法规分为党的组织法规、党的行为法规和党的监督保障法规三大类。

一个完善的制度体系应当是主体、行为、监督三位一体的完整闭合系统。全面从严治党、依规治党，需要解决党组织的产生和职责、党的工作和活动（包括党的领导和党的建设）和党内监督保障3个基本问题。据此，将党内法规制度体系划分为党的组织法规制度、党的行为法规制度、党的监督保障法规制度三个平行板块，符合党内法规制度建设的内在逻辑。其中，党的组织法规制度侧重从"主体"上解决各级各类党组织的产生、职责和运行问题，党的行为法规侧重从"行为"上对外解决党的领导和执政活动问题，对内解决党的思想建设、组织建设、作风建设、反腐倡廉建设等问题，党的监督保障法规制度侧重从"监督保障"上解决党内监督、问责、党纪处分、党员权利保障、党的机关运行保障等问题，据此形成主体、行为、监督保障三位一体的制度结构。①

1. 党的组织法规。"徒法不足以自行"，再好的法律法规也需要主体来执行实施。党内法规的执行实施主体主要为各级党组织以及党组织机构中的党员干部。因此，党的组织法规主要用以规范党的组织建设方面的工作和活动，主要包括规范党的组织制度、组织机构、党员队伍、干部队伍、人才工作等法规。这方面已制定的党内法规主要有《中国共产党地方委员会工作条例》《中国共产党党和国家机关基层组织工作条例》《中国共产党农村基层组织工作条例》《中国共产党党员权利保障条例》《党政领导干部选拔任用工作条例》等。

2. 党的行为法规。党内法规是党的各级组织和全体党员开展工作、从事活动的基本遵循。2013年5月27日，中共中央发布的《中国共产党党内法规制定条例》第二条规定："党内法规是党的中央组织以及中央纪律检查委员会、中央各部门和省、自治区、直辖市党委制定的规范党组织的工作、活动和党员行为的党内规章制度的总称。"因此，党的各级组织的工作活动以及全体党员的行为都要接受党内法规的监督，以党内法规为基本遵循。在这个意义上，党内法规就是党的各级组织和全体党员的行为规范。党的十九大提出了新时代党的建设总要求，新时代的党内法规建设要体现新时代党的建设新要求，使得党内法规涵盖党的政治建设、思想建设、组织建设、作风建设、纪律建设，并把制度建设贯穿其中。

3. 党的监督保障法规。权利和义务是不可分的，权力和责任也从来都是一体的。在对主体和行为作出规范之后，紧接着需要对主体的行为的监督保障给予规定。党的监督保障法规主要规范对党组织的工作、活动和党员行为的监督、考核、奖惩、处理、保障等事项，重点是规范领导机关、领导干部用权行为，保障党员民主权利，形成有权必有责、有责要担当、用权受监督、失职必追究的权力运行和制约机制，确保行使好党和人民赋

---

① 宋功德：《党规之治》，法律出版社2015年版，第292页。

予的权力不被滥用。

四、党内法规制度体系的发展完善

党内法规制度体系的完备程度是法治体系完备与否的重要标志，也是国家治理体系与治理能力现代化与否的重要标志，更是衡量政党执政水平的重要标志。一个成熟的政党，其发展完善离不开完备的党内法规制度体系。不论是党内工作的规范开展，还是党内纪律规范的确立执行，都需要以完备的党内法规制度体系为后盾。我们党从成立之初，就特别注重党内法规对规范党组织和全体党员的重要作用，陆续颁布了党章等一系列重要党内法规。新中国成立以来特别是改革开放以来，我们党延续了制度治党的传统，陆续制定颁布了一批重要党内法规，初步形成了党内法规制度体系，为管党治党、治国执政提供了重要制度保障。新形势下，党的建设面临一系列新情况新问题新挑战，党要管党、从严治党的任务比以往任何时候都更为繁重、更为紧迫。全面提高党的建设科学化水平，必须建立健全以党章为根本、以民主集中制为核心、由一系列相关具体法规制度组成的党内法规制度体系。

从党内法规发展的内在要求来看，完善的党内法规制度体系需要符合以下几个条件：一是不同领域的党内法规制度要功能清晰、左右联动，不重叠不冲突；二是不同位阶的党内法规制度要层次分明、上下配套，不越位不抵触；三是不同类型的党内法规制度要各就各位、相互匹配，实体性、程序性、保障性规范不缺位不脱节；四是不同形式的党内法规制度要各展其长、相得益彰，党内法规和有关规范性文件不错位不掣肘；五是党内法规制度要做到同国家法律制度的衔接和协调，党规与国法科学分工、界限清晰，党规党纪严于国法但又不同国法相抵触，形成党规与国法相辅相成、相互促进、相互保障的格局。[①]

当前，党内法规制度体系建设的目标是要形成涵盖党的建设和党的工作主要领域、适应管党治党需要的党内法规制度体系框架，使党执政的制

---

① 宋功德：《党规之治》，法律出版社2015年版，第292页。

度基础更加巩固，为到建党 100 周年时全面建成内容科学、程序严密、配套完备、运行有效的党内法规制度体系打下坚实基础。为实现这一目标，就要坚持科学立法、民主立法的基本理念，坚持内容科学、程序严密、配套完备、运行有效的基本要求，遵循法规制度建设的内在规律，妥善处理数量与质量、前瞻性与现实性等关系，确保党内法规制度适应党的建设和党的工作需要，体现广大党员干部心声意愿，经得起实践和历史检验。

党内法规制度体系建设体现了坚持依法治国和依规治党的相统一，在治国理政方面的依据是宪法和国家法律，在管党治党方面的依据是党章和党内法规。改革开放以来，在中国共产党领导下，中国特色社会主义法律体系已经形成并不断发展完善，党内法规制度建设也取得了长足进展。但受诸多主客观条件的限制，两者之间还存在一些衔接不够、协调不够的地方。有的党内法规在制定过程中缺乏论证，部分党纪规定与国法重复，有些党纪规定还有待进一步转化为国法，等等。建设中国特色社会主义法治体系，必须注重党内法规同国家法律的衔接和协调，处理好党内法规与国家法律之间的关系，不断提高党内立规和国家立法的科学化水平。实现党内法规同国家法律的衔接和协调，必须坚持以党章和宪法为基本遵循。党章规定"党必须在宪法和法律的范围内活动"。《中国共产党党内法规制定条例》也规定，制定党内法规应当"遵守党必须在宪法和法律范围内活动的规定"的原则。宪法明确规定必须坚持党的领导。我们要将这些原则贯彻到党内立规实践中去，保证党内法规体现党章和宪法的精神和要求，保证党内法规制度体系与中国特色社会主义法律体系内在统一，为管党治党提供坚实的依据和保障。要切实做好党内法规特别是党纪的立、改、废、释工作，对于党纪中虽有规定但可以由法律法规进行规范的，尽量通过法律法规来体现；对于法律既没有规定也不适合规定的事项，应由党纪逐步实现全面覆盖；对于同实践要求不相适应的党纪，应及时修订或废止；对于立法法明确规定应由国家法律规定的事项，党内法规不应作出规定；对于那些经过实践检验、应转化为法律的党纪，应及时通过法定程序将其转化为国家法律，逐步形成党内法规与国家法律的衔接机制。

第五章

党章是党内法规制度建设的根本遵循

第一节　党章的性质地位和历次修订情况

一、党章是党的根本大法

党章是党的章程的简称。党章是党的根本大法，是立党、治党、管党的总章程，集中表达党的理论基础和政治主张，集中体现党的整体意志和共同理想，为全党统一思想、统一行动提供了根本准则。党章又是全面从严治党的根本依据，对党内政治生活、组织生活的所有重大原则问题都提出了明确要求，规定了党内的各项基本制度，并为制定党内其他规章制度提供了根据和基础。

党章一般由党的代表大会制定和通过，在内容上主要是规定党纲、组织机构、组织制度、党员条件、党员的权利义务、党的纪律等。党章的内容随着形势的发展、任务的变化、斗争的需要和党员的情况，定期进行修改。世界无产阶级政党的第一部章程是由马克思、恩格斯制定并于1847年11月19日到12日召开的共产主义者同盟第二次代表大会上通过的《共产主义者同盟章程》。中国共产党的第一个章程是1922年党的第二次全国代表大会通过的，其名称是《中国共产党章程》。

二、党章是党的历史的辉煌见证

党章是党的历史的辉煌见证，党章的发展史其实就是党的发展史。从党的九十多年的历史看，党章是中国共产党历史发展的产物。随着时代的发展、随着党的发展，把重大方针政策、理论创新成果和重要经验写入党章，是为了适应新形势新任务的需要，对党的建设和发展起到重要作用。

"一大"党纲：提出党的政治主张。 1921年7月，党的"一大"制定的《中国共产党第一个纲领》，以高度凝练的文字确定了党的名称，提出了党的政治主张，初步具有党章的性质。这表明中国共产党从成立起，就是一个用马克思列宁主义武装起来的、以实现共产主义为奋斗目标的、完全新型的无产阶级政党。

"二大"党章：制定党内纪律规范。1922年7月，党的"二大"通过的《中国共产党章程》，是我们党第一部正式党章，标志着党的创建工作基本完成。二大党章把"纪律"单独列为一章，详细规定了党内的纪律规范，以及对违纪党员的纪律处分。这表明，在严酷环境下诞生的中国共产党，一开始就以严密的组织和严格的纪律区别于其他任何政党。

"三大"党章：严格党员发展程序。1923年6月，党的"三大"通过的《中国共产党第一次修正章程》，把入党介绍人从原来的一人增加为二人，第一次规定了党员候补期，这对于严格党员发展程序、提高党员质量具有重要意义。

"四大"党章：重视党支部的作用。1925年1月，党的"四大"通过的《中国共产党第二次修正章程》，第一次规定凡有党员三人以上均得成立党支部。这表明我们党高度重视党的基层组织建设，尤其注意发挥党支部的作用。四大党章首次把中央最高领导人的称谓改为总书记。

"五大"党章：提出党的组织原则。1927年6月1日，由"五大"选举产生的中央政治局通过的《中国共产党第三次修正章程决案》，是唯一的不是由党的全国代表大会通过的党章。这部党章共12章85条，是我们党历史上条目最多的党章，体系更加完整，在党章史上提出了很多个"第一"：第一次明确规定党员年龄必须在18岁以上；第一次明确提出党的组织原则为民主集中制；第一次将党的组织系统划分为中央组织、地方组织（省委、市委或县委、区委）和基层组织三个层次，并明确规定了各级党组织的职责任务；第一次规定设立中央政治局和中央常务委员会；第一次规定选举产生中央及省监察委员会这一党的纪律检查机关；第一次明确规定了党团（党组）的设置及其职责；第一次把党与青年团的关系单独列为一章，等等。这部党章对于革命危机时刻巩固党的组织起了一定作用。

"六大"党章：对民主集中制的完善。1928年6月至7月，在大革命失败后的低潮中，中国共产党在莫斯科召开了第六次全国代表大会。"六大"通过的党章具体规定了坚持民主集中制的三条原则，这对于健全完善党的民主集中制具有重要意义。

"七大"党章：确立毛泽东思想的指导地位。1945年4月至6月，抗日战争即将取得胜利前夕，党的"七大"在延安召开。在长期斗争中逐渐成熟起来的中国共产党，对中国革命规律和党的建设规律的认识达到了新的水平。七大党章最重要的内容是：第一次增写了具有深刻内涵的总纲，明确阐述了党的性质、宗旨、纲领和指导思想，中国革命的性质、动力、任务和特点，党领导中国革命的基本方针，加强党的建设的基本要求等，增强了党章的理论性和指导性；第一次确立了毛泽东思想在全党的指导地位；第一次规定了党员的四项义务和四项权利；第一次对民主集中制作了科学表述；第一次把"四个服从"载入党章。

八大党章：党在全国执政后的第一部党章。1956年9月15日至27日，中国共产党第八次全国代表大会在北京召开，这是我们党在全国执政后召开的第一次全国代表大会。大会的重要议题之一就是通过修改党章来规范和加强执政党的建设。邓小平作了《关于修改党章的报告》。9月26日下午，在党的八大举行的第十一次会议上，通过了修改后的《中国共产党章程》，这是中国共产党在全国执政后的第一部党章。主要内容：一是提出了全面建设社会主义的任务和实现现代化的目标，党的一切工作的根本目的，是最大限度地满足人民的物质生活和文化生活的需要。这正确地反映了我国社会主义社会的主要矛盾，体现了执政党工作重心的转变。二是提出必须不断地发扬党的工作中群众路线的传统。三是提出了坚持民主集中制的六条原则。四是明确规定了党员的十项义务和七项权利。

九大党章：体现了错误方针。1969年4月14日通过的九大党章，体现了九大在思想上、政治上和组织上的错误方针。九大党章背离了八大党章的正确纲领，肯定了根据"无产阶级专政下的继续革命"的错误理论发动的文化大革命，把林彪作为"毛泽东同志的亲密战友和接班人"列入党章，这在党章的历史上是从未有过的。九大党章否定了八大已经明确的党的工作重点的转移和党领导社会主义四个现代化的任务；在组织原则上，取消了八大党章中关于发扬党内民主，加强党的集体领导，发挥下级组织的积极性、创造性等条文，并取消了五大以来设立的党的监察委员会。

十大党章：继续了"左"的错误。1973年8月28日中共第十次全国代表大会通过的《中国共产党章程》继续了九大的"左"的错误,沿袭了九大党章的总纲和条文,只作了个别的修改和补充。由于林彪反革命集团的败露,十大党章删去了九大党章中有关林彪为接班人的内容。十大党章继续肯定了文化大革命,并且强调"这样的革命,今后还要进行多次"。

十一大党章:没能清除"左"倾错误的影响。1977年8月18日中共第十一次全国代表大会通过的《中国共产党章程》是十年内乱以后的第一部党章。它恢复了八大关于把中国建设成四个现代化的社会主义强国的提法。在内容上与九大、十大党章比较,做了较多的修改。譬如,在总纲及有关条款中增写了关于民主集中制的内容;在党的中央委员会,地方县和县以上、军队团和团以上各级党的委员会,都设立纪律检查委员会;提出党要认真执行"任人唯贤"的干部政策等。但是,由于仍然肯定十大的政治路线和组织路线是正确的,十一大党章没能清除"左"倾错误的影响,继续沿用了文化大革命的错误理论、政策和口号。这些错误在党的十一届三中全会后才得到彻底的纠正。

十二大党章:总结党的建设历史经验。1982年9月,经历了"文化大革命"十年内乱和两年徘徊之后,在全面拨乱反正的基础上制定的十二大党章最具特色之处是:在总纲中体现了新形势新任务对执政党建设的新要求;在国际共产主义运动史上第一次增加了禁止个人崇拜的内容;增加了"党的干部"一章,提出了干部队伍"四化"方针;首次写进入党誓词。这表明在改革开放的新时期,中国共产党开始了执政党建设的新探索。

十三大修正案:突出改革和制度建设。1987年11月,党的十三大通过的《中国共产党章程部分条文修正案》,是第一次也是迄今为止唯一的一次用部分条文修正的形式对党章进行修改。修正案共10条,总共有13处增删改动,着重体现在党的领导体制和党内选举制度的改革方面,表明党的建设正在走上一条不搞政治运动,而靠改革和制度建设的新路子。

十四大党章:提出"建设有中国特色社会主义的理论"的概念。1992年10月,党的十四大通过的党章第一次郑重提出了邓小平"建设有中国特色社会主义的理论"的概念,阐述了这一理论的科学内涵和历史地位,适应建立社会主义市场经济体制的需要,对党的思想建设、组织建设、作风建设提出了新的更高的要求。

十五大党章：邓小平理论确立为党的指导思想。1997年9月，党的十五大通过的党章只有7处150个字的修改。这部改动最小却意义重大的党章，第一次明确提出了"邓小平理论"的科学概念，并把它确立为我们党的指导思想。这是我们党从历史和现实中得出的不可动摇的结论，也反映了全国各族人民的共识和心愿。

十六大党章："三个代表"重要思想确立为党的指导思想。2002年11月，党的十六大通过的新党章是我们党进入新世纪的政治宣言。这部体现鲜明时代特征、具有丰富内涵的党章，总共有60多处改动。

十七大党章：首次将科学发展观写入党章。2007年10月，党的十七大通过新党章，对中国特色社会主义作出精辟概括，丰富了党的基本路线和基本纲领，把党的一系列对内对外重大方针政策写入党章，包括军队建设、民族、宗教工作、统战工作、外交工作等。对推进党的建设新的伟大工程作出全面部署。

十八大党章：把科学发展观确立为我们党的行动指南。2012年11月8日至14日召开的党的十八大，大会一致同意在党章中把科学发展观同马克思列宁主义、毛泽东思想、邓小平理论、"三个代表"重要思想一道确立为党的行动指南；将"只有改革开放才能发展中国"写入党章；同意将生态文明建设写入党章并作出阐述。十八大党章的修改主要集中在以下六方面。

一是对科学发展观作出新的定位和阐述。首先，把科学发展观列入党的指导思想。把科学发展观写在我们党的旗帜上，是这次党章修改的最大亮点和最突出的历史贡献。这体现了党的指导思想的与时俱进，有利于把科学发展观贯彻到我国现代化建设全过程、体现到党的建设各方面。同时，充实了党的十六大以来党的理论创新特别是科学发展观定位的内容。这有利于全党正确理解科学发展观的理论内涵和精神实质，进一步把思想和行动统一到科学发展上来。

二是充实完善中国特色社会主义重要成就的内容。中国特色社会主义道路、中国特色社会主义理论体系、中国特色社会主义制度，是党和人民长期奋斗、创造、积累的根本成就。在征求意见的过程中，各地区各部门一致建议，在党章中对这个根本成就作完整表述。党章修正案采纳了这个意见。"确立了中国特色社会主义制度"是这次修改新增写的内容。将中国特色社会主义道路、理论体系、制度作为一个整体在党章中进行完整表述，对于深化全党同志对中国特色社会主义的认识，增强坚持中国特色社会主义自觉性和坚定性，有重要意义。

三是充实了坚持改革开放的内容。改革开放是强国之路，是新时期最鲜明的特点。我国过去30多年的快速发展靠的是改革开放，未来发展也必须坚定不移地依靠改革开放。在征求意见过程中，一些地区和部门建议，在党章中进一步强化改革开放内容的分量。党章修正案采纳了这个意见，增写了只有改革开放才能发展中国、发展社会主义、发展马克思主义的内容。充实这方面的内容，对坚定推进改革开放有重要意义。

四是充实了中国特色社会主义总体布局的内容。这方面的一个重大修改，是把生态文明建设同经济建设、政治建设、文化建设、社会建设一道纳入中国特色社会主义事业总体布局。适应这一修改，党章修正案专门对生态文明建设作出阐述，包括总体要求、指导原则和工作着力点。这样修改，使中国特色社会主义事业总体布局更加完善，使生态文明建设的战略地位更加明确，有利于全面推进中国特色社会主义事业。同时，党章修正案对经济建设、政治建设、文化建设、社会建设内容也进行了充实。

五是充实完善关于党的建设总体要求的内容。根据近些年来党的建设积累的经验和形势任务对党的建设提出的新要求，党章修正案对总纲部分关于党的建设的总体要求作了适当修改。增写的加强党的纯洁性建设，整体推进党的思想建设、组织建设、作风建设、反腐倡廉建设、制度建设，全面提高党的建设科学化水平，建设学习型、服务型、创新型的马克思主义执政党等新内容，体现了我们党对马克思主义执政党建设规律认识的深化，有利于进一步加强和改进党的建设，应对党面临的考验和风险，切实提高党的执政能力，保持和发展党的先进性、纯洁性，不断增强党的创造力、凝聚力、战斗力。

六是对部分条文作了适当修改。总结吸收近年来党的建设成功经验，并与总纲部分的修改相衔接，党章修正案对条文部分关于党员、党的基层组织、党的干部这三条作了一些修改。

第二节　新时代党章修改的背景内容

一、新时代党章的修改背景

党的全国代表大会根据党的理论创新和实践创新对党章进行修改，是我们党的一个惯例。现行党章是党的十二大修改制定的。根据形势和任务的发展变化，党的十三大至十八大都对党章作了不同程度的修改。

党的十八大以来，以习近平同志为核心的党中央坚持以马克思列宁主义、毛泽东思想、邓小平理论、"三个代表"重要思想、科学发展观为指导，顺应时代发展，集中全党智慧，大力推进理论创新，创立了习近平新时代中国特色社会主义思想，开辟了马克思主义中国化新境界、中国特色社会主义新境界。在习近平新时代中国特色社会主义思想指导下，中国共产党领导全国各族人民，统揽伟大斗争、伟大工程、伟大事业、伟大梦想，推动中国特色社会主义进入了新时代。习近平新时代中国特色社会主义思想的理论意义和实践意义日益显现，得到全党全国各族人民广泛认同和拥护，列入党的指导思想的时机和条件已经成熟。

在新时代，以习近平同志为核心的党中央科学把握当今世界和当代中国发展大势，顺应实践要求和人民愿望，坚持以新发展理念引领经济发展，统筹推进"五位一体"总体布局，协调推进"四个全面"战略布局，提出一系列新理念新思想新战略，出台一系列重大方针政策，推出一系列重大举措，推进一系列重大工作，解决了许多长期想解决而没有解决的难题，办成了许多过去想办而没有办成的大事，推动党和国家事业取得历史性成就、发生历史性变革。同时，坚持思想建党和制度治党同向发力，坚定不移推进全面从严治党，着力解决人民群众反映最强烈、对党的执政基础威胁最大的突出问题，形成反腐败斗争压倒性态势，党内政治生活气象更新，党内政治生态明显好转，党自我净化、自我完善、自我革新、自我提高能力显著增强，党执政的社会基础和群众基础更加巩固。

因此，需要对党章进行适当修改，把习近平新时代中国特色社会主义思想同马克思列宁主义、毛泽东思想、邓小平理论、"三个代表"重要思想、科学发展观一道确立为党的指导思想并写入党章，把坚定维护以习近平同志为核心的党中央权威和集中统一领导写入党章，把党的十八大以来党中央推进全面从严治党一系列重大创新成果和行之有效的成功经验写入党章。可以说，修改党章是实现党的指导思想与时俱进的客观需要，是新时代推动党和国家事业发展的必然要求，是推进党的建设新的伟大工程的战略举措，是贯彻落实党的十九大精神的现实需要。党的十九大报告站在历史和时代高度，根据国际形势变化和国内经济社会发展的新特点，阐明了未来一个时期党和国家工作的大政方针和战略部署，提出了一系列新的重要思想、重要观点、重大论断、重大举措。

根据历史经验和实践要求，党中央决定这次对党章只作适当修改，并确定了修改工作原则：坚持以马克思列宁主义、毛泽东思想、邓小平理论、"三个代表"重要思想、科学发展观为指导，深入贯彻习近平总书记系列重要讲话精神和治国理政新理念新思想新战略，把党的十九大报告确立的重大理论观点和重大战略思想写入党章；坚持发扬党内民主，集中全党智慧；保持党章总体稳定，只修改那些必须改的、在党内已经形成共识的内容，努力使修改后的党章充分体现马克思主义中国化最新成果，充分体现党的十八大以来党中央提出的一系列重大战略思想，充分体现党的工作和党的建设的新鲜经验，以适应新形势新任务对党的工作和党的建设提出的新要求。

二、新时代党章的修改内容

2017年10月24日，中国共产党第十九次全国代表大会审议并一致通过十八届中央委员会提出的《中国共产党章程（修正案）》，决定这一修正案自通过之日起生效。党章的修改内容主要有：

1. 习近平新时代中国特色社会主义思想写入党章。在党章中把习近平新时代中国特色社会主义思想同马克思列宁主义、毛泽东思想、邓小平理论、"三个代表"重要思想、科学发展观一道确立为党的行动指南。全党要以习近平新时代中国特色社会主义思想统一思想和行动,增强学习贯彻的自觉性和坚定性,把习近平新时代中国特色社会主义思想贯彻到社会主义现代化建设全过程、体现到党的建设各方面。

2. 中国特色社会主义文化写入党章。把中国特色社会主义文化同中国特色社会主义道路、中国特色社会主义理论体系、中国特色社会主义制度一道写入党章,这有利于全党深化对中国特色社会主义的认识、全面把握中国特色社会主义内涵。全党同志要倍加珍惜、长期坚持和不断发展党历经艰辛开创的这条道路、这个理论体系、这个制度、这个文化,高举中国特色社会主义伟大旗帜,坚定道路自信、理论自信、制度自信、文化自信,贯彻党的基本理论、基本路线、基本方略。

3. 实现中华民族伟大复兴的中国梦写入党章。实现中华民族伟大复兴是近代以来中华民族最伟大的梦想,是我们党向人民、向历史作出的庄严承诺。在党章中明确实现"两个一百年"奋斗目标、实现中华民族伟大复兴的中国梦的宏伟目标,充分表明了我们党的信心和决心。

4. 党章根据我国社会主要矛盾的转化作出相应修改。党的十九大作出的我国社会主要矛盾已经转化为人民日益增长的美好生活需要和不平衡不充分的发展之间的矛盾的重大政治论断,反映了我国社会发展的客观实际,是制定党和国家大政方针、长远战略的重要依据。党章据此作出相应修改,为我们把握我国发展新的历史方位和阶段性特征、更好推进党和国家事业提供了重要指引。

5. 推进国家治理体系和治理能力现代化写入党章。把促进国民经济更高质量、更有效率、更加公平、更可持续发展,完善和发展中国特色社会主义制度,推进国家治理体系和治理能力现代化,更加注重改革的系统性、整体性、协同性等内容写入党章,有利于推动全党把思想和行动统一到党中央科学判断和战略部署上来,树立和践行新发展理念,不断开创改革发展新局面。

6. 供给侧结构性改革、"绿水青山就是金山银山"写入党章。把发挥市场在资源配置中的决定性作用,更好发挥政府作用,推进供给侧结构性改革,建设中国特色社会主义法治体系,推进协商民主广泛、多层、制度化发展，培育和践行社会主义核心价值观，推动中华优秀传统文化创造性转化、创新性发展，继承革命文化，发展社会主义先进文化，提高国家文化软实力，牢牢掌握意识形态工作领导权，不断增强人民群众获得感，加强和创新社会治理，坚持总体国家安全观，增强"绿水青山就是金山银山"的意识等内容写入党章。

7. 人类命运共同体、"一带一路"写入党章。把中国共产党坚持对人民解放军和其他人民武装力量的绝对领导，贯彻习近平强军思想，坚持政治建军、改革强军、科技兴军、依法治军，建设一支听党指挥、能打胜仗、作风优良的人民军队，切实保证人民解放军有效履行新时代军队使命任务；铸牢中华民族共同体意识；坚持正确义利观，推动构建人类命运共同体，遵循共商共建共享原则，推进"一带一路"建设等内容写入党章。

8. 全面从严治党、四个意识写入党章。把党的十九大确立的坚持党要管党、全面从严治党，加强党的长期执政能力建设、先进性和纯洁性建设，以党的政治建设为统领，全面推进党的政治建设、思想建设、组织建设、作风建设、纪律建设，把制度建设贯穿其中，深入推进反腐败斗争等要求写入党章，把不断增强自我净化、自我完善、自我革新、自我提高能力，用习近平新时代中国特色社会主义思想统一思想、统一行动，牢固树立政治意识、大局意识、核心意识、看齐意识，坚定维护以习近平同志为核心的党中央权威和集中统一领导，加强和规范党内政治生活，增强党内政治生活的政治性、时代性、原则性、战斗性，发展积极健康的党内政治文化，营造风清气正的良好政治生态等内容写入党章，把坚持从严管党治党作为党的建设必须坚决实现的基本要求之一写入党章。

9. "党是领导一切的"写入党章。中国共产党的领导是中国特色社会主义最本质的特征，是中国特色社会主义制度的最大优势。党政军民学，东西南北中，党是领导一切的。把这一重大政治原则写入党章，这有利于增强全党党的意识，实现全党思想上统一、政治上团结、行动上一致，提高党的创造力、凝聚力、战斗力，确保党总揽全局、协调各方，为做好党和国家各项工作提供根本政治保证。

10. 实现巡视全覆盖、推进"两学一做"写入党章。总结吸收党的十八大以来党的工作和党的建设的成功经验，并同总纲部分修改相衔接，对党章部分条文作适当修改十分必要。实现巡视全覆盖，开展中央单位巡视、市县巡察，是巡视工作实践经验的总结，必须加以坚持和发展；推进"两学一做"学习教育常态化制度化；明确中央军事委员会实行主席负责制，明确中央军事委员会负责军队中党的工作和政治工作，反映了军队改革后的中央军委履行管党治党责任的现实需要等，是党的十八大以来党的工作和党的建设成果的集中反映。把这些内容写入党章，有利于全党把握党的指导思想与时俱进，用习近平新时代中国特色社会主义思想武装头脑、指导实践、推动工作，有利于强化基层党组织政治功能，推动全面从严治党向纵深发展。

党的十九大审议通过的《党章修正案》规定：中国共产党以马克思列宁主义、毛泽东思想、邓小平理论、"三个代表"重要思想、科学发展观、习近平新时代中国特色社会主义思想作为自己的行动指南。把习近平新时代中国特色社会主义思想确立为党的指导思想，写在党的旗帜上，是这次党章修改的最大亮点和最突出的历史贡献。

党的十八大以来，习近平同志以非凡的政治智慧、顽强的意志品质、强烈的责任担当，团结带领全党全国各族人民进行具有许多新的历史特点的伟大斗争，统筹推进"五位一体"总体布局，协调推进"四个全面"战略布局，推动改革开放和社会主义现代化建设取得历史性成就，推动党和国家事业全面开创新局面、发生历史性变革，赢得全党全军全国各族人民高度评价和衷心爱戴，成为党中央的核心、全党的核心。在领导全党全国推进党和国家事业的实践中，习近平同志以马克思主义政治家、理论家、战略家的深刻洞察力、敏锐判断力和战略定力，提出了一系列具有开创性意义的新理念新思想新战略，为新时代中国特色社会主义思想的创立发挥了决定性作用、作出了决定性贡献。

在这次党章修改征求意见过程中，各地区各部门一致建议，对习近平总书记系列重要讲话和治国理政新理念新思想新战略进行提炼概括，上升为党的指导思想。党章修正案采纳了这项建议，并在党章修正案总纲第七自然段后增写了一个自然段，表述为：十八大以来，以习近平同志为主要代表的中国共产党人，顺应时代发展，从理论和实践结合上系统回答了新时代坚持和发展什么样的中国特色社会主义、怎样坚持和发展中国特色社会主义这个重大时代课题，创立了习近平新时代中国特色社会主义思想。习近平新时代中国特色社会主义思想是对马克思列宁主义、毛泽东思想、邓小平理论、"三个代表"重要思想、科学发展观的继承和发展，是马克思主义中国化最新成果，是党和人民实践经验和集体智慧的结晶，是中国特色社会主义理论体系的重要组成部分，是全党全国人民为实现中华民族伟大复兴而奋斗的行动指南，必须长期坚持并不断发展。在习近平新时代中国特色社会主义思想指导下，中国共产党领导全国各族人民，统揽伟大斗争、伟大工程、伟大事业、伟大梦想，推动中国特色社会主义进入了新时代。

将习近平新时代中国特色社会主义思想确立为党的指导思想，是中国特色社会主义进入新时代的必然要求，是符合党心民意的重大决策，对全党把思想和行动统一到习近平新时代中国特色社会主义思想上来、以习近平新时代中国特色社会主义思想指导我国社会主义现代化建设和党的建设新的伟大工程，必将产生重大而深远的影响。全党同志必须切实增强学习贯彻习近平新时代中国特色社会主义思想的自觉性和坚定性，深刻领会习近平新时代中国特色社会主义思想的科学体系、精神实质、实践要求，把握好贯穿其中的马克思主义立场观点方法，更加自觉地为实现党的历史使命不懈奋斗。

第三节　新时代党章修改的重大意义

党章是我党的根本大法，是全党必须遵循的总规矩，在党的发展历史和政治生活中发挥着极为重要的作用。2017年10月24日，党的十九大闭幕大会通过了关于《中国共产党章程（修正案）》的决议，将习近平新时代中国特色社会主义思想、中国特色社会主义文化、全面从严治党、四个意识等一系列内容写进党章。修改党章是实现党的指导思想与时俱进的客观需要，是新时代推动党和国家事业发展的必然要求，是贯彻落实习近平新时代中国特色社会主义思想的集中体现。认真学习新党章的条文内容，充分认识新党章的历史意义,深刻理解新党章的重要作用,切实把思想和行动统一到十九大新党章上来,对于进一步坚定理想信念、培养党章意识、增强政治觉悟具有重要而深远的意义。

一、党章是党的创新理论成果的集中体现

"国有国法,党有党规",任何一个组织都需要一个规章制度来规范运行、保障发展。党章是全党必须遵守的根本遵循,而党又是领导一切的,因此,党章自然也是党和国家事业发展的总依据。新党章是在中国特色社会主义进入新时代后的一次重大调整、重要革新,符合我国历史发展规律和政治生活实际,是十九大精神的制度成果和集中体现,是全党全国人民必须遵守的根本遵循,必将成为我们推动和发展新时代中国特色社会主义事业的政治蓝图和行动纲领。

党的十九大报告中指出,中国特色社会主义事业进入了新时代。新时代催生新思想,在新时代取得的历史性成就和历史性变革的基础上,习近平新时代中国特色社会主义思想应运而生。由此可见,我们党的指导思想不是凭空产生的,而是具有深厚的实践基础,具有强烈的问题意识和实践导向。只有理论的构建、没有实践的支撑,会成为"教条主义";只有实践的总结、没有理论的指导,就会成为"经验主义"。因此,及时总结我党的执政经验,不断提高我党的理论创新,把十九大报告中确立的重大理论观点和重大战略思想写入党章,并上升到理论高度,使党章充分体现马克思主义中国化的最新成果,展现出我党不断革新、追求进步、联系实际的理论品格,对加强党的建设伟大工程、推动党的伟大事业具有重要的指导意义。

党的十八大至党的十九大之间的五年是极不平凡的五年,在这五年中,以习近平同志为核心的新一届党中央领导集体,面临改革开放过程中出现的新问题新情况新挑战,以巨大的政治勇气和高超的政治智慧,提出了一系列治国理政的新理念新思想新战略,并在决胜全面建成小康社会关键阶段的重要实践中取得了举世瞩目的巨大成就,为世界上其他发展中国家提供了中国方案和中国智慧。因此,在决胜"两个一百年"奋斗目标这个承

前启后的历史节点，修订党章，确立全党的指导思想，顺应时代发展潮流，符合人民利益心声，必将成为加强和完善中国共产党领导的基本依据，是党领导人民实现中华民族伟大复兴中国梦的根本遵循。

二、党章是新时代党和国家事业的顶层设计

坚持和不断发展中国特色社会主义，实现中华民族伟大复兴，必须把马克思主义基本原理同中国具体实际结合起来，始终坚持解放思想、实事求是、与时俱进，实现马克思主义的中国化，以实践基础上的理论创新为改革发展提供理论指导。马克思主义中国化一方面要求必须巩固马克思主义的指导地位，另一方面必须又要从中国的实际出发，而不是照抄照搬他国经验模式。中国的社会主义革命和社会主义建设之所以能不断地取得胜利，根本的一条就是将马克思主义的普遍原理同中国的具体实践相结合。党的十八大以来，我们党在党的建设、中国特色社会主义建设方面取得了巨大成就，形成了习近平新时代中国特色社会主义思想，是马克思主义中国化的最新成果。新实践需要新思想的指导，将党的十八大以来取得的理论创新成果写入党章，固化为党和国家的思想指导、行动纲领，不仅是非常重要的，而且还是非常必要的。

革命战争时期和社会主义建设时期我们党形成了毛泽东思想，改革开放后形成了邓小平理论、"三个代表"重要思想和科学发展观。党的十八大以来，以习近平同志为核心的党中央全面从严治党，在党的政治建设、思想建设、组织建设、作风建设、纪律建设、制度建设上，尤其是党风廉政建设、反腐败斗争上取得了举世瞩目的伟大成就，带领中国特色社会主义进入新时代，最终形成了习近平新时代中国特色社会主义思想。这个新思想一方面反映了新的历史阶段对我们党和国家提出的新要求，另一方面也反映了我们党在推进和发展中国特色社会主义事业中所形成的理论创新、实践创新、文化创新和制度创新。党的十九大把习近平新时代中国特色社会主义思想确立为党必须长期坚持的指导思想，使党章充分体现马克思主义中国化最新成果，以指导新时代中国特色社会主义的新实践。这是十九大党章修正案的最大亮点和历史性贡献。

党章是党的总章程，对坚持党的领导、加强党的建设具有根本性的规范和指导作用。党的十九大根据新形势新任务对党章进行适当修改，有利于全党更好地用最新的科学理论武装全党。新党章把党的十九大报告确立的基本理论、基本路线、基本方略写入党章，使党章充分体现马克思主义中国化最新成果，是党的十八大以来党中央提出的治国理政新理念新思想新战略的制度表达，是坚持和加强党的领导、全面从严治党的经验结晶，有利于把我们党建设得更加朝气蓬勃、坚强有力，有利于始终保持党同人民群众的血肉联系。

一分部署，九分落实；空谈误国，实干兴邦。美好蓝图固然好，但不落实也只是一纸空文。"不干，半点马克思主义都没有"。因此，学习贯彻党章不是空洞抽象的，不能把党章当成高高在上的空中楼阁，最根本的还是要密切联系工作，反复学习体会，在履职尽责中当好党章的坚定实践者和忠实维护者。

新时代具有新气象，当然要有新作为。新党章作为新时代中国特色社会主义事业的指导思想，对每个党员干部提出了新要求。作为党员干部，在工作、生活中要严格按照新党章要求，勇于担当，敢于负责，牢固树立党章意识、责任意识，以对党负责、对人民负责、对事业负责、对自己负责的态度，积极主动作为，切实在本职岗位上作出自己的贡献。

习近平总书记在党的十九大报告中指出，领导13亿多人的社会主义大国，我们党既要政治过硬，也要本领高强。对于党员干部来说，本领高强，不仅要精通本职工作中所需要的各种业务，还要按照党章要求认真学习包括经济、政治、文化、法律、科技、管理等在内的各方面知识，全方位提高素质，努力增强政治领导本领、改革创新本领、科学发展本领、依法执政本领、群众工作本领、狠抓落实本领、驾驭风险本领，确保本领与岗位职责相适应，以良好的政治素养、能力水平支撑和保证职责使命的实现。

第六章

把党内法规制度建设落实到制约和监督权力各个方面

制度建设具有根本性、全局性、稳定性和长期性，全面从严治党，把权力关进笼子里，最根本的还是要靠制度保证。党的十八大以来，党中央修订党章、颁布"八项规定"，坚持以党章为总依据，并结合新的实际制定和完善各项法规制度，形成不敢腐的惩戒机制、不能腐的防范机制、不易腐的保障机制，把权力关进党内法规制度笼子里。

第一节 以法治思维和法治方式反腐败

现代政治理念认为，腐败的本质是权力的异化和腐败，反腐败的本质是预防和制约权力的异化和腐败。公权力天然具有容易腐蚀的本性，如果不对其进行有效的监督和制约，很容易走上权力滥用和腐败的歧途。因此，预防腐败犯罪首当其冲的工作就是要对公权力进行行之有效的监督和制约，这既是现代政治发展的内在要求，也是预防腐败的根本要求。

一、腐败的本质是权力出轨、越轨

2015年6月26日，习近平总书记在十八届中央政治局第二十四次集体学习时讲话指出，反腐倡廉法规制度建设，关键是制约和监督权力。腐败的本质是权力出轨、越轨，许多腐败问题都与权力配置不科学、使用不规范、监督不到位有关。反腐倡廉法规制度建设要围绕授权、用权、制权等环节，合理确定权力归属，划清权力边界，厘清权力清单，明确什么权能用、什么权不能用，强化权力流程控制，压缩自由裁量空间，杜绝各种暗箱操作，把权力运行置于党组织和人民群众监督之下，最大限度减少权力寻租的空间。[①]因此反腐倡廉法规制度建设的本质就是对权力滥用和腐败的监督和制约。权力之所以容易走向异化和腐败的歧途主要是源于权力自身的运行特性和其内在的侵略扩张性。一般认为，权力运行具有以下逻辑性质。

（一）权力的扩张性。权力的扩张性是指权力的行使主体，在权力的运行过程中总会自觉或者不自觉地超出自身预先设定的范围。权力的扩张性主要体现为两方面：一是权力主体的权限扩张，主要表现为权力主体的权限的无限扩张趋势，任何权力主体在行使权力的时候总是希望自己的权力是无限扩大的；二是权力客体的权利限缩，主要体现为在权力的压迫之下，作为权力客体的权利的内容是处于不断限缩之中的。从二者的关系上看，权力的扩张性与权利的限缩性是一对反比例关系，权力的扩张必然意味着权利的缩小，而权利的缩小自然也就意味着权力的扩张，二者之间存在着无法调和的冲突。权力之所以具有扩张性的特点是因为其具有不平等性的特点。这样权力主体和权力客体之间就会产生一种服从和被服从的关系，从而造成权力主体和权力客体之间地位的不平等。权力的不平等性为权力的扩张提供了一个可能的机会。权力主体与权力客体之间的这种不平等关系，在现实中主要表现为作为权力主体的国家权力与作为权力客体的公民权利之间的失衡关系。

（二）权力的侵略性。权力的侵略性源于权力的扩张性。权力的扩张性的一个必然后果就是表现为权力对其他权利的一种侵略，这种侵略其实是对权力自身权限的一种突破。由于权力具有扩张性和不平等性的特点，一些掌权者为了谋取私利，便利用这个有利条件实施权力的超越，一方面是突破自己职责界限范围，越界用权，超越"管理"，侵害其他权力；另一方面是突破权力自身的合理界限，无视政策规定，无视党纪国法，执政行事唯利是图。其结果便形成了损害人民利益，危害公民权利的无所顾忌、无法无天的违法违纪行为。权力的侵略扩张是权力腐败的最初表现，权力腐败是权力侵略扩张的直接后果。权力的扩张并不会必然导致权力的腐败，因为，权力的扩张仅仅意味着国家权力机关职能的扩大，它只是为权力腐

[①]《加强反腐倡廉法规制度建设 让法规制度的力量充分释放》，《人民日报》2015年6月28日。

败提供一个可能的机会和事实上的条件，权力扩张本身并不是就是权力腐败。但是，在权力的扩张性转化为权力的侵略性之后，权力的性质就发生了转变。因为，侵略意味着是一种非法的入侵，是对公民合法权利的公然侵犯，它是以牺牲公民的合法权利为代价的，目的仅仅是为了满足自己的非法要求与目的。因而，权力对权利的侵犯行为事实上就是权力的腐化行为。

（三）权力的可交换性。权力的可交换性主要是指权钱交换性。权力是可交换的，权力的可交换性就是在一定条件下，权力可以通过权力主体的更换而发生转换，正是权力的这种可交换性为一些手中有权、追名逐利、以权谋私的人提供了条件。在市场经济条件下，权力也是一种资源，而且是一种更为稀缺的资源。一方面，权力主体手中的权力审批、许可等行为能给申请者带来极大的经济利益；另一方面，要想获得这种审批或许可资格，门槛相对较高或者竞争非常激烈。为了获得更大的经济利益，权力主体便会以牺牲权力的公正性为代价，与申请者进行一种经济上或者其他利益上的交易。通过这种权力和利益的交易，交易双方都获得了各自的需求：权力者利用公权力轻而易举地获得大量经济或其他方面的利益，而申请者以极小或较小的代价就获得了巨额的经济利益。从表面上看，二者是皆大欢喜，各得所需。但是，实质上这种权钱交易严重干扰了市场经济的内在秩序，从长远来看，会给国家经济造成灾难性的危害甚至是毁灭性的后果。这种权钱交易就是权力腐败中的权力寻租行为。由于权力具有可交换性，所以"权力寻租"行为才屡禁不止，权力腐败才司空见惯。

（四）权力的自我腐蚀性。权力的自我腐蚀性是指权力本身易于腐蚀的特性。权力不是从来就有的，权力是人类社会发展的产物，它具有强制性的支配力量，可以强迫权力客体顺从权力的内在需求。权力的这种强制性和支配力决定了权力容易超越其他力量成为社会的主导因素。在这种支配关系中，权力是主导，其他力量都要顺从于权力的强制性，否则就会招致权力的制裁。权力的这种高高在上容易使得权力背离权力行使的目的，异化为一种谋取私利、欺凌他人的工具，不自觉地走向权力腐败、权力异化的歧途。

权力的运行性质决定了权力具有内在的异化可能，权力异化的结果必然是权力腐败,因此,权力异化和权力腐败是一个问题的两方面。在实践中,不论是权力异化也好,还是权力腐败也好,都是以权力背离了本质初衷为根本标志,以侵犯公民权利为表现形式。在权力与权利的原本关系中,权利是权力的根源,权力是权利的保障。但是,权力与权利的这种理念意义上的和谐关系在实践中却往往会遭到破坏。因为权力在本质上是容易自我膨胀、自我扩张的,权力的膨胀性与扩张性注定了权力的侵略性,因为权力的膨胀与扩张都要以侵占和剥夺权利为代价才能实现。所以,在权力结构中,权力与权利是一种此消彼长的零和博弈关系:权利的增加意味着权力的受限,权力的增加也意味着权利的被剥夺。但是,权力的膨胀性、扩张性与侵略性,决定了权力会寻找一切机会来侵犯公民权利,从而使得权力的功能被异化,导致权力异化现象的产生。

在任何体制下,只要存在着权力,权力就有异化的可能,而权力异化的结果就是权力腐败,所以在这个意义上,权力异化是权力腐败的根源。因此,从国家权力运行的性质来看,国家权力天然具有容易腐蚀的本性,如果不对其进行有效的监督和制约,很容易走上权力滥用和腐败的歧途。所以习近平同志才着重强调"腐败的本质是权力出轨、越轨"。因此,不论是全面依法治国还是全面从严治党,首当其冲的工作就是要对容易出轨、越轨的权力进行行之有效的监督和制约,这既是现代政治发展的内在要求,也是党内法规制度建设的根本要求。

二、限制权力是法治的本质要求

法治是现代文明的基本标志,法治文明也是我们政治文明建设的重要内容和基本要求。在形式上,法治是指依靠法律进行社会控制的一种治理方式。社会控制的手段是多元的,道德、教规、习俗、纪律、政策都可以作为社会控制的措施,但是在法治社会中,只有法律才可以作为最终的社会评价标准,拥有超越其他控制措施的绝对权威。按照英国法学家戴雪的看法,法治主要包含三个要素:第一,政府权力是受到法律限制的、不可任意地行使的;任何人都不会受到惩罚,除非法院根据法定程序裁定违反法律。第二,在法律之下人人平等,平民以至高官在违法时同样要受到法律的制裁。第三，宪法性的权利和自由不只是抽象和空泛的一纸宣言，而是体现在法院在具体案件中的判例的，宪法是普通法院为了捍卫个人的权利而作出的各个判决的结果。[①]在英国法学家戴雪的概念中，法治主要是指政府权力的受法律限制和个人权利的受法律保护。其中，政府权力受法律限制是法治的首要要求，只有政府受到了法律的限制，或者政府在违法时受到法律的制裁，个人的权利才能得以保障，法治才算得以真正形成。而英国另一位著名法学家W.韦德则认为法治有四层含义：第一，任何事情都必须依法而行，将此原则适用于政府，它要求每个政府当局必须能够证实自己几乎在一切场合所做的事情都有议会的授权；第二，政府必须根据公认的、限制自由裁量权的一套规则和原则办事；第三，由第一层含义，对政府行为是否合法的争议应当由完全独立于行政以外的法官裁决；第四，法律平等地对待政府和公民。但是政府既然拥有某些特别的权力，就不能对两者都同样对待，法治所需要的是政府不应当在普通法上享有不必要的特权和豁免权。在韦德那里，对政府的权力进行法律的限制同样也是法治的最基本要求。所以，在古典的法治概念中，法治主要是相对于政府权力而言的，法律能否实现对政府权力的约束，是衡量法治是否真正形成的一个最基本的标准。这是因为，在国家的所有权力中，行政权是最具有扩张性和膨胀性的一种权力，也是最难予以控制的一种权力。如果法律对最难控制的行政权力都进行了行之有效的控制，那么其他权力的法律控制自然也水到渠成。所以，法治，首先指的是法律对政府权力的控制，法治文明首先也必须表现为政府权力的文明行使。在这个意义上，法律能否对政府权力进行有效的控制，不仅是衡量法治是否形成的基本标志，而且还是衡量法治文明是否真正形成的一个基本标志。

在现代法治理念中，权力制约与权利救济是法治主义的根本原则，其背后潜含的依据是"权力必然导致腐败"和"无救济就无权利"的价值理念。在国家权力和公民权利的逻辑关系上，国家规制与社会自治之间一直存在着一种紧张的关系，这种紧张关系直接导致了西方社会中的市民社会与政治国家的二元对抗。在西方传统的市民社会与政治国家的二元分立理

[①] 何勤华：《西方法学史》，中国政法大学出版社1996年版，第345页。

念中，国家权力的势力范围仅仅限于政治国家领域，对于具有私人空间性质的市民社会领域，国家权力是一种放任的态度，只要市民社会中的自治行为没有触犯法律的强制性规定，那么国家权力对市民社会的干预就是多余的，也是非法的。这样，通过对市民社会与政治国家的逻辑划分，在社会生活中便形成了公共领域与私人领域之划分以及由此而引发的国家权力与公民权利之区分。在法治主义理念中，国家权力与公民权利是一种对立与冲突的关系，公民权利的实现与保护首先是要防止和避免国家权力的侵犯，在法治主义者看来，国家权力是侵犯公民权利的首要敌人。为了限制国家权力的无限膨胀，防止国家权力对公民权利的侵犯，人们便通过制定宪法的形式以达到规束国家权力，保障公民权利之根本目的。因此，在这个意义上，宪法和法律是市民社会与政治国家达成的政治契约，是公民权利保障的宣言书。

因此，法治的根本任务是解决权力与权利的关系问题，在法治社会中，限制权力、保障权利是法治的价值所在。权利是人们受法律保障的意志和行为的自由以及利益的获取，它一般是指以满足个人需要为目的的个人权利。而权力则是以维护公共利益为目的的公共团体及其责任人在职务上的权利，从本质上讲，权力是指法定的有权组织对社会普通主体所实施的支配力。权力的支配力主要是相对于权利的自愿性来说的，在社会关系中，以单独形式出现的权力是不存在的，权力必须有其相应的支配对象。从关系上看，权利和权力是一种反比例关系，即权力扩张，则权利必然相应缩减，反之，则权力必相应缩减。权利与权力的这种反比例关系表明，要想维护和保障权利的享有和实现，必须对权力加以限制。法律对权力的限制主要体现在法律对权力与权利的要求的不同上。权力与职责相对应，职务上的责任是公权力的义务，法律要求权力变为职责，职责是不能放弃的，弃置权力将构成渎职。权利与义务相对应，法律准予权利的能动性，使权利人对权利获得了随意性，放弃权利被认为是行使权利的表现。私权利和公权力在运行的时候经常发生冲突，每当这种情况出现，就需要否定其中的一个，谁超越了法定界限谁将成为被否定的对象。在法律上这种要求通常概括为两句话：在权力领域，法无明文规定即禁止；在权利领域，法无明文规定即自由。

作为人类文明的四大发源地之一，中国有着悠久的文明历史和精深的民族文化。在漫长的文明演变中，中国形成了以"家国同构主义"为基础的国家结构形式，历经各个朝代更替而不为所变。所谓家国同构主义，是指在国家发展和社会进步中，作为整体的国家和作为个体的家庭，在价值取向、利益诉求、结构形态和前途命运上具有高度的一致性和相通性。国，其实是家的放大；家，不过是国的缩小。国和家的融合相通慢慢形成了中华民族特有的国家主义观念，使得国家成为全体中华儿女共同的安全堡垒、精神支柱和心灵家园。在其中，民族意识得以滋润成长，个人幸福得以保障发展。中国历史上形成的"家国一体主义"国家结构决定了在社会主义现代化建设过程中，国家和权力起着至关重要的决定性作用。借助于这种强烈的国家主义情结，我们可以充分利用国家权力的权威性、感召力以及社会主义制度的优越性，集中力量办大事，短时间内聚集大量人力物力财力，动员一切可以团结的力量，为中华民族伟大复兴的尽早实现统筹规划、积极作为。但是，我们也应该看到，权力是一把双刃剑，在给中国梦的实现创造条件的同时，权力的腐败滥用、行使不当也会破坏经济秩序、腐蚀政治清明、侵害人民权利，给中国特色社会主义建设带来难以估量的恶劣影响和负面作用。

正是由于权力的双重性，所以习近平同志在十八届中央纪委二次全会上着重强调"要加强对权力运行的制约和监督，把权力关进制度的笼子里，形成不敢腐的惩戒机制、不能腐的防范机制、不易腐的保障机制"，从而通过制度建设的形式，达到遏制权力滥用、消除权力腐败、监督权力运行的最终目的，为中华民族伟大复兴的实现确立良好的制度前提。要想完成这个历史重任，我们首先要遵循党内法规制度建设基本规律，大力提升制度建设水平。需要进一步明确，我们之所以要进行党内法规制度建设，其理论预设是权力的腐败滥用倾向和人性中的幽暗意识。因此，党内法规制度建设针对的主要是权力腐败滥用的本性，目的是想通过科学合理的权力运行程序和规范完善的权力运行结构来达到限制权力滥用、预防权力腐败的效果；同时，党内法规制度建设还针对人性本恶的价值预设，目的在于通过制度建设的规范性、程序性和稳定性，尽可能地预防和避免人性中的贪图享受、好逸恶劳、贪婪自私等幽暗意识给社会发展所带来的破坏性、恣意性和不确定性。

对此，要按照党内法规制度建设基本要求，规范完善党内法规制度体系。制度建设是中华民族伟大复兴的根本保障，在加强和完善党内法规制度建设的同时，我们应当按照党内法规制度建设的基本要求，确立制度目标，完备制度体系，确保制度执行力。1.制度目标是制度建设的价值追求，彰显和隐含的是国家的发展理念和领导人的执政理念，因此，党内法规制度建设目标的确立一般应当具有适度超前性和预见性，而不能被动地跟着问题走，头疼医头脚疼医脚。2.党内法规制度体系是党内法规制度建设的主体内容，制度体系的科学完善与否直接决定了制度建设的水平和实效性。党内法规制度体系建设本身是一门专业性非常强的学问，需要有科学的态度、务实的精神、超前的视野和严谨的作风，确保党内法规制度建设方向上的正确性、内容上的前瞻性、体系上的完备性、规则上的公正性、表述上的精确性和实践上的可操作性。3.完备的党内法规制度体系是党内法规制度建设的前提，党内法规制度的执行落实是党内法规制度建设的关键。如果党内法规制度建设仅仅停留在制度制定层面，缺乏执行落实的具体措施和监督评价的相关机制，那这种制度规范就会沦为毫无执行力和威慑力的一纸具文。在一定意义上，有制度不执行比没有制度后果更严重，因为，它破坏的是人们对制度的信赖，损害的是制度的权威。因此，在建立相对完备的党内法规制度体系的基础上，需要着力加强党内法规制度执行力建设，狠抓贯彻落实，确保党内法规制度的实效性和权威性。

三、法治反腐的价值目标

法治是治国理政的主要方式，善于运用法治思维和法治方式来开展反腐工作、推动廉洁政治建设是全面深化改革的必然要求，也是国家治理体系和治理能力现代化的重要体现。信仰法治、坚守法治的关键就是要维护法律权威，坚守公平正义。作为全面深化改革的重要内容之一，反对腐败、建设廉洁政治是法治中国建设的必然要求，也是维护社会公平正义的必然要求。法治建设的大背景要求反对腐败，建设廉洁政治工作也必须纳入法治化的轨道，各级反腐机关必须善于运用法治思维和法治方式开展反腐败工作，全面提升反腐工作的法治化、规范化和科学化水平。法治反腐不仅是当前我们反对腐败、惩治贪腐分子的基本方式，同时还是开展预防腐败工作、从根源治理腐败问题的重要保障。公平正义不仅是法治建设的价值目标，也是法治反腐的价值目标。当前严峻的反腐形势要求我们要始终保持惩治腐败的高压态势，坚决查处大案要案，着力解决发生在群众身边的腐败问题，不管涉及什么人，不论权力大小、职位高低，只要触犯党纪国法，都要坚持公平正义原则，一律严惩不贷。维护和实现公平正义、惩治贪污腐败分子是反腐机关的神圣职责，反腐部门只有牢固树立公平正义的法治理念，才能使法治中国建设的任务落到实处，才能真正维护人民的利益，促进社会和谐发展。在这个意义上，法治反腐是我们当前反腐路径的必然选择，公平正义是法治反腐的必然要求。

改革开放 40 年来，我国的经济社会改革取得了巨大进展，国家实力显著增强，社会大局总体稳定。但也应该清醒地看到，我们的改革发展在取得巨大成就的同时，也面临着一系列的挑战：道德滑坡严重，社会诚信缺失，贪污受贿屡禁不止，腐败案件层出不穷，必须下大力气重点加以解决。在这个特殊的社会转型时期，反腐问题在维护社会稳定、化解社会矛盾、促进社会公平正义中的重要作用就逐渐凸显出来。为充分发挥反腐在治国理政、执政兴国中的重要作用，我们必须坚持公平正义的反腐原则，做到法律面前一律平等，制度面前没有特权，腐败查处没有例外，充分体现公平正义的内在要求。其内涵主要体现为以下三方面。

（一）法律面前一律平等。它要求反腐败要严格贯彻落实依法治国基本方略，将反腐工作纳入法治化、规范化、科学化轨道，体现公平正义的法治理念。建设法治中国，必须坚持依法治国、依法执政、依法行政共同推进，坚持法治国家、法治政府、法治社会一体建设。法律面前一律平等是现代法治的基本要求，也是我们反腐工作的基本依据。法律面前人人平等原则要求任何组织和个人都不得有超越宪法法律的特权，一切违反宪法法律的行为都必须予以追究。我国宪法第三十三条第二款规定："中华人民共和国公民在法律面前一律平等。"这是平等原则在我国宪法中的明确规定。法律面前一律平等是公平正义原则的直接要求，也是践行公平正义原则的具体体现。

反腐工作必须要坚持公平正义的基本原则。从反腐败角度而言，法律面前一律平等主要包括以下几方面的含义：第一，法律面前一律平等是反腐工作的总要求，反对特权思想、严格查办一切违法乱纪案件是法律面前一律平等原则的应有之义。任何人只要触犯党纪国法，都要严惩不贷、绝不姑息。只有这样，才能体现法治反腐的内在要求，才能实现公平正义的反腐原则。第二，反腐工作的开展要依法进行，确保一切反腐行为都要符合法律规定、寻找到法律依据。按照现代法治的基本理念，法律凝聚了全体人民的利益和意志，本身就是公平正义价值的集体体现。反腐工作如果严格依照法律进行，本身就符合公平正义的形式要求。第三，反腐工作应当遵循合理原则，符合公平正义的实质要求。反腐工作的开展除了形式上要依法进行之外，还要遵循实质性的合理性要求，做到公平处理、同等对待，杜绝选择性执法和倾向性执法，避免反腐成为政治斗争的工具；案件处理结果要与违法乱纪行为的性质、程度相当，不能轻罪重罚，也不能重罪轻罚，杜绝畸轻畸重，做到实质性上的公平正义。

（二）制度面前没有特权。它要求反腐要坚持以制度建设为导向，用制度管权管事管人，把容易腐败的权力关进制度的笼子里，确立公平正义的制度环境。制度，一般是指社会中调整特定关系的一系列习惯、道德、法律、规章、纪律等规定的总和，是要求社会成员共同遵守的办事规程或行动准则的统称。对于制度建设的重要性，邓小平同志曾明确指出"制度问题更带有根本性、全局性、稳定性和长期性"，党的十八大报告着重指出"要把制度建设摆在突出位置"，党的十八届三中全会决定也明确强调："坚持用制度管权管事管人，让人民监督权力，让权力在阳光下运行，是把权力关进制度笼子的根本之策。"2015年6月26日，习近平总书记在十八届中央政治局第二十四次集体学习时讲话指出，我们党长期执政，既具有巨大政治优势，也面临严峻挑战，必须依靠党的各级组织和人民的力量，不断加强和改进党的建设、管理、监督。铲除不良作风和腐败现象滋生蔓延的土壤，根本上要靠法规制度。要加强反腐倡廉法规制度建设，把法规制度建设贯穿到反腐倡廉各个领域、落实到制约和监督权力各个方面，发挥法规制度的激励约束作用，推动形成不敢腐不能腐不想腐的有效机制。因此，加强制度反腐，是依法治国、依法执政的必然要求，也是法治反腐、建设廉洁政治的必然要求。按照党中央的最新要求，我们要建立健全权力运行制约和监督体系，加强反腐败国家立法，加大制度反腐力度。

制度反腐必须体现公平正义的反腐原则，切实做到制度面前没有特权。第一，当前反腐工作必须要坚持中国特色反腐倡廉道路，坚持标本兼治、综合治理、惩防并举、注重预防方针，全面推进惩治和预防腐败体系建设。各级领导干部特别是高级干部必须自觉遵守党纪政纪，严格执行反腐倡廉问题上的各项规章制度，既严于律己，又加强对亲属和身边工作人员的教育和约束，绝不允许搞特权，确保制度建设的公平正义。第二，严格按照党中央要求，加强反腐倡廉教育和廉政文化建设，规范并严格执行领导干部工作生活保障制度，不准多处占用住房和办公用房，不准超标准配备办公用房和生活用房，不准违规配备公车，不准超标准进行公务接待。在党和国家的廉政纪律和反腐制度面前，人人平等，一视同仁，决不允许超越于制度之上的特权行为和特权人物，确保制度约束的公平正义。第三，建立完备的制度体系尤其是党内法规制度体系，加强制度执行力建设。在建立相对完备的制度体系的基础上，迫切需要大力提高制度执行力，狠抓贯彻落实，确保制度的权威性。具体到反腐工作上，对于违反廉政制度和党纪政纪的人员，严格按照制度处理，确保制度执行的公平正义。

（三）腐败查处没有例外。它要求反腐要做到党纪国法面前人人平等，腐败查处没有例外，不管涉及谁，都要一查到底，绝不姑息绝不手软，确保案件查处中的公平正义。如果说"法律面前一律平等"确立的是国家法律层面的公平正义，"制度面前没有特权"确立的是党纪政纪层面的公平正义，那么"案件查处没有例外"确立的则是具体实践操作层面的公平正义。"徒法不足以自行"，虽然以预防腐败、制止贪腐为目标的法律法规和党纪政纪规定了非常明确的权力运行程序和非常严厉的制裁后果，但是仍然会有一小撮"老虎"和"苍蝇"心存侥幸，逆势而为，以权谋私，企图利用手中的公权力来掩盖自己的贪腐罪行，极力制造杂音，阻碍反腐工作进一步深入。因此，相比较法律法规和党规制度层面的反腐，实践操作层面的反腐工作更难，也更为重要，腐败查处环节中是否能做到公平正义是衡量整个反腐工作是否真正实现公平正义价值的直接体现。

从反腐实践层面来看，腐败查处环节要想体现公平正义的价值要求，应该做到以下几点：第一，确保规则实施的公平正义。规则制定出来以后，所有社会成员在规则面前一律平等，不论职位高低、贫富状况，一律不能有特权，不能凌驾于法律之上。规则公平是权利公平和机会公平的基础。如果没有规则公平，权利公平和机会公平很容易受到侵害和破坏，因此，规则公平实际上是依法治国的本质体现，是维护社会公平正义的基础和落脚点。第二，确保案件查处程序的公平正义。"迟到的正义非正义"。在现实中，正义不仅应当实现，而且应当以人们看得见的方式及时实现，否则就违反了程序公正的价值要求。程序公正不仅是实体公正实现的前提和保障，而且本身也具有独立的价值。良善正当的法律程序，对于化解矛盾、缓解冲突、制约恣意权力、预防权力滥用具有不可替代的作用，所以我们才说"阳光是最好的防腐剂"。因此，在查处腐败案件中，我们一定要遵守程序公正的要求，严格按照法律法规和党纪政纪的规定办事，避免在查处腐败案件、打击贪腐犯罪中出现新的违法违纪行为。第三，确保惩治腐败的公平正义。党的十八大以来，我们始终保持惩治腐败高压态势，坚决查处大案要案，不管是什么人，只要触犯党纪国法，都要一查到底，坚决追究。查办违纪违法案件，是惩治腐败的直接手段，也是维护公平正义的重要体现。当前，我国正处于腐败高发期，大案要案频发，社会影响恶劣。坚决惩治腐败是维护社会公平正义的必然要求，也是全党全社会的共同愿望。要坚持有案必查、有腐必惩、有贪必肃，建立健全腐败案件揭露、查处机制，有群众举报的要及时处理，有具体线索的要认真核实，坚持"苍蝇""老虎"一起打，做到党纪国法面前一律平等，腐败惩治没有例外，确保在案件查处环节真正做到公平正义。

第二节　把权力关进党内法规制度笼子里

一、建立科学合理的权力结构与运行机制

法治精神的实质是限制权力、保障权利，通过对权力的限制来达到权利保障的目的。从法治的视角来看，所谓腐败不过是权力的不正当行使给国家、社会和公民权利造成危害的一种法律现象。之所以现代法治理念特别强调对权力的限制，是由权力自身的容易腐蚀性质所决定的。权力的容易腐蚀性在社会上具有很多的表现形式，钱权交易、钱权交换、官商勾结、损公肥私、腐化堕落都是权力腐蚀性的表现形式。从权力的起源和性质上看，权力的自我腐蚀性主要表现为公共资源的不合理配置和强制性的不受控制上。首先，权力起源于人民的授权，是作为一种公共性的社会产品而出现的。权力的公共性的一个重要体现就是权力的根本目标是维护公共利益，合理配置公共资源。但是，权力的自蚀性本性决定了权力在配置公共资源尤其是在利益冲突时往往会首先考虑自己的私利，而置公共利益于不顾，从而使得权力成为损公肥私、贪污腐化的便利工具，继而走向腐败。其次，权力具有超越于社会之上的独立性和强制性，赋予权力独立性和强制性的初衷是为了确保权力保护公共利益、维护社会秩序职能的实现。但是，权力一旦独立于人民和社会之后，就有了相对独立的利益内容和价值目标，为了确保权力自身利益的顺利实现，权力自身就会习惯性地排斥异己，结党营私，压制各种反对力量，打击报复持异议者，从而使得权力沦为压制人民正当利益的工具，走向异化。

从本质上看，权力腐败往往和权力异化结合在一起。所谓权力异化就是指权力运行背离了自己的公共利益目的，即是指权力主体不是为公共利益服务，而是运用权力谋取私人利益。当权力异化为谋取私人利益的工具时，就会表现为对公共权力的滥用、对公众利益的侵害。权力的异化和腐败既有权力自身的内在原因，也有外在环境的因素。从内因上看，权力自

身的扩张性、可交换性和易蚀性构成了权力异化和腐败的内在根源；从外因上看，权力运行环境和制约监督机制的有效与否也是影响权力异化和腐败的重要因素。任何权力在缺乏有效的外在监督的情况下，都将会不可避免地走上异化和腐败的道路。

权力自身的易蚀性和逐利性决定了权力具有腐败的天性，但仅仅是权力的易蚀性和逐利性并不意味着权力必然会导致腐败。权力是否会必然导致腐败，同时还与权力的配置结构和权力的运行机制是否完善密切相关。如果一个国家的权力结构合理，权力运行机制完善，尽管权力自身有腐败的冲动，也会受制于合理的权力结构和完善的运行机制而没有腐败的机会。在这个意义上，腐败的本质其实在于权力的结构失衡和运行机制的不受监控，也正是在这个意义上，我们预防和反腐败的根本目标是要建立健全决策权、执行权、监督权既相互制约又相互协调的权力结构和运行机制，实现权力运行的有效监督和制约。所谓权力结构是指权力的组织体系，权力的配置与各种不同权力之间的相互关系。权力结构理论是伴随着人们对权力现象和权力运行机制认识的深化而逐渐产生的。权力结构理论的提出标志着权力限制理论的深入和权力腐败理论的最新发展，通过科学合理的配置权力结构来制约权力、预防腐败已经成为当今社会的普遍共识。建立健全决策权、执行权、监督权既相互制约又相互协调的权力结构和运行机制，是当前完善权力结构、规范权力运行、防止权力滥用的客观需要。从实践上看，腐败现象之所以会大规模频繁发生，贪污腐化现象之所以屡禁不止，在根源上是国家权力配置的不科学不合理所导致的权力结构失衡。因此，建立健全决策权、执行权、监督权既相互制约又相互协调的权力结构，形成结构合理、配置科学、程序严密、制约有效的权力运行机制就成为从根源上防治腐败的必然要求。

权力结构仅仅是权力的组织体系、权力的配置与各种不同权力之间的相互关系。权力结构是权力的静态存在状态，权力结构形成后，权力通过自身的强制性和支配性同社会发生联系的动态过程就是权力的运行问题。作为一种特殊的社会现象，权力有其特有的运行逻辑和运行机制。从权力运行机制的过程来看，权力运行机制是一个有机联系的系统，一般可以分为动力、整合、激励、控制和保障五个子系统。权力动力机制的主要功能是为权力运行提供适度的动力,保持权力的积极性、主导性;权力整合机制的主要功能是协调权力之间、权利之间以及权力与权利之间的利益关系,促使国家、社会和公民之间组成有机的整体;权力激励机制的主要功能是促使权力者和其他社会成员的行为方式和价值观念与国家倡导的趋于一致,激发权力者和社会其他成员的活力;权力控制机制的主要功能是维系良好的权力秩序,控制权力运行的方向与力度;权力保障机制的主要的功能是保障权力和社会成员的基本生活条件,维护权力的运行安全。这些机制在结构上是协调的,在功能上是耦合的、互相补充的。在权力运行机制的五个子系统中,权力控制机制是核心关节。在实现方式上,权力控制可以通过组织的、制度的和文化的三种控制手段来加以实现。其中,制度是指具有普遍意义的、比较稳定的、有一定强制性的和正式的社会规范体系。制度一般可以分为政治、经济、文化、家庭和法律制度五大类。在现代社会,伴随着国家与社会事务的扩大,权力的范围和权限也越来越趋于扩大,权力控制的力度也逐渐加大。伴随着权力的急剧扩大趋势,权力控制的手段和方法也日趋严密,越来越趋向于制度化和规范化,从而使得法律成为权力控制的基本形式。美国法社会学家庞德尝言:"在近代世界,法律成了社会控制的主要手段。"[1]下一步,反腐败工作的重心便落到构建权力运行规则、规范权力运行机制、完善权力监督体系上,因此,反腐败立法将会成为反腐败斗争的主要形式和根本之策。

二、完善权力运行制约和监督机制

腐败的本质是公权力的异化,是由于权力的结构失衡和运行过程的不受监控所导致的一种背离权力设定目标的非正常现象。权力本来是来源于人民,起源于权利,其根本目的是为了更好地保障人民权利。但是,权力的易蚀性本性决定了一旦权力得不到有效的监控,就会异化为权利的杀手,成为侵害权利最为剧烈的元凶。因此,要想从根源上反腐败,最为根本的一条就是加大对权力的制约和监督力度,将权力的配置和运行纳入制度建

---

[1] [美]庞德:《通过法律的社会控制》,沈宗灵、董世忠译,商务印书馆1984年版,第9页。

设的轨道中来。针对权力的极易腐蚀、容易腐败的天性，为了确保权力的正当行使，防止其腐化为恶，西方古典思想家们构想了多种思路来对权力进行制约和监督，其中比较典型的主要有自然法理论、市民社会理论和主权理论。自然法理论认为在世俗权力之上存在一个高高在上的自然法，世俗权力只能服从而不能违反；市民社会理论认为，在"政治国家"之外存在一个并列的"市民社会"，在市民社会领域遵循社会自治原则，国家权力不能任意侵入；主权理论认为在国家权力之上存在一个更高的权力——主权，国家权力来源于主权并服从主权。尽管这三种理论在权力限制方式上有着较大差异，但从方法论角度来看，三种在本质上是相同的，即都是试图通过在权力之外找到一个另外的或更高的权威来限制权力。这种限制权力方式的根本性缺陷在于，通过寻找或构造一个更高的权力来限制权力实际上还是试图通过外在于权力的外部力量来限制权力，这时努力和尝试往往会因为国家权力的强制性沦为一种空想。因此，"只有从权力内部对权力进行分解，并在此建立一个稳定的、相互制约的权力体系，以权力之间的关系来制约权力，以强制对付强制才能有效地控制权力。也就是说，只有将制约权力问题转化为一个权力的结构问题，对权力的制约才是可能的。"①

　　权力制约和权力监督的路径很多，通过道德、宗教、舆论、权利等方式都可以在不同程度上达到权力制约和监督的目的。从人类社会发展的历史来看，这些诸多的权力限制手段都没有真正束缚住权力的恣意和滥用，都没有完全消解权力异化所带来的腐败现象。因此，在总结历史上的成功经验和惨痛教训的基础上，人们逐渐意识到，在权力掌握强制力和单方支配力的前提下，仅仅寄希望于外在于权力的其他力量来限制权力是无法达到权力制约和权力监督的历史重任的，必须要转变思维，从权力结构内部入手，将权力分解为几个大致平衡的子权力，通过这些地位平等、权能相当的若干个权力之间的相互制衡来最终实现权力的正当行使。对此，西方的三权分立理论就是一个初步的尝试。

　　西方的三权分立理论就是一种典型的通过合理配置权力结构来达到权

---

① 周永坤：《权力结构模式与宪政》，《中国法学》2005 年第 6 期。

力制约与权力平衡的方式。三权分立理论认为,国家权力具有天然腐化的危险,想要防范国家权力的腐化,单纯依靠掌权者的道德自律和舆论监督是远远不够的,必须采用权力分立与权力制约的方式来保障权力的行使步入正轨,对此,启蒙时期的思想家们如洛克、孟德斯鸠、卢梭等人进行了详尽的阐述和论证。概而言之,三权分立就是主张把国家权力从内部分为立法权、行政权和司法权三部分,立法权负责决策和法律的制定,行政权负责法律的执行,而司法机关则负责法律的解释和运用。对公民权利和自由的保护迫切要求一个独立的司法机关的存在,要求司法权的行使必须同行政权和立法权的行使相分开,正如孟德斯鸠所言:"如果司法权不同立法权和行政权分立,自由就不存在了。如果司法权同立法权合而为一,则将对公民的生命和自由施行专断的权力,因为法官就是立法者,如果司法权同行政权合而为一,法官便握有压迫者的力量。"①这样,通过将国家权力在内部制度结构上分为立法权、行政权、司法权三种在地位上平等的权力,来达到三权之间的相互制约和平衡,从而尽可能地防止和制约权力异化和权力腐败的发生。当然,三权分立原则作为一种权力配置的方式是有其自身局限性的,一方面,权力制衡原则的理论基础是建立在人性恶的基础之上的,"掌握权力的人容易滥用权力,这是万古不易的一条经验"。所以即使权力再分立,只要由人来行使,那仍然存在权力滥用的可能,存在腐败的空间;另一方面,各个国家机关之间要形成相互制约、相互制衡的关系,由此必然导致国家机关权力行使效率的低下。所以,我们应该清醒地看到,权力制衡原则解决的中心是如何防止权力腐败的问题,而非权力行使的效率问题。

我国社会主义国家的性质决定了我们不可能全盘照搬西方的三权分立的权力结构模式,但是,这并不意味着西方的三权分立对我们毫无借鉴意义。事实上,腐败问题是全世界面临的一个共同难题,权力制约也是全世界共同面对的历史使命。因此,在充分借鉴西方发达国家的相关成功经验的基础上,科学合理地配置权力,建立起中国特色的决策权、执行权、监督权三权分工的权力结构与权力分工制度就成为预防和治理腐败的关键。

---

① [法]孟德斯鸠:《论法的精神》,张雁深译,商务印书馆1978年版,第185页。

从腐败产生的根源上看，由于权力结构的配置失衡必然会导致权力的不受制约，从而导致权力运行的不受监控，最终导致腐败现象的发生。因此，从权力结构和运行机制角度来看，腐败的根源在于权力的结构失衡和运行机制的不受监控。在这个意义上，要想从根源上预防腐败的发生，需要建立健全决策权、执行权、监督权既相互制约又相互协调的权力结构，形成结构合理、配置科学、程序严密、制约有效的权力运行机制。要充分发挥监督制约效能，必须完善权力运行制约和监督方面的实体性制度和程序性规定，实现监督制约体制和机制创新，最终形成全方位、多层次的监督制约体系。同时，按照权力制约和协调原则，做到决策更加科学、执行更加顺畅、监督更加有力，既保证权力高效运行，又保证权力正确行使，着重健全权力运行监控机制，推进权力运行程序化和公开透明，从而在根源上预防腐败现象的发生。

从历史上看，我国历来高度重视权力运行的制约和监督问题，许多党和国家领导人都对权力运行的制约和监督问题进行过深刻论述，为我们现阶段的权力制约和监督、反腐倡廉工作奠定了基础，明确了方向。改革开放伊始，在反思"文革"教训的基础上，以邓小平同志为核心的党中央领导集体开始重视制度建设，使得国家权力的行使走上法制化、制度化、规范化的道路。1980年8月，在中央政治局扩大会议上谈到党和国家领导制度的改革时，邓小平同志指出："我们过去发生的各种错误，固然与某些领导人的思想、作风有关，但是组织制度、工作制度方面的问题更重要。这些方面的制度好可以使坏人无法任意横行，制度不好可以使好人无法充分做好事，甚至会走向反面。……领导制度、组织制度问题更带有根本性、全局性、稳定性和长期性。"从此以后，通过加强制度建设来制约和监督权力的运行，确保权力的正当行使就成为我们的不二选择。在党的十六大报告中，江泽民同志强调，加强对权力的制约和监督，建立结构合理、配置科学、程序严密、制约有效的权力运行机制，从决策和执行等环节加强对权力的监督，保证把人民赋予的权力真正用来为人民谋利益。他提出，重点加强对领导干部特别是主要领导干部的监督，加强对人财物管理和使用的监督，切实健全、严格执行党内监督制度。党的十六大报告中提出的权力制约与监督思想又有了新的突破，明确将建立科学有效的权力运行体制作为权力制约和监督工作的核心工作。在党的十七大报告中,胡锦涛同志指出,要"建立健全决策权、执行权、监督权既相互制约又相互协调的权力结构和运行机制"。2011年在庆祝中国共产党成立90周年大会上,胡锦涛同志又强调,要"建立健全权力运行制约和监督体系,保证党和国家机关按照法定权限和程序行使权力",进一步将权力制约和监督工作向纵深推进,侧重于从权力结构与权力运行机制方面来加强权力制约和监督工作。

进入新时代后,在总结历史经验教训的基础上,以习近平同志为核心的党中央高度重视权力制约和监督问题,在不同的场合多次强调要健全权力运行制约和监督体系。在2012年12月4日的首都各界纪念现行宪法公布实施30周年大会上,习近平指出:"要健全权力制约和监督体系,有权必有责,用权受监督,失职要问责,违法要追究,保证人民赋予的权力始终用来为人民谋利益。"在2013年1月的十八届中央纪委第二次全会上,习近平强调:"要加强对权力运行的制约和监督,把权力关进制度的笼子里,形成不敢腐的惩戒机制、不能腐的防范机制、不易腐的保障机制。"在2013年4月的中央政治局第五次集体学习时,习近平再一次强调:"反腐倡廉的核心是制约和监督权力。"2015年6月26日,习近平同志在十八届中央政治局第二十四次集体学习时讲话指出,腐败的本质是权力出轨、越轨,许多腐败问题都与权力配置不科学、使用不规范、监督不到位有关。反腐倡廉法规制度建设要围绕授权、用权、制权等环节,合理确定权力归属,划清权力边界,厘清权力清单,明确什么权能用、什么权不能用,强化权力流程控制,压缩自由裁量空间,杜绝各种暗箱操作,把权力运行置于党组织和人民群众监督之下,最大限度减少权力寻租的空间。这些重要论述从不同方面共同揭示了树立正确的权力观、制约和监督权力的重要性,也表明了习近平同志对权力制约和监督问题的高度重视。

基于这种考虑,党的十八届三中全会高度重视权力运行的制约和监督体系建设,强调"坚持用制度管权管事管人,让人民监督权力,让权力在阳光下运行",并进一步指出这是"把权力关进制度笼子的根本之策"。党的十八届四中全会也把权力制约与监督体系建设作为一个重点工作来抓,提出要"加强党内监督、人大监督、民主监督、行政监督、司法监督、审计监督、社会监督、舆论监督制度建设，努力形成科学有效的权力运行制约和监督体系，增强监督合力和实效"。习近平总书记在中国共产党第十八届中央纪律检查委员会第六次全体会议上指出"要坚持党对党风廉政建设和反腐败工作的统一领导，扩大监察范围，整合监察力量，健全国家监察组织架构，形成全面覆盖国家机关及其公务员的国家监察体系"，并强调"要做好监督体系顶层设计，既加强党的自我监督，又加强对国家机器的监督"。这一论述深刻阐明了构建中国特色社会主义国家监察制度的基本思路，指明了法治框架下反腐败体制机制改革的方向。党的十八届六中全会更是明确指出："监督是权力正确运行的根本保证，是加强和规范党内政治生活的重要举措。必须加强对领导干部的监督，党内不允许有不受制约的权力，也不允许有不受监督的特殊党员。要完善权力运行制约和监督机制，形成有权必有责、用权必担责、滥权必追责的制度安排。"

2017年10月18日，习近平总书记在中国共产党第十九次全国代表大会上的报告提出，要健全党和国家监督体系，并将其上升为新时代中国特色社会主义发展的战略安排。习近平强调，增强党自我净化能力，根本靠强化党的自我监督和群众监督。要加强对权力运行的制约和监督，让人民监督权力，让权力在阳光下运行，把权力关进制度的笼子。强化自上而下的组织监督，改进自下而上的民主监督，发挥同级相互监督作用，加强对党员领导干部的日常管理监督。深化政治巡视，坚持发现问题、形成震慑不动摇，建立巡视巡察上下联动的监督网。深化国家监察体制改革，将试点工作在全国推开，组建国家、省、市、县监察委员会，同党的纪律检查机关合署办公，实现对所有行使公权力的公职人员监察全覆盖。制定国家监察法，依法赋予监察委员会职责权限和调查手段，用留置取代"两规"措施。改革审计管理体制，完善统计体制。构建党统一指挥、全面覆盖、权威高效的监督体系，把党内监督同国家机关监督、民主监督、司法监督、群众监督、舆论监督贯通起来，增强监督合力。

2018年1月11日，习近平总书记在中国共产党第十九届中央纪律检查委员会第二次全体会议上发表重要讲话强调，要深化标本兼治，夺取反腐败斗争压倒性胜利。标本兼治，既要夯实治本的基础，又要敢于用治标的利器。要坚持无禁区、全覆盖、零容忍，坚持重遏制、强高压、长震慑，坚持受贿行贿一起查，坚决减存量、重点遏增量。"老虎"要露头就打，"苍蝇"乱飞也要拍。要推动全面从严治党向基层延伸，严厉整治发生在群众身边的腐败问题。要把扫黑除恶同反腐败结合起来，既抓涉黑组织，也抓后面的"保护伞"。要加强反腐败综合执法国际协作，强化对腐败犯罪分子的震慑。要强化不敢腐的震慑，扎牢不能腐的笼子，增强不想腐的自觉。要通过改革和制度创新切断利益输送链条，加强对权力运行的制约和监督，形成有效管用的体制机制。

从内涵上看，党的十八届三中、四中、六中全会和党的十九大、十九届纪委二次全会中关于权力运行的制约和监督体系的表述，言简意赅，高屋建瓴，从顶层设计的高度构建了今后一段时间内反腐倡廉工作的基本框架，标志着中央对反腐倡廉认识的深化，昭示着反腐倡廉工作的新走向，凸显了现阶段权力运行和监督体系建设的必要性、紧迫性和重要性，从制度建设的高度为我们深化权力的结构改革，规范权力的正当行使，加强权力的监督制约，防治权力的腐败滥用指明了发展方向，提出了明确要求，必将成为新时期党内法规制度建设的基本遵循，也为新时期的反腐倡廉工作提供了坚实的理论基础和制度依据。

三、构建以党内法规制度建设为主导的反腐败监督体系

反腐败的实质是加强和改进党的建设，是党自我监督、自我净化的重要形式。因此，反腐败实际上是党内监督的重要内容。为了实现党对国家的全面领导，保证党的路线方针政策在国家经济政治生活中切实得到执行，党必须对涉及国家发展的各项问题进行领导、监督，确保党的意志能够得到贯彻落实。在这个意义上，只有加强党内监督，才能有效保证党对国家生活的领导。

从内容上看，党对国家生活的监督主要体现为三个方面：第一，政治监督，即监督国家机关及其公务人员在各项工作中是否严格按照党的路线方针政策办事。第二，组织监督，即党的各级组织部门通过对各级国家机关各部门的主要负责人的考察、选择、任免、培训，将执政党的意志与人民选举的意志有机统一起来，保证党对国家公职人员的管理和监督。第三，

思想监督,即国家机关中的各级党组织,经常做公务员的思想政治工作,督促和检查其勤政廉政情况,以保证在思想上、政治上、行动上同党中央保持一致。

党内监督的主体是全体党员、各级党的组织和专门的纪律检查机关,这些主体常见的监督方式主要有:第一,党员监督,由广大党员运用民主权利对党组织和党的领导干部所开展的建议、评议、批评等活动;第二,党的基层组织的监督,由基层党组织对本组织所属的党员、党的领导干部和党组织进行的监督;第三,党的代表大会的监督,由代表大会或代表大会的党员代表,对党委工作提出建议、批评和咨询,享有提案权、表决权和选举权。

党内监督的对象是党的一切组织和全体党员,重点是党政机关和中共党员领导干部,监督的内容主要包括:第一,宗旨监督,督促全体党员全心全意为人民服务,做人民公仆,密切联系群众,杜绝官僚主义和脱离群众的其他倾向。第二,作风监督,坚守理论联系实际、密切联系群众、批评与自我批评三大作风,做好党风建设。第三,纪律监督,既包括按照党的纪律督促党的各级组织和全体党员遵守党纪国法,又包括对党员违纪问题的检举、揭发、控告、申诉和违纪案件的处理。第四,廉政监督,按照党员干部廉洁自律的有关规定,大力开展反腐倡廉活动,严厉惩治腐败行为和腐败现象。

2015年6月26日下午,中央政治局就加强反腐倡廉法规制度建设进行第二十四次集体学习。习近平总书记在主持学习时强调,铲除不良作风和腐败现象滋生蔓延的土壤,根本上要靠法规制度;要加强反腐倡廉法规制度建设,把法规制度建设贯穿到反腐倡廉各个领域、落实到制约和监督权力各方面。制定出台关于加强党内监督方面的条例是反腐倡廉法规制度的重要组成部分,是中央加强反腐倡廉法规制度建设的生动体现,是反腐倡廉法规制度建设提到新高度、跃上新台阶的战略性安排,也揭开了进一步加强反腐倡廉法规制度建设的大序幕,对深化标本兼治、形成不敢腐不能腐不想腐的有效机制具有重要意义。

基于党内监督问题的重要性,2016年2月,中央政治局决定,党的十八届六中全会专题研究全面从严治党问题,制定新形势下党内政治生活的若干准则,修订《中国共产党党内监督条例(试行)》,成立文件起草组,由习近平担任组长,刘云山、王岐山同志任副组长,有关部门和地方负责同志参加,在中央政治局常委会领导下进行工作。2016年10月27日中国共产党第十八届中央委员会第六次全体会议通过《中国共产党党内监督条例》。中国共产党的领导地位与执政地位决定了中央全会的极高关注度。习近平总书记在《关于〈关于新形势下党内政治生活的若干准则〉和〈中国共产党党内监督条例〉的说明》中提到,这次六中全会以制定修订上述两个文件稿为重点专题研究全面从严治党。如此明确地将制定修订党内法规作为中央全会的重点,改革开放以来还是第一次。进一步说,党内法规多种多样,包括党章、准则、条例、规则、规定、办法、细则。通览改革开放以来由中央全会通过的管党治党专门法规,仅有三部,除两部关于政治生活的准则外,就是此次的监督条例。换言之,监督条例是唯一由中央全会通过的属于"条例"的党内法规。这既彰显出党中央对强化党内监督的特殊重视,也反映出党内监督制度特别是党内监督条例在全面从严治党中的基础性与战略性。习近平总书记在十八届中央纪委六次全会上讲话指出:"从党风廉政建设主体责任到全面从严治党主体责任,不只是字面上的变化,更是实践的发展、认识的深化。"

"法网恢恢,疏而不漏。"把权力关进制度笼子,首先要求把制度笼子扎实扎紧扎密,而不能是"牛栏关猫"。从内容上看,监督条例与时俱进,对原条例进行了全面修改,党内监督制度明显更严,是推进党内监督制度成熟定型、扎实扎紧扎密制度笼子的重要步骤。《中国共产党党内监督条例》是全面从严治党的一项重大举措,对于锻造坚强领导核心,统筹推进"五位一体"总体布局和协调推进"四个全面"战略布局,实现党的历史使命,具有十分重要的意义。习近平总书记反复强调,打铁还需自身硬。党要管党、从严治党,"管"和"治"都包含监督。对我们党来说,增强自我净化、自我完善、自我革新、自我提高能力,保持和发展党的先进性、纯洁性,必须强化党内监督。党的执政地位决定了党内监督在党和国家各种监督形式中是最基本的、第一位的。只有以党内监督带动其他监督、完善监督体系,才能为全面从严治党提供有力制度保障,管党治党、治国理政的各项任务才能落到实处。

加强党内监督体现了管党治党理论和实践创新成果。党的十八大以来，党中央坚持党要管党、从严治党，将全面从严治党纳入"四个全面"战略布局，开创了党的建设新局面。习近平总书记深刻指出，"没有监督的权力必然导致腐败，这是一条铁律"①，"坚持民主集中制是保证党的创造力、凝聚力、战斗力的重要法宝，是强化党内监督的核心"②，"强化党内监督，健全完善制度是保障"③，"巡视是党章赋予的重要职责，是从严治党、维护党纪的重要手段，是加强党内监督的重要形式"④，"让批评和自我批评成为党内生活常态，使之成为一种习惯、一种自觉、一种责任"⑤，"抓住'关键少数'，破解'一把手'监督难题"⑥。这些重要论断，深刻回答了新形势下加强党内监督的重大理论和现实问题，进一步升华了我们党对依规管党治党规律的认识，为修订《中国共产党党内监督条例》提供了重要遵循。

加强党内监督是全党的共同任务。第一位的是强化党委监督，各级党委要真正把担子担起来，种好自己的"责任田"，以上率下，层层传导压力。纪委是党内监督的专门机关，是管党治党的重要力量，要在全面从严治党中找准职责定位，强化监督执纪问责。党内没有不接受监督的特殊党员，党员领导干部是"关键少数"，一把手则是"关键少数"中的"关键少数"，是党内监督的重中之重。党内监督是党员的基本权利，广大党员要自觉履行党内监督的职责，正确行使党内监督的各项权利，维护党的集中统一。

根据《中国共产党党内监督条例》，党内监督的任务是确保党章党规党纪在全党有效执行，维护党的团结统一，重点解决党的领导弱化、党的建设缺失、全面从严治党不力，党的观念淡漠、组织涣散、纪律松弛，管党治党宽松软问题，保证党的组织充分履行职能、发挥核心作用，保证全体党员发挥先锋模范作用，保证党的领导干部忠诚干净担当。党内监督的范围是：

（一）遵守党章党规，坚定理想信念，践行党的宗旨，模范遵守宪法

---

① 2013年6月，习近平在全国组织工作会议上的讲话。
② 2014年7月，习近平在河北省委领导班子专题民主生活会上指出。
③ 2016年1月，习近平在十八届中央纪委六次全会上强调指出。
④ 2013年4月，习近平在中央政治局常委会审议《关于中央巡视工作领导小组第一次会议研究部署巡视工作情况的报告》时的讲话。
⑤ 2014年10月，习近平在党的群众路线教育实践活动总结大会上的讲话。
⑥ 2016年1月，习近平在十八届中央纪委六次全会上强调指出。

法律情况；

（二）维护党中央集中统一领导，牢固树立政治意识、大局意识、核心意识、看齐意识，贯彻落实党的理论和路线方针政策，确保全党令行禁止情况；

（三）坚持民主集中制，严肃党内政治生活，贯彻党员个人服从党的组织，少数服从多数，下级组织服从上级组织，全党各个组织和全体党员服从党的全国代表大会和中央委员会原则情况；

（四）落实全面从严治党责任，严明党的纪律特别是政治纪律和政治规矩，推进党风廉政建设和反腐败工作情况；

（五）落实中央八项规定精神，加强作风建设，密切联系群众，巩固党的执政基础情况；

（六）坚持党的干部标准，树立正确选人用人导向，执行干部选拔任用工作规定情况；

（七）廉洁自律、秉公用权情况；

（八）完成党中央和上级党组织部署的任务情况。

《中国共产党党内监督条例》确定了全党中央统一领导、党委（党组）全面监督、纪律检查机关专责监督、党的工作部门职能监督、党的基层组织日常监督、党员民主监督的党内监督体系。倡导党内监督和外部监督相结合，规定各级党委应当支持和保证同级人大、政府、监察机关、司法机关等对国家机关及公职人员依法进行监督，人民政协依章程进行民主监督，审计机关依法进行审计监督。有关国家机关发现党的领导干部违反党规党纪、需要党组织处理的，应当及时向有关党组织报告。审计机关发现党的领导干部涉嫌违纪的问题线索，应当向同级党组织报告，必要时向上级党组织报告，并按照规定将问题线索移送相关纪律检查机关处理。在纪律审查中发现党的领导干部严重违纪涉嫌违法犯罪的，应当先作出党纪处分决定，再移送行政机关、司法机关处理。执法机关和司法机关依法立案查处涉及党的领导干部案件，应当向同级党委、纪委通报；该干部所在党组织应当根据有关规定，中止其相关党员权利；依法受到刑事责任追究，或者虽不构成犯罪但涉嫌违纪的，应当移送纪委依纪处理。同时，《中国共产党党内监督条例》规定，各级党组织和党的领导干部应当认真对待、自觉接受社会监督，利用互联网技术和信息化手段，推动党务公开、拓宽监督渠道，虚心接受群众批评。新闻媒体应当坚持党性和人民性相统一，坚持正确导向，加强舆论监督，对典型案例进行剖析，发挥警示作用。

党的十八大以来，以习近平同志为核心的党中央坚定不移推进全面从严治党，深入开展党风廉政建设和反腐败斗争，强化党内监督，推动全面从严治党由治标为主迈向标本兼治。经过全党全国上下共同努力，腐败蔓延势头得到有效遏制，反腐败斗争压倒性态势已经形成，不敢腐的目标初步实现，不能腐的制度日益完善，不想腐的堤坝正在构筑。而要想实现干部清正、政府清廉、政治清明的目标，必须加强对权力运行的监督，实现党内监督与国家监察有机统一。党的执政地位决定党内监督在党和国家各种监督形式中是最基本、第一位的，但是，仅仅构建党内监督体系是不够的，还要加强同级人大、政府、监察机关、司法机关等国家监察体系，使党内监督与外部监督相互促进、相辅相成。在第十八届中央纪律检查委员会第六次全体会议上，习近平总书记指出："要坚持党对党风廉政建设和反腐败工作的统一领导，扩大监察范围，整合监察力量，健全国家监察组织架构，形成全面覆盖国家机关及其公务员的国家监察体系。"在我国目前的权力结构中，对依法履行公职的机关或单位及其人员的监督，分散于各级纪委及其机关、行政监察机关、预防腐败局和检察机关等，有的职能重叠，边界不清，比较分散，难以形成合力。因此，要建立集中统一、更高层次的国家监察组织，改革国家监察权的配置方式，将行政监察、腐败预防、查处贪污贿赂、失职渎职以及预防职务犯罪等相关职能进行整合。

深化国家监察体制改革的目标，是建立党统一领导下的国家反腐败工作机构。按照《中国共产党党内监督条例》的规定，要支持和保证同级人大、政府、监察机关、司法机关等对国家机关及公职人员依法进行监督。将"监察机关"与"人大、政府、司法机关"并列，体现了中央改革国家监察体制的决策部署和党规对改革的引领作用。各级监察委员会由本级人大产生，作为行使国家监察职能的专责机关，与党的纪律检查委员会合署办公，并与司法机关协调衔接。

2016年，中央决定推进国家监察体制改革，设立监察委员会，实现对行使公权力的公职人员监察全覆盖，并在全国一些地方开展试点，这项改革是事关全局的重大政治改革。2016年12月25日，第十二届全国人民代表大会常务委员会第二十五次会议通过《关于在北京市、山西省、浙江省开展国家监察体制改革试点的决定》，为在全国推进国家监察体制改革探索积累经验。全国人大常委会的授权决定实质上为国家监察权的行使提供了合法性说明，也为各地国家监察委员会的试点设立提供了权威依据。经过一年多的实践，国家监察体制改革在实践中迈出了坚实步伐，积累了可复制可推广的经验。根据党的十九大精神，在认真总结三省市试点工作经验的基础上，2017年11月，十二届全国人大常委会第三十次会议通过《全国人民代表大会常务委员会关于在全国各地推开国家监察体制改革试点工作的决定》，随后，国家监察体制改革试点工作在全国有序推开，省、市、县三级监察委员会已经全部组建成立。2018年3月20日，第十三届全国人大一次会议表决通过了《中华人民共和国监察法》，共9章69条。《中华人民共和国监察法》是为了推进全面依法治国，实现国家监察全面覆盖，深入开展反腐败工作而制定的法律，性质是反腐败国家立法。通过制定监察法，把党的十八大以来在推进党风廉政建设和反腐败斗争中形成的新理念新举措新经验以法律形式固定下来，巩固国家监察体制改革成果，保障反腐败工作在法治轨道上行稳致远。

当下中国反腐败的核心是推进理念转型，补齐制度"短板"，控制权力运行，压缩腐败利益空间，堵塞腐败利益转化。反腐败的关键是要坚持全面从严治党。党要管党，才能管好党；从严治党，才能治好党。从严治党，关键在治、要害在严。只有把我们党建设好，党员干部党性强、党风正，以人为本，执政为民，清正廉洁，反对腐败，才能带领全国人民完成党的十八大确定的全面建成小康社会奋斗目标。正如2014年10月，在党的群众路线教育实践活动总结大会上习近平总书记所说："从严治党，最根本的就是要使全党各级组织和全体党员、干部都按照党内政治生活准则和党的各项规定办事。要深入抓好反腐倡廉工作，坚持有案必查、有腐必惩，任何人触犯了党纪国法都要依纪依法严肃查处，绝不姑息，党内决不允许腐败分子有藏身之地。"因此，构建以党内法规制度建设为主导的反腐败监督体系，以党内法规扎紧扎牢全面从严治党的制度笼子，体现了治标和治本的统筹兼顾、自律和他律的双管齐下。这一反腐败战略思想，开创了反腐败工作新格局，表明我们党对新形势下反腐败工作规律、治国理政规律有了新探索、新认识、新创见。

第三节 以党内法规扎紧全面从严治党的制度笼子

一、积极推进党的建设制度改革

党的十八大以来，以习近平同志为核心的党中央总揽全局、协调各方，全面加强党的领导和党的建设，坚决改变管党治党宽松软状况。以上率下、层层推进，领导全党以踏石留印、抓铁有痕的精神抓纪律、抓作风，从聚力于"四风整治"到聚焦于"三严三实"，从推动全党尊崇党章到号召全党增强"四个意识"，从开展理想信念教育到推进党的建设制度改革再到发挥巡视利剑作用，层层落实管党治党政治责任，围绕加强党内法规制度建设作了一系列重大决策部署。

（一）坚持理想"高线"与纪律"底线"有机统一

2015年10月，中共中央正式印发了新修订的《中国共产党廉洁自律准则》和《中国共产党纪律处分条例》，将党章规定具体化，严明纪律戒尺，树立党章权威。《中国共产党廉洁自律准则》强调自律，重申了党的理想信念宗旨、优良传统作风，明确廉洁自律行为规范，坚持正面引领、重在立德。《准则》提出了"四个必须""八条规范"，要求中国共产党全体党员和各级党员领导干部必须坚定共产主义理想和中国特色社会主义信念，必须坚持全心全意为人民服务的根本宗旨，必须继承发扬党的优良传统和作风，必须自觉培养高尚道德情操。《中国共产党纪律处分条例》细化了党章对党组织和党员的纪律要求，强调他律，重在立规，对政治纪律、组织纪律、廉洁纪律、群众纪律、工作纪律、生活纪律等六类违纪行为作出具体规定，开列负面清单，将党的十八大以来严明政治纪律和政治规矩、组织纪律、落实八项规定、反对"四风"等从严治党的实践成果制度化、常态化，划出了党组织和党员不可触碰的底线。新修订的《中国共产党廉洁自律准则》和《中国共产党纪律处分条例》坚持思想建党与制度治党紧密结合，坚持依规治党和以德治党有机统一，坚持理想"高线"与纪律"底线"有机统一，坚持自律与他律互为补充，体现了纪律和规矩的刚性约束。各级党委（党组）要担当和落实好全面从严治党的主体责任，抓好学习宣传、贯彻落实，把各项要求刻印在全体党员特别是党员领导干部心上，要把严守政治纪律和政治规矩永远排在首要位置，通过严肃政治纪律和政治规矩带动其他纪律严起来；要牢固树立党章党规党纪意识，严格遵守国家法律法规，自觉做守纪律、讲规矩的模范。

（二）坚持问题导向、重点发力

在十八届中央纪委六次全会上，习近平总书记着重强调，要坚持全面从严治党、依规治党，标本兼治，净化政治生态。各级领导干部特别是高级干部要从自身做起，廉洁用权，做遵纪守法的模范，同时要坚持原则、敢抓敢管，立"明规矩"、破"潜规则"，通过体制机制改革和制度创新不断加强党的建设。2016年10月27日，中国共产党第十八届中央委员会第六次全体会议通过了《关于新形势下党内政治生活的若干准则》和《中国共产党党内监督条例》，以党章为根本遵循，围绕当前党内政治生活和党内监督存在的薄弱环节提出了明确措施，顺应了新形势新任务对严肃党内政治生活、加强党内监督的要求。

《关于新形势下党内政治生活的若干准则》明确指出了加强和规范党内政治生活的目标要求和基本路径。《准则》着重对"关键少数"提出要求，指出高级干部特别是中央领导层组成人员必须以身作则，模范遵守党章党规，严格遵守党的政治纪律和政治规矩，坚持不忘初心、继续前进，坚持率先垂范、以上率下，为全党全社会作出示范。《准则》高度强调政治纪律的重要性，指出"政治纪律是党最根本、最重要的纪律，遵守党的政治纪律是遵守党的全部纪律的基础。党的各级组织必须担负起执行和维护政治纪律和政治规矩的责任，对违反政治纪律的行为要坚决批评制止，不能听之任之"。《准则》是新形势下加强和规范党内政治生活的基本遵循，所提出的十二条准则条条都与党的生死存亡、兴衰成败息息相关，它们相辅相成，共同构成党的政治纪律的实质内容和有机整体，贯穿于党内政治生活的全过程和各个方面，只要党的各级组织和全体党员特别是高级干部都严格遵守这十二条准则就能营造风清气正的政治生态，确保党始终成为中国特色社会主义事业的坚强领导核心。

《中国共产党党内监督条例》对党内监督的主要内容作出明确说明，要求遵守党章党规，坚定理想信念，践行党的宗旨，模范遵守宪法法律情况；维护党中央集中统一领导，牢固树立"四个意识"，贯彻落实党的理论和路线方针政策，确保全党令行禁止情况；坚持民主集中制，严肃党内政治生活，贯彻"四个服从"情况；落实全面从严治党，严明党的纪律特别是政治纪律和政治规矩，推进党内廉政建设和反腐败工作情况；落实中央八项规定精神，加强作风建设，密切联系群众，巩固党的执政基础情况；坚持党的干部标准，树立正确选人用人导向，推行干部选拔任用工作规定情况；廉洁自律、秉公用权情况；完成党中央和上级党组织部署的任务的情况。党内监督没有禁区、没有例外，必须把纪律挺在前面，确保党章党规党纪在全党有效执行，维护党的团结统一，重点解决党的领导弱化、党的建设缺失、全面从严治党不力，党的观念淡漠、组织涣散、纪律松弛，管党治党宽松软问题，保证党的组织充分履行职能、发挥核心作用，保证全体党员发挥先锋模范作用，保证党的领导干部忠诚干净担当。

制定《关于新形势下党内政治生活的若干准则》，修订《中国共产党党内监督条例》，这是以习近平同志为核心的党中央高瞻远瞩的战略决策。这两项党内法规抓要害、出实招，坚持问题导向、贯彻底线思维，既有刚性规定，又有精要道理，传递出党中央坚定不移推进全面从严治党的决心，是我们党在管党治党中具有里程碑意义的新篇章。

（三）坚决惩治违纪行为

立规易，执纪难，党内法规的效力和权威取决于执行力和贯彻力。严守党内法规，既要纪律管用，又要行之有效，在贯彻实施上下更大功夫。坚持纪在法前、纪严于法，要用严的制度、严的措施、严的要求确保党内法规得到不折不扣的落实，要充分运用政治纪律与政治规矩对违反党章和各项党内法规、损害党和人民利益的行为及时予以处置和纠正。在第十八届中央纪律检查委员会第三次全体会议上的讲话中，习近平总书记指出："抓纪律，就要敢于板起脸来批评，不要等到犯了大错误。"违纪必究，执纪必严，党的十八大以来，党中央始终保持高压态势，采取有力措施深入整治"四风"，着力解决发生在群众身边的违规违纪行为，坚决对顶风违反政治纪律、政治规矩的问题进行严厉查处，坚持无禁区、全覆盖、零容忍，坚持猛药去疴、重点整治。

一是落实全面从严治党主体责任。党中央要求，各级党委、纪委要认真履行全面从严治党的主体责任，坚决维护《中国共产党章程》，严格执行纪律法规，坚决防止和纠正执行纪律宽松软的问题，做到守土有责、守土负责、守土尽责。要注重抓早抓小、防微杜渐，强化日常管理监督，做到真管真严、敢管敢严、长管长严，使全面从严治党成为常态。二是以零容忍态度惩治腐败。千里之堤，溃于蚁穴。小毛病滋生大问题，违纪违法的问题都是从小问题逐渐扩散发展起来的。要持之以恒落实中央八项规定精神，坚决纠"四风"，要重点查处政治问题和腐败问题交织，不收敛不收手，问题线索反映集中、群众反映强烈、现在重要岗位且可能还要提拔使用的领导干部。三是狠抓党员领导干部特别是"一把手"。将领导干部特别是"一把手"作为从严治吏的重中之重，严格日常管理监督，加大提醒教育力度，建立谈心谈话、诫勉、函询等制度，完善从严管理干部队伍的制度体系。四是加强党内监督、巡视工作。党中央不断强化党内监督，发挥巡视利剑作用，继续推进巡视工作制度化、规范化。巡视党的组织和党的领导干部尊崇党章、党的领导、党的建设和党的路线方针政策落实情况，履行全面从严治党责任、执行党的纪律、落实中央八项规定精神、党风廉政建设和反腐败工作以及选人用人情况，建立巡察制度，实现"回头看"、全覆盖，使从严治党向基层延伸。

（四）匡正选人用人导向

执纪守法，关键在人。党的十八大以来，党中央提出要以严的标准要求干部、以严的措施管理干部、以严的纪律约束干部。要突出领导干部这个关键，教育引导各级领导干部立正身、讲原则、守纪律、拒腐蚀，形成一级带一级、一级抓一级的示范效应，积极营造风清气正的从政环境。一是筑牢战斗堡垒。党中央先后制定实施了规范党员领导干部行为规范的一系列制度规定，将政治纪律和政治规矩融入党员干部的教育、管理、选拔中，贯穿于思想建设、组织建设、作风建设、反腐倡廉建设、制度建设全过程，既有硬要求，又有软约束，坚持正风肃纪、标本兼治，形成常态化的纪律约束机制。二是落实工作责任。2014年党中央颁布《党政领导干部选拔任用工作条例》，强化党组织领导和把关作用，坚持党管干部原则和新时期好干部标准，匡正选人用人导向。2016年8月印发了《关于防止干部"带病提拔"的意见》，要求各地区各部门结合实际认真贯彻执行，切实防止干部"带病提拔"。三是严格监督管理。党中央要求，组织人事部门应当及时收集整理纪检监察、审计、信访、巡视、督导等执纪监督方面信息和网络舆情反映的干部有关情况，建立干部监督信息档案。要开展经常性分析研判，全面深入掌握干部情况。要发挥自体监督和多元监督力量，开展突出问题专项整治。

综上所述，党内法规制度建设始终贯穿于党与国家建设发展的始终，是推进党和国家事业健康发展的重要保障。党中央坚持从制度设计和贯彻执行双向发力，既重视守牢底线、注重惩戒，又注重筑牢防线、正确引导；思想教育与制度约束相结合，整体推进与重点突破相结合，着力构建了以党章为根本、若干配套法规条例为支撑的党内法规制度体系，开辟了管党治党的新境界，为党和国家各项事业建设提供风清气正的政治土壤。这五年来，党中央围绕党内法规制度建设的重大部署和重点发力，纠正了一个时期以来在坚持党的领导问题上出现的模糊和错误思想认识，扭转了在一些地方和部门存在的党的领导弱化和党的建设缺失现象，使党的领导得到全面加强、党的建设得到深入推进，党内政治生活气象更新，全党理想信念更加坚定、党性更加坚强，党自我净化、自我完善、自我革新、自我提高能力显著提高，党的创造力、凝聚力、战斗力显著增强。

二、把党内法规作为全面从严治党的制度支撑

2012年11月15日，习近平同志在十八届中央政治局常委与中外记者见面时说，新形势下，我们党面临着许多严峻挑战，党内存在着许多亟待解决的问题。尤其是一些党员干部中发生的贪污腐败、脱离群众、形式主义、官僚主义等问题，必须下大气力解决。全党必须警醒起来。打铁还需

自身硬。我们的责任，就是同全党同志一道，坚持党要管党、从严治党，切实解决自身存在的突出问题，切实改进工作作风，密切联系群众，使我们的党始终成为中国特色社会主义事业的坚强领导核心。2017年10月18日，习近平总书记在党的十九大报告中强调："中国特色社会主义进入新时代，我们党一定要有新气象新作为。打铁必须自身硬。党要团结带领人民进行伟大斗争、推进伟大事业、实现伟大梦想，必须毫不动摇坚持和完善党的领导，毫不动摇把党建设得更加坚强有力。"

从"打铁还需自身硬"到"打铁必须自身硬"，虽然只是在词语上发生了变化，但在背后透露着丰富的含义。从"还需"到"必须"，语气强化的背后是党中央全面从严治党更加坚定的决心和更加鲜明的态度，自我革命的勇气和底气越发充足，是对过去五年党探索长期执政能力建设经验的再明确和再确认。"打铁必须自身硬"体现了新一届党中央领导集体全面从严治党的魄力和决心，也表明了习近平同志反腐败战略思想的基本立场。习近平同志在上任伊始，就将对民族的责任、对人民的责任、对党的责任落脚到全面从严治党、使党始终成为坚强领导核心上，可见其从严治党思想一以贯之、由来已久。习近平同志在我们党90多年历史上首次提出"全面从严治党"，既是时代发展的必然趋势，也是伟大事业和伟大工程的必然要求，具有重大现实意义和深远历史意义。在"四个全面"战略布局中，全面从严治党体现了伟大事业与伟大工程的统一，体现了党的建设与治国理政的统一。我们国家和民族的发展必须有一个主轴，中华民族走向繁荣、富强和文明，必须有一个坚强的领导核心，这个领导核心无可替代，就是执政的中国共产党。协调推进"四个全面"，最根本的是坚持党的领导不动摇。党的领导是"四个全面"之魂、战略中军帐之帅。全面从严治党，锻造坚强领导核心，就能为协调推进"四个全面"提供方向指引，防止在大的问题上出现颠覆性错误；就能不断加强和改善党的领导，使党始终成为全国人民的主心骨，为协调推进"四个全面"提供政治保证，为实现"两个一百年"奋斗目标凝聚共识、凝聚力量。

习近平同志高度重视党的制度建设和反腐倡廉建设，提出要坚持全面从严治党和依规治党紧密结合，强调要善于运用法治思维和法治方式反对腐败，加强反腐败国家立法，加强反腐倡廉党内法规建设，让法律制度刚性运行，深刻阐明了用法治思维和法治方式管党治党、治国执政的重要性。党的依法执政，既包括党依据国家法律法规治国理政，也包括党依据党内法规管党治党。在管党治党实践中，党中央以零容忍的高压态势严惩腐败，坚持制度反腐、彻底反腐、科学反腐，将任性恣意的权力有效地关进制度的牢笼里，使得制度建设成为治国执政的主题，在全面从严治党中发挥着根本性的支撑保障作用。2015年3月5日，习近平总书记在参加十二届全国人大三次会议上海代表团审议时专门强调："全面从严治党，要坚持思想建党和制度治党紧密结合，全方位扎紧制度笼子，更多用制度治党、管权、治吏。"

从出台中央八项规定到制定《中国共产党巡视条例》，从修订出台《中国共产党廉洁自律准则》《中国共产党纪律处分条例》，到制定《中国共产党问责条例》，再到十八届六中全会上审议通过的《关于新形势下党内政治生活的若干准则》和《中国共产党党内监督条例》，我们党始终将全面从严治党与依规治党相结合，把党内法规作为全面从严治党的制度支撑、重要保障和根本遵循，集中整饬党风，严厉惩治腐败，大力推进党内法规制度建设，开辟了全面从严治党的新格局，推动管党治党取得新成效、党风政风展现新气象。据不完全统计，十八大以来新立新修的党内法规多达90余部，超过现行有效的党内法规总量的二分之一。在内容上，这些新立新修的党内法规主要以严肃党内政治生活、坚守廉洁自律、规范权力运行、加强监督问责为重点，从不同方面体现了全面从严治党的内容要求。

三、全面从严治党法规体系的内在逻辑

治国必先治党，治党务必从严，从严必有遵循，党内法规正是我们管党治党、治国执政的根本遵循。正如习近平总书记在党的群众路线教育实践活动总结大会上的讲话所说："从严治党，最根本的就是要使全党各级组织和全体党员、干部都按照党内政治生活准则和党的各项规定办事。"全面从严治党与依规治党相结合，体现了治标和治本的统筹兼顾、自律和他律的双管齐下，表明我们党对新形势下党的建设规律、治国理政规律有了新探索、新认识、新创见。《中国共产党章程》《关于新形势下党内政治生活

的若干准则》《中国共产党廉洁自律准则》《关于改进工作作风、密切联系群众的八项规定》《中国共产党党内监督条例》《中国共产党巡视条例》《中国共产党纪律处分条例》《中国共产党问责条例》《中国共产党纪律检查机关监督执纪工作规则（试行）》和《中国共产党党委（党组）理论学习中心组学习规则》等一系列重要党内法规的修订出台，意味着党内法规制度体系中的基础性、骨干性、支柱性党内法规已经基本齐全，标志着党内法规制度体系框架基本形成。

在全面从严治党的法规体系中，这些基础性、骨干性、支柱性党内法规之间存在密切的有机联系，这种联系也是全面从严治党内在的运行逻辑，即全面从严治党以《中国共产党章程》为根本遵循，以《关于新形势下党内政治生活的若干准则》《中国共产党廉洁自律准则》《关于改进工作作风、密切联系群众的八项规定》为基础要求，依据《中国共产党党内监督条例》对党内政治生活和廉洁自律情况和作风建设情况进行全面监督，注重发挥《中国共产党巡视条例》的监督利剑功能。对于监督中发现的违规违纪问题，依照《中国共产党纪律处分条例》给予相应的纪律处分，同时对负有管党治党责任的党组织尤其是党员领导干部，依据《中国共产党问责条例》进行问责。不论是监督执纪还是问责处理，都要严格按照《中国共产党纪律检查机关监督执纪工作规则（试行）》规定的程序流程进行。在这个逻辑运行过程中，理论学习贯穿始终，为全面从严治党提供坚强有力的思想保证。各级党员领导干部都要严格按照党中央积极推进"两学一做"学习教育常态化制度化要求，认真学党章党规、学系列讲话，不断增强政治意识、大局意识、核心意识、看齐意识，做到政治合格、执行纪律合格、品德合格、发挥作用合格，确保党的组织充分履行职能、发挥核心作用，确保党员领导干部忠诚干净担当、发挥表率作用，确保广大党员党性坚强、发挥先锋模范作用。

参考文献

1. 《习近平谈治国理政》,外文出版社 2014 年版。
2. 《习近平谈治国理政》(第二卷),外文出版社 2017 年版。
3. 习近平著:《摆脱贫困》,福建人民出版社 1992 年版。
4. 习近平著:《之江新语》,浙江人民出版社 2007 年版。
5. 习近平著:《干在实处 走在前列——推进浙江新发展的思考与实践》,中共中央党校出版社 2013 年版。
6. 《习近平用典》,人民日报出版社 2015 年版。
7. 《党的十九大报告辅导读本》,人民出版社 2017 年版。
8. 《习近平关于实现中华民族伟大复兴的中国梦论述摘编》,中央文献出版社 2013 年版。
9. 《习近平关于全面深化改革论述摘编》,中央文献出版社 2014 年版。
10. 《习近平关于全面建成小康社会论述摘编》,中央文献出版社 2016 年版。
11. 《习近平关于全面从严治党论述摘编》,中央文献出版社 2016 年版。
12. 《习近平关于严明党的政治纪律和政治规矩论述摘编》,中国方正出版社 2016 年版。
13. 《习近平关于协调推进"四个全面"战略布局论述摘编》,中央文献出版社 2015 年版。
14. 《习近平关于全面依法治国论述摘编》,中央文献出版社 2015 年 4 月。
15. 《习近平关于党风廉政建设和反腐败斗争论述摘编》,中央文献出版社、中国方正出版社 2015 年版。
16. 《习近平总书记系列重要讲话读本》,学习出版社、人民出版社

2016年版。

17.《学习习近平同志关于机关党建重要论述》，党建读物出版社2014年版。

18. 秦强主编：《廉政中国与法治中国协同推进研究——"四个全面"战略布局下的廉政建设与法治建设》，知识产权出版社2016年版。

19. 秦强主编：《监督权力——国家监察委员会的文化传承与制度创新》，人民日报出版社2017年版。

20. 秦强主编：《良法善治——新时代中国特色社会主义法治建设读本》，人民日报出版社2018年版。

21. 邓联繁：《给制度做做"廉洁体检"》，中国方正出版社2016年版。

22. 殷啸虎：《中国共产党党内法规通论》，北京大学出版社2016年版。

23. 李忠：《党内法规建设研究》，中国社会科学出版社2015年版。

24. 王振民、施新洲等：《中国共产党党内法规研究》，人民出版社2016年版。

25. 本书编写组：《党章党规必修课》，人民日报出版社2017年版。

26. 宋功德：《党规之治》，法律出版社2015年版。

27. 侯通山：《党内法规精要8讲》，中国方正出版社2005年版。

28. 韩强：《党的制度建设研究》，中共中央党校出版社2007年版。

29. 夏赞忠主编：《党内民主法规制度研究》，中国方正出版社2009年版。

30. 李军：《中国共产党党内法规研究》，天津人民出版社2016年版。

31.［德］拉德布鲁赫：《法学导论》，米健、朱林译，中国大百科全书出版社1997年版。

32.［法］孟德斯鸠：《论法的精神》，张雁深译，商务印书馆1978年版。

33.［法］托克维尔：《论美国的民主》，董果良译，商务印书馆1988年版。

34.［古希腊］亚里士多德：《政治学》，吴寿彭译，商务印书馆1983年版。

35.［美］庞德：《通过法律的社会控制》，沈宗灵、董世忠译，商务印书馆1984年版。

36. 习近平：《认真学习党章 严格遵守党章》，《人民日报》，2012年11月20日。

37. 中共中央办公厅法规局：《以改革创新精神加快补齐党建方面的法规制度短板》，《求是》2017年第3期。

38. 宋功德：《坚持依规治党》，《中国法学》2018年第2期。

39. 王伟国：《国家治理体系视角下党内法规研究的基础概念辨析》，《中国法学》2018年第2期。

40. 邓联繁：《用问责压实管党治党的担子》，《中国纪检监察》2016年第12期。

41. 邓联繁：《关于反腐败体制机制创新和制度保障的几个基本问题》，载《廉政文化研究》2015年第2期。

42. 姜明安：《国家监察法立法的几个重要问题》，《中国法律评论》2017年第2期。

43. 姜明安：《论中国共产党党内法规的性质与作用》，《北京大学学报》2012年第3期。

44. 于安：《反腐败是构建新国家监察体制的主基调》，《中国法律评论》2017年第2期。

45. 孙志勇：《不断丰富中国特色反腐败理论体系》，《中国纪检监察》2014年第23期。

46. 张文宝：《论领导干部法治思维的内涵和能力的生成》，载《科学社会主义》2014年第6期。

47. 房宁：《我国反腐倡廉的形势、特点与制度建设》，《科学社会主义》2015年第1期。

48. 付子堂：《法治体系内的党内法规探析》，《中共中央党校学报》2015年第3期。

49. 马瑾：《新民主主义革命时期的党内法规研究：基于文本视角的考察》，《人民论坛》2012年第9期。

50. 韩强：《十八大以来党内法规制度建设的做法、成效与经验》，《中国井冈山干部学院学报》2017年第5期。

51. 许耀桐：《党内法规论》，《中国浦东干部学院学报》2016年第5期。

52. 周叶中:《关于中国共产党党内法规建设的思考》,《法学论坛》2011年7月。

53. 周叶中:《关于中国共产党党内法规体系化的思考》,《理论视野》2017年第8期。

54. 潘泽林:《中国共产党党内法规及其体系构建问题研究》,《南昌大学学报》2007年第1期。

55. 秦强:《深入推进新时代党内法规制度建设》,《宁波日报》2018年7月12日。

56. 秦强:《强化依规治党 打造全面从严治党的制度利器》,《前线》2016年第11期。

57. 秦强:《中国共产党党内法规发展史:阶段、特征和展望》,《领导科学论坛·大讲堂》2016年第7期。

58. 秦强:《新时代法治进程中的党内法规建设》,《山东警察学院学报》2018年第5期。

后 记

从 1998 年进入山东大学法学院学习法律至今，已经整整 20 年了。这 20 年的学习研究大致可以分为两个阶段：第一个阶段是从 1998 年入学到 2009 年期间。在山东大学法学院本科、硕士学习阶段，在时任法学院院长徐显明教授、著名法理学家谢晖教授的引领之下，我对法理学产生了浓厚的兴趣，开始系统学习法哲学、人权理论等课程。在硕士导师范进学教授的指导下，完成了带有浓郁法哲学色彩的硕士论文《认识论语境中的法律真理》。在师从范进学教授学习期间，开始由纯粹思辨的法哲学研究转而关注具有实践面向的宪法理论，并在范老师的推荐之下，于 2006 年考取了中国人民大学宪法与行政法学专业博士研究生，师从著名宪法学家韩大元老师学习宪法理论。在韩大元老师的指导下，系统学习了宪法学基本原理和宪法文本研究方法，并完成了博士论文《我国宪法人权条款研究》。总的来看，这一阶段的学习研究主要以传统法学研究中的法哲学、人权理论和宪法文本为对象，以思辨研究、价值分析、文本研究方法为主。

2009 年从人大法学院博士毕业后，在韩大元老师的推荐之下，我慕名来到中国人民大学社会学系博士后流动站，师从著名法社会学家郭星华教授进行法律社会学的实证研究。对于从事传统法学研究已达十年之久的我来说，郭老师法社会学研究的实证方法、实践面向深深震撼了我，使我在原本奉为圭臬的法律文本研究方法和法治理想主义图景构建之外，对作为社会运行规则之一的中国法律及法治中国建设问题有了崭新的甚至是颠覆性的再思考再认识。于是，我开始放弃以理性和立法构建完美社会秩序的宏大理想，转而研究作为社会运行重要规则、社会变迁重要工具、社会控制重要手段、社会文化重要形式的法律，在社会现实中是如何产生、运作和发挥作用的。2011 年 6 月，以"社会转型时期的宪法与社会变迁关系的实证研究"为题，成功申报了国家社会科学基金项目（编号11CFX043），还获得了中国博士后科学基金第46批面上资助（编号20090460426），中国博士后科学基金第三批特别资助（编号201003196）。

2011年7月，在时任中宣部副秘书长、全国宣传干部学院常务副院长张英伟同志的推荐之下，我调到中宣部全国宣传干部学院从事教学研究工作，正式成为宣传思想文化战线的一名新兵，关注点也由传统法学理论转向党和国家治理理论。2014年10月，党中央召开了具有划时代意义的十八届四中全会，提出了新时代全面依法治国的总目标，正式将党内法规体系确立为中国特色社会主义法治体系的重要组成部分，实现了传统国法理论和党规治理理论的有机结合，为党内法规研究提供了依据，开辟了路径。从此，我就开始转而关注党内法规理论和实践研究，先后在中央党校中国干部学习网、国家行政学院、北京市委讲师团宣讲家网和一些党政部门党委中心组作了《坚持依规治党 坚守廉洁自律——〈中国共产党廉洁自律准则〉〈中国共产党纪律处分条例〉解读》《践行从严治党 推进强力问责——〈中国共产党问责条例〉解读》《中国共产党党内法规发展史：阶段、特征和展望》《十八大以来的党内法规建设及其发展趋向》《思想建党的法规保障——〈中国共产党党委（党组）理论学习中心组学习规则〉解读》《新修改的〈中国共产党巡视工作条例〉解读》《学好党章必修课 做新时代合格党员——十九大党章修正案解读》等多个关于党内法规的主题宣讲和研究报告，社会反响较好。在这些阶段性研究成果的基础上，我对党内法规建设问题进行了初步思考，并开始着手党内法规著作的资料搜集和写作工作。

在全面依法治国、依规治党大背景之下，法治化进程一向滞后的宣传领域也加快了法治建设步伐，党内法规建设取得了突破性进展。2015年10月，党中央印发了中宣部代为起草的《党委（党组）意识形态工作责任制实施办法》，这是党的十八大以来宣传领域的第一部中央党内法规，标志着宣传领域党内法规建设进入了一个新的历史发展阶段，具有重要的里程碑意义。2016年3月，在时任中宣部政策法规研究室主任胡孝汉同志的推荐之下，经中宣部领导批准，我被借调到中宣部政策法规研究室法规处，具体承担《中国共产党党委（党组）理论学习中心组学习规则》起草工作。

在借调期间，我认真学习了习近平总书记关于党内法规和宣传思想工作的重要论述，系统学习了党内法规制度体系，对党内法规的起草制定、运作流转有了一个直观了解，增长了实践认知，解决了理论困惑，为我进一步开展党内法规建设研究奠定了良好基础。

为了确保《党委（党组）意识形态工作责任制实施办法》这部党内法规的贯彻落实，从2016年十八届中央第十一轮巡视开始，党中央把意识形态工作责任制落实情况纳入巡视工作安排，由中宣部派人专门进行意识形态监督检查工作。我有幸作为十八届中央第二巡视组的一名巡视专员参加了巡视工作，在时任第二巡视组组长叶青纯同志、副组长薛利同志、杨宏勇同志、蒿慧杰同志等组领导的带领下，先后在第十一轮、十二轮巡视中对最高人民法院党组、吉林省委、内蒙古自治区党委进行了巡视监督检查和"回头看"，对《中国共产党巡视工作条例》《党委（党组）意识形态工作责任制实施办法》这两部重要党内法规的执行机制和落实情况有了一个较为全面的了解。

2018年2月，在中宣部副秘书长、政策法规研究室主任陈永刚同志的支持鼓励之下，我再一次被抽调到中宣部政策法规研究室法规处，参与《中国共产党宣传工作条例》起草工作。《中国共产党宣传工作条例》是宣传领域的龙头性、骨干性、基础性党内法规，是开展宣传工作、维护意识形态安全的基本遵循。党中央把制定宣传工作条例列入中央政治局常委会2018年工作要点、中央深改委2018年工作要点和《中央党内法规制定工作第二个五年规划（2018—2022年）》，凸显了党中央对《中国共产党宣传工作条例》的高度重视。在陈永刚同志、王雷鸣同志、徐李孙同志、高青云同志等研究室领导的带领下，我认真学习、积极思考、刻苦钻研，对《中国共产党宣传工作条例》的性质定位原则、内容机制要求、监督考核保障等问题有了更进一步的了解，对党内法规的重要地位和突出作用也有了更深一步的认识。

经过多次参与中央党内法规起草工作和中央巡视工作，我对党内法规的思考也进一步深入，在实际工作中也总结了一些工作体会、学习心得，从2016年就开始了本书的写作。中间由于各种原因，写作过程时断时续，这期间，既体验到了思想付诸文字的欣悦，也经历了数周逡巡不定一字的困苦。书山浩瀚、学海无涯，青灯古卷、水月镜花，其间的种种悲欢欣苦，实不足为外人道也。

在我这20年的学习研究之中，很多领导师友给了我巨大的帮助，在此表示衷心的感谢：中宣部副秘书长、全国宣传干部学院常务副院长郑宏范同志、副院长有宝华同志、副院长白轶民同志、副院长陈宝忠同志，对我的借调工作和研究工作给予了最大限度的支持鼓励；中宣部政策法规研究室的金君善、张辉、吴涛、谢飞、黄仁宗、姚锋平、姚兵、马俊科等同志给予了多方的帮助指导；十八届中央第二巡视组的邢孔豪、管萍、高书生、王国宝、郑光泉、邵海岳、孙颖、张清、杨科、严威、罗杰、刘伟、鲁明治、宋浩、彭磊等同志给予了专业的具体指导；中宣部出版局原副局长刘建生同志对本书的章节结构和具体内容给予了细致入微的指导帮助。还有很多的领导师友在不同方面也都给予了鼓励和支持，对于他们的帮助和关心，限于篇幅，无法一一列举，只能在此表示真诚的感谢。

需要指出的是，本书中关于习近平总书记的相关重要论述，除了注明之外，其余均来自"中国共产党新闻网"（www.cpcnews.cn）。由于本书定位是带有宣传普及性质的党员干部简明读本，并不是严格规范意义上的学术专著，因此，虽然编写过程中参考了专家学者的观点、论述和精神，但限于本书读本体例没有一一注明，在此表示感谢和致歉。同时，由于笔者学识水平有限，书中肯定存在不少疏漏甚至错误之处，恳请广大读者和有关专家不吝批评指正，以便不断修订完善，联系邮箱27789235@qq.com，期待您宝贵的意见建议。

秦强

2018年11月30日